Der Erfolg eines Systemhauses

Bernd Voigt
Markus Linke
Herausgeber

Der Erfolg eines Systemhauses

Zehn Jahre Lufthansa Systems

Mit 46 Abbildungen

Physica-Verlag
Ein Unternehmen
von Springer

Prof. Dr. Bernd Voigt
Markus Linke, M. A.
Am Weiher 24
65451 Kelsterbach
E-mail: bernd.voigt@lhsystems.com
E-mail: markus.linke@lhsystems.com

ISBN-10 3-7908-1662-0 Physica-Verlag Heidelberg
ISBN-13 978-3-7908-1662-4 Physica-Verlag Heidelberg

Bibliografische Information Der Deutschen Bibliothek

Die Deutsche Bibliothek verzeichnet diese Publikation in der Deutschen Nationalbibliografie; detaillierte bibliografische Daten sind im Internet über http://dnb.ddb.de abrufbar.

Physica-Verlag ist ein Unternehmen von Springer Science+Business Media
springer.de

Printed in Germany

Umschlaggestaltung: Erich Kirchner
Herstellung: Helmut Petri
Druck: Strauss Offsetdruck

SPIN 11567936 88/3153 – 5 4 3 2 1 0 – Gedruckt auf säurefreiem Papier

Geleitwort

Mitte der neunziger Jahre entschlossen wir uns im Rahmen einer konzernweiten Umstrukturierung, unsere damalige interne EDV-Abteilung auszugründen. Die Entscheidung zur Ausgründung folgte der klaren Zielsetzung, hierdurch eine höhere Kostentransparenz, eine verbesserte Wirtschaftlichkeit und eine größere Flexibilität für den Lufthansa Konzern zu realisieren; zudem erhofften wir uns mit diesem Schritt die Erschließung des externen Marktes mit den bisher nur konzernintern angebotenen Produkten und Dienstleistungen.

Mit dem Schritt in die rechtliche Selbstständigkeit wurde die ausgegründete Lufthansa Systems GmbH jedoch auch einer Reihe von neuen Herausforderungen und Risiken ausgesetzt, die es fortan zu meistern galt. Aus den konzerninternen Leistungsbeziehungen wurde eine im Wettbewerb stehende externe Lieferantenbeziehung. Lufthansa Systems musste sich dem freien Wettbewerb stellen und eigene Verantwortung für den nachhaltigen wirtschaftlichen Erfolg übernehmen.

Im ersten Jahr ihrer wirtschaftlichen und rechtlichen Selbstständigkeit erzielte Lufthansa Systems GmbH mit 1.186 Mitarbeitern einen Umsatz von rund 225 Millionen Euro. Von der Zielsetzung, sich durch die Ausgründung verstärkt externe Marktpotenziale zu erschließen, war Lufthansa Systems zu diesem Zeitpunkt noch weit entfernt: Gerade einmal zwei Prozent der Umsätze wurden im Gründungsjahr außerhalb des Lufthansa Konzerns erwirtschaftet.

Innerhalb von nur einer Dekade hat sich die Situation grundlegend gewandelt. Die ehemalige EDV-Abteilung der Lufthansa hat sich zu einem führenden IT-Dienstleistungsunternehmen der Airline- und Luftfahrtbranche entwickelt.

Bestand das Produktportfolio im Jahr 1995 noch vorwiegend aus einzelnen airline- und aviationnahen Applikationen und Rechenzentrumsleistungen für den Hauptkunden Lufthansa, hat sich daraus ein überzeugendes, an den Geschäftsprozessen der Kunden orientiertes Leistungsspektrum entwickelt.

Die Gesellschaft erzielt nachhaltig positive Wertbeiträge für den Lufthansa Konzern: Die Umsätze haben sich seit 1995 auf rund 630 Millionen Euro fast verdreifacht und mehr als ein Drittel hiervon wird mittlerweile mit externen Kunden erwirtschaftet. Mit rund 4.500 Mitarbeitern und einer Vielzahl unterschiedlicher Geschäftsfelder und Tochtergesellschaften ist Lufthansa Systems längst selbst zu einem global operierenden Konzernunternehmen aufgestiegen.

Rückblickend betrachtet hat sich Lufthansa Systems somit hervorragend von einer kleinen konzerninternen EDV-Abteilung zu einem globalen Provider für IT-Solutions der Aviationbranche entwickelt. Es stellt sich die Frage, welche Faktoren zu diesem außerordentlichen Erfolg dieses noch so jungen Unternehmens geführt haben.

Die tatsächlichen Erfolgsfaktoren und deren Einfluss auf den Entwicklungsverlauf der Lufthansa Systems werden in diesem Buch anschaulich dargestellt. Die verschiedenen Beiträge gehen im Rahmen von vier Teilen auf die wesentlichen Einflussfaktoren „Aviation Konzern“, „Organisationsveränderungen“, „Kernkompetenzen“ und „Mitarbeiter“ ein. Dabei kommen Menschen zu Wort, die die Entwicklung der Lufthansa Systems auf das Engste begleitet haben und die aus verschiedenen unternehmensinternen als auch -externen Perspektiven ein umfassendes und spannendes Bild dieses jungen und erfolgreichen IT-Unternehmens zeichnen.

Als Vorsitzender des Aufsichtsrates der Lufthansa Systems Group GmbH hatte ich Gelegenheit, das Unternehmen in den letzten Jahren zu begleiten und konnte mit Freude an seiner erfolgreichen Entwicklung teilhaben. Ich gratuliere dem Unternehmen und seinen Mitarbeiterinnen und Mitarbeitern auf das Herzlichste zum zehnjährigen Jubiläum und wünsche auch weiterhin außerordentlichen Erfolg in der zweiten Dekade des Bestehens.

Stefan Lauer,
Mitglied des Vorstands der Deutschen Lufthansa AG

Frankfurt am Main, im September 2005

Vorwort

Liebe Leserinnen und Leser,

vor zehn Jahren (zum 1. Januar 1995) hat Lufthansa Systems ihre Geschäftstätigkeit aufgenommen. Aus der ehemaligen EDV-Abteilung des Lufthansa Konzerns hat sich ein erfolgreiches Systemhaus entwickelt, ein weltweit führender IT-Dienstleister in der Airline- und Aviation-Branche. Bestand das Produktportfolio anfangs noch aus einzelnen spezifischen Applikationen aus dem Airline- und Aviation-Bereich sowie Rechenzentrumsdienstleistungen, ist daraus mittlerweile ein überzeugendes Leistungsspektrum entstanden: von der Applikationsentwicklung und -implementierung über Beratung bis hin zum Rechenzentrumsbetrieb an mehreren nationalen und internationalen Standorten. Lufthansa Systems bündelt Kompetenzen in der IT-Sicherheit und ist kompetenter Anbieter für sichere und hochperformante Kommunikationslösungen. In den vergangenen zehn Jahren konnte ein kontinuierliches Wachstum erreicht werden, auch im externen Markt. Insgesamt zählen heute 110 Airlines und rund 80 Unternehmen aus anderen Branchen zu den Kunden von Lufthansa Systems.

Die Unternehmensgruppe beschäftigt rund 4.500 Mitarbeiterinnen und Mitarbeiter und ist mit 16 Standorten in 15 Ländern weltweit vertreten (u. a. mit Niederlassungen in New York, Mexiko-Stadt, Budapest, Kapstadt und Singapur). Mit einem Umsatz von rund 630 Mio. Euro (2004) ist Lufthansa Systems zwar ein kleines, aber sehr erfolgreiches Geschäftsfeld des Aviation-Konzerns Lufthansa.

Im Verlauf der 1990er Jahre zeichnete sich verstärkt der Trend ab, dass viele Konzerne ihre IT-Abteilungen auslagerten und in eigenständige Unternehmen überführten, dies war auch bei Lufthansa der Fall. Verbunden damit war die Hoffnung, IT-Prozesse günstiger und effizienter zu gestalten sowie qualitativ zu optimieren, nicht zuletzt dadurch, dass die eigenen IT-Töchter dem Wettbewerb des Marktes ausgesetzt sein würden. Hinzu kam, dass die neu gegründeten Unternehmen zusätzliche Erlöse für den Mutterkonzern generieren sollten. Viele dieser Neugründungen sind jedoch inzwischen wieder vom Markt verschwunden, entweder wurden sie wieder in die Konzerne reintegriert oder aber verkauft. Lufthansa Systems gehört zu den wenigen IT-Systemhäusern, die sich dauerhaft am Markt etablieren konnten. Auch die Erwartungen der Konzernmutter wurden voll erfüllt. Überdies konnte Lufthansa Systems in den vergangenen zehn Jahren auch kontinuierliches Wachstum auf dem externen Markt vorweisen. Dies mag damit zusammenhängen, dass im Rahmen der Umstrukturierung der Lufthansa 1995 mehrere neue Unternehmen entstanden sind (neben der Lufthansa Systems unter anderem die Lufthansa Cargo und die Lufthansa Technik), die alle zum Erfolg des Gesamtkonzerns beitragen. Informationstechnologie ist nicht nur „Beiwerk", sondern eines der strategischen Geschäftsfelder des Aviation-Konzerns Lufthansa.

Das zehnjährige Bestehen von Lufthansa Systems möchten wir zum Anlass nehmen, um die vergangenen Jahre zu bilanzieren.

Zentrale Fragestellung dieses Buches ist, welche Faktoren maßgeblich zur erfolgreichen Entwicklung eines Systemhauses beitragen können. Folgende Aspekte stehen dabei im Mittelpunkt der Betrachtung und werden im Rahmen der einzelnen Autorenbeiträge als kritische Erfolgsfaktoren für die Entwicklung eines Systemhauses näher beleuchtet:

- Welche äußeren Rahmenbedingungen führen dazu, dass ein Konzern seine IT, die bis dahin als autonome Abteilung agierte, auslagert (z. B. Erhöhung der Qualität durch Wettbewerb, Generierung von Neugeschäft außerhalb des Mutterkonzerns, Eingehen von strategischen Partnerschaften)?
- Strategische Positionierung am Markt: Agiert das Systemhaus nur für den Mutterkonzern oder auch für (z. T. branchenfremde) externe Kunden? Welche Leistungen werden auf dem externen Markt angeboten? Welche vertraglichen Grundlagen gibt es (Rahmenvertrag, Service Level Agreements etc.)?
- Wie sehen Produktportfolio, Kernkompetenzen und Alleinstellungsmerkmale aus?
- Welche Anforderungen werden an die Mitarbeiter gestellt („mental change")? Gemeint sind „der Wandel vom Kollegen zum Lieferanten" und die Entwicklung eines kundenorientierten Servicebewusstseins.

Im Rahmen der Autorenbeiträge werden dabei nicht nur Lufthansa Systemsspezifische Themen erörtert. Gleichzeitig werden dabei auch Menschen zu Wort kommen, die das Unternehmen von der „Pionierzeit" Mitte der neunziger Jahre bis heute begleitet haben.

Besonders freut uns, dass der Vorsitzende des Aufsichtsrates und langjährige Vorsitzende des Vorstands der Deutschen Lufthansa AG, Jürgen

Weber, sich bereit erklärt hat, den Prozess der Umstrukturierung des Lufthansa Konzerns im Jahr 1995 in Form eines Beitrags darzulegen. Jürgen Weber war Initiator und Motor des Aviation-Konzerns Lufthansa mit seinen Geschäftsfeldern Passage, Logistik, Technik, Catering, Touristik und IT-Services und beschreibt in seinem Beitrag sehr anschaulich die Umstände, die zur „neuen Lufthansa" geführt haben.

Ebenfalls freut uns, dass wir den Konzernvorstand und Vorsitzenden des Aufsichtsrates der Lufthansa Systems Group, Stefan Lauer, für das Geleitwort zu diesem Buch gewinnen konnten. Stefan Lauer hebt hierbei insbesondere das erfreuliche Wachstum der Lufthansa Systems in der letzten Dekade hervor.

Unter den Autoren finden sich zudem Peter Franke und Wolfgang F. W. Gohde. Peter Franke hat Lufthansa Systems als Gründungsgeschäftsführer während der letzten zehn Jahre erfolgreich geleitet und den Grundstein für ein wachstumorientiertes, international agierendes und gut aufgestelltes Systemhauses gelegt. Sein Nachfolger, Wolfgang F. W. Gohde, hat die Funktion des Vorsitzenden der Geschäftsführung zum 1. April 2005 in einer schwierigen Umbruchphase übernommen. Vorrangiges Ziel Gohdes ist, durch Segmentierung und Fokussierung die Marktstellung von Lufthansa Systems zu stärken und weiter auszubauen, um somit für die Herausforderungen der nächsten Jahre optimal aufgestellt zu sein.

Das Buch teilt sich thematisch in vier Teile auf:

Im ersten Teil „Gründungen, Erfahrungen und Kompetenzen eines Systemhauses" werden in erster Linie Motivationen und Zielsetzungen von IT-Ausgründungen behandelt. Hier danken wir insbesondere Jürgen Ringbeck, Partner bei Booz Allen Hamilton für seine klare Analyse und anschauliche Darstellung.

Unter dem Titel „Ein Systemhaus im Wandel" stellt der zweite Teil organisatorische Themen und auch Bereiche innerhalb des Unternehmens in den Vordergrund: Wie gestaltet sich das Verhältnis zum Mutterkonzern? Welche Bedeutung kommt dem Thema Offshore zu? Wie verändert sich die Unternehmensstrategie im Hinblick auf die Kundenbedürfnisse und die Platzierung des Unternehmens im externen Markt? Wie sehen Visionen in technischer und organisatorischer Hinsicht aus? Und wie kann mit innovativen Technologien die Zukunft gesichert werden? Hervorgehoben sei an dieser Stelle der Beitrag von Thomas Endres, CIO der Deutschen Lufthansa AG, der in seinem Artikel den Beitrag von Lufthansa Systems an den IT-Prozessen des Gesamtkonzerns darstellt.

Der dritte Teil „Management komplexer IT-Systeme" stellt die Kernkompetenzen und Success Stories eines Systemhauses als Systemintegrator und Full-Service-Provider vor, sowohl aus unternehmensinterner als auch aus Kundensicht. Hierbei wird herausgearbeitet, dass Lufthansa Systems bedingt durch ihre fundierten Kenntnisse der Airline- und Aviation-Prozesse zu einem weltweit führenden IT-Provider auf diesem Gebiet geworden ist. Themen der Autorenbeiträge sind hier unter anderem komplexe IT-Systeme im Airline-Bereich, FlyNet, der Betrieb eines modernen Data Centers sowie die Entwicklung und Implementierung einzelner IT-Prozesse im Rahmen des Projektes „Airbus A380“ und dessen Einführung bei Lufthansa.

Stellvertretend möchten wir hier die Beiträge von Christoph Ganswindt, CIO der Lufthansa Passage, und Andreas Dietrich, bis 2005 CIO des Touristikkonzerns Thomas Cook, erwähnen. Christoph Ganswindt beschreibt zehn Jahre erfolgreiche Zusammenarbeit zwischen Airline und Systemhaus, Andreas Dietrich legt seine Erfahrungen in der Zusammenarbeit mit Lufthansa Systems beim Outsourcing der gesamten IT von Thomas Cook dar.

Schließlich werden im vierten Teil „Menschen bei Lufthansa Systems“ einzelne Mitarbeiter und Laufbahnen vorgestellt. Ergänzt wird dies durch einen Blick auf die sich ständig verändernden Anforderungen im Bereich Human Resources Management.

Das vorliegende Buch soll sowohl die eingangs formulierten theoretischen Fragen beantworten als auch die Erfahrungen eines bestimmten Unternehmens schildern (in diesem Fall Lufthansa Systems) sowie die kritischen Erfolgsfaktoren für die Entwicklung und Positionierung eines Systemhauses auf dem Markt darstellen. Wir hoffen, damit auch einen Beitrag zum besseren Verständnis der Komplexität von IT-Prozessen zu leisten und diesen Themenkreis einer breiteren Öffentlichkeit bekannt zu machen.

Bernd Voigt
Markus Linke

Kelsterbach, im September 2005

Inhalt

I. Gründung, Erfahrungen und Kompetenzen eines Systemhauses

Jürgen Weber

Wandel ermöglicht Beständigkeit

War Heraklit der erste Informatiker? Sein oft zitierter Satz – „Alles fließt" – findet sich in kaum einer anderen Branche so lebhaft bestätigt wie im Informations- und Kommunikationssektor der Wirtschaft. Firmen entstehen, Firmen vergehen und die Technologien, die sie treiben und verändern, haben eine immer kürzere Halbwertszeit. „Zehn Jahre Lufthansa Systems" gerät vor diesem Hintergrund zum Jubiläum mit Leuchtkraft, denn es zeigt, dass Wandel und Beständigkeit nicht von vornherein im Gegensatz stehen müssen. Beständigkeit kann sich auch aus Wandel ergeben.

Lufthansa Systems ist das Kind eines umfassenden Transformationsprozesses, den der Mutterkonzern in den neunziger Jahren des 20. Jahrhunderts bewältigen musste, um seine bare Existenz zu retten. Wenn Lufthansa Systems heute von sich sagen kann, sie ist erfolgreich, sie ist profitabel und Marktführer auf dem Gebiet informationstechnologischer Lösungen bei „Airline and Aviation", dem Kernbereich ihrer Tätigkeit, dann dankt sie dies einer vom pragmatischen Handeln geleiteten strategischen und strukturellen Neuausrichtung des Konzerns zu Beginn der neunziger Jahre.

Blenden wir zurück: Als ich vor zehn Jahren in der Hauptversammlung 1995 als damaliger Vorstandsvorsitzender von der „ersten Hauptversammlung einer neuen Lufthansa" sprach, lag ein Weg hinter uns, den wir zu seinem Beginn, 1992, mit dem Dreigespann der Begriffe „Abbau – Umbau – Aufbau" beschrieben hatten. Mir war klar: Keine hochfliegende Vision würde uns nützen, sondern allein die Folgerichtigkeit aufeinander aufbauender Schritte und die Beharrlichkeit, mit der sie unternommen würden.

In dieser Logik lag es, zunächst den Konzern zu sanieren. Es hätte nicht viel gefehlt, und Lufthansa hätte kurz vor Weihnachten 1991 Konkurs anmelden müssen. In einer schwachen Konjunktur drohte die bislang verfolgte Sicherung von Marktanteilen durch Expansion in einer tödlichen Spirale von Überkapazitäten zu enden. Abschied musste genommen werden von Tätigkeiten, die zwar Ehre, aber leider auch nachhaltige Verluste brachten. So auch von Strecken und Verkehrsgebieten.

Heute verdient die Lufthansa Passage beispielsweise in Australien mehr

Geld durch die Zusammenarbeit mit ihren Partnern in der Star Alliance, als sie durch eigene Flüge erwirtschaften könnte. Das mag sich auch einmal wieder ändern, aber: Sich am Optimum auszurichten, darin liegt unsere heutige Stärke zu einem guten Teil begründet.

Den Strukturwandel, dem wir uns in jenen Jahren unterziehen mussten, lösten grundlegende Veränderungen aus, die sich aus zwei vorherrschenden Strömungen der Zeit ergaben – aus der Liberalisierung und Globalisierung. Nach den USA entließ die Politik auch in Europa die Luftverkehrsunternehmen in den Wettbewerb, der sich zunehmend auf die Preisgestaltung konzentrierte. Unvermittelt standen damit auch die Kostenstrukturen der Airlines im Wettbewerb. Lufthansa mit ihren operativen „Divisions" wie Fracht oder Datenverarbeitung hatte kaum Vergleichsmöglichkeiten, um die angemessenen Kosten solcher hausinternen Dienstleistungseinheiten zu ermitteln. Ähnlich verhielt es sich sogar mit den wahren Ergebnisbeiträgen. Zu verwoben waren die Strukturen. Überspitzt könnte man sagen: Solche „Support"-Funktionen wurden entweder als flugbetriebliche Notwendigkeit (Technik) oder als „Beiprodukt" des Airline-Betriebs angesehen (Fracht). Datenverarbeitung zum Beispiel brauchte man, um der Buchungsnachfrage Herr zu werden.

Zugleich stellte die „Öffnung der Welt" als Folge des Auseinanderbrechens der politischen Blöcke die Luftverkehrsunternehmen vor die Herausforderung, die Reichweite ihrer Dienstleistung zu erweitern. Die Wirtschaft – und mit ihr die Geschäftsreisenden und Touristen – nahm zunehmend eine globale Perspektive wahr. Daraus ergaben sich Herausforderungen, die von den einzelnen Airlines nicht zu bewältigen waren. Diese waren zumeist überfordert – mit ihren Ressourcen, ihren Finanzen wie auch durch die Begrenzungen ihrer bilateralen Verkehrsrechte. Dem nahe liegenden Gedanken, Fusionen einzugehen, waren rechtliche, kulturelle und praktische Grenzen gesetzt. Erst heute beginnen sich diese rigiden Rahmenbedingungen aufzulockern.

Lufthansa musste damals sogar erfahren, dass sie beispielsweise als Partner für amerikanische Luftverkehrsunternehmen wenig attraktiv war. Sie galt als Staatscarrier, dem man marktwirtschaftliches Verhalten nicht zutraute, Unbeweglichkeit unterstellte und bei dem staatliche Einflussnahme zu befürchten war. Durch schmerzhafte Sanierungsschnitte auf das vertretbare Minimum ihrer Tätigkeiten zurückgefahren, musste Lufthansa sich nun Gedanken machen, wie sie sich aufstellen wollte, um wieder erfolgreich am Wachstum des Marktes partizipieren zu können.

Die dramatischen Veränderungen und Entwicklungen hatten allen Mitarbeitern und Führungskräften des Konzerns vor Augen geführt: Lufthansa konnte nicht länger für sich in Anspruch nehmen, als Institution der öffentlichen Daseinsfürsorge eine behütete Existenz zu reklamieren. Die Wahlmöglichkeit der Kunden war mit dem Fortfall schützender IATA-Vorschriften und Absprachen nicht mehr fiktiv – sie war Fakt. Dies musste hinein in die Köpfe. So initiierten wir ein „mental change programme", um die Markt- und Kundenorientierung zu einem Lebensstil aller Lufthanseaten und Lufthanseatinnen werden zu lassen.

Der sicherste Weg jedoch, den Markt zum Zielpunkt des Denkens zu machen, bestand in der vollständigen Privatisierung des Lufthansa Konzerns. Es war kein einfacher Weg, da einerseits Anstrengungen erforderlich waren, die Attraktivität der Dienstleistung zu erhöhen, andererseits waren formale Hindernisse zu beseitigen, wie beispielsweise die dem öffentlichen Dienst zugeordnete Altersversorgung. Vor allem war Transparenz zu schaffen, damit der Anleger die vielfältigen Tätigkeiten der Lufthansa bewerten konnte. Eine Privatisierung mit der gleichen Unternehmensstruktur? – Diese Frage beantwortete sich also von selbst: Das war nicht möglich.

Hier fügte sich der zweite Schritt des Weges an: der Umbau des Konzerns. Mitarbeiter, die kundenbezogen denken, sollten folglich auch in Unternehmenseinheiten arbeiten können, die auf den Markt und ihre Kunden ausgerichtet waren. Deshalb haben wir 1994 damit begonnen, die großen Tätigkeitsbereiche der Lufthansa in eigenständige Geschäftsfelder aufzuteilen, ein Beschluss, der 1995 dann rechtskräftig wurde. Die Lufthansa AG betreibt fortan das Passagegeschäft. Die großen Einheiten Fracht und Technik wurden als Aktiengesellschaften verselbstständigt; die LSG war es bereits in der Form einer GmbH. Die Direktion DA, also die Datenverarbeitung, wurde zur Lufthansa Systems GmbH.

Die geschaffenen Konzernunternehmen erhielten durch die gewählten Rechtsformen auch die Möglichkeit, Beteiligungen an anderen Unternehmen einzugehen oder Allianzen zu schließen und so die Risiken des Geschäftes weiter zu verteilen. Vor allem aber erhielten der Lufthansa Konzern und die einzelnen Geschäftsfelder die nötige Transparenz und Durchgriffskraft, ihr Produkt besser an den Kundenwünschen auszurichten und ihre Kosten zu steuern. Der Grundstein für den Aviation-Konzern Lufthansa heutiger Prägung war gelegt. Dies war in der Tat die Stunde einer neuen Lufthansa. Sie konnte ihre Stärken in allen luftfahrtaffinen Tätigkeiten entfalten; ihre Firmen konnten auf neue Märkte vorstoßen. Heute zählen die Unternehmen der sechs Geschäftsfelder zu den jeweiligen Marktführern von luftfahrtbezogenen Dienstleistungen (Passage, Logistik, Touristik, Technik, Catering, IT-Dienstleistungen).

So konnte der dritte Schritt des Weges beginnen: Aufbau und Wachstum.

Beides wurde zusätzlich beflügelt durch den Ausbau von Partnerschaften und Allianzen der Konzernunternehmen. Die Lufthansa AG ist Mitbegründer der Star Alliance – mit 16 Partnerunternehmen in aller Welt auf dem Passagesektor die Airline-Allianz mit der größten Reichweite. Die Lufthansa Cargo AG hat mit teils anderen Partnern die Frachtallianz WOW gegründet, die dadurch ebenfalls in der Lage ist, ein weltumspannendes Netz anzubieten. Auch Lufthansa Systems ist strategische Partnerschaften eingegangen, unter anderem mit Technologie-Partnern wie SAP, Microsoft, Citrix, Cisco, Oracle und BEA Systems. Ein weiterer Aspekt ist die internationale Ausrichtung der Unternehmensgruppe. Diese ermöglicht Lufthansa Systems, kundennah dort vor Ort zu sein, wo Bedarf an lokalen Ansprechpartnern besteht. So ist das Unternehmen außerhalb Deutschlands heute an 16 Standorten in 15 Ländern vertreten, darunter Niederlassungen in Mexiko-Stadt, New York, Budapest, Danzig, Kapstadt und Singapur.

Allianzen bieten dem Konzern die Chance, eine hohe Angebotsvielfalt auf den Markt zu bringen; sie führen zu einer besseren Auslastung bestehender Kapazitäten und sichern in Krisenzeiten den Bestand des globalen Netzes. Ähnliches gilt für Partnerschaften und Beteiligungen; es stehen mehr Ideen und Energien zur Verfügung, wenn man Aufgaben gemeinsam erfüllt, zumeist lassen sich auch die Kosten senken. Man spricht von Synergie, die hierdurch entsteht.

Die Verselbstständigung ist der Lufthansa-Datenverarbeitung gut bekommen. Als eigenständiges Unternehmen war sie nun in Zugzwang geraten, ihren ureigenen Beitrag zum Konzernerfolg zu belegen. Zugleich konnte sie sich ein Bild über ihre Ressourcen und Fähigkeiten verschaffen, und sie hatte nun auch die Freiheit, diese im Wettbewerb zu messen. Sie setzte ihr Vertrauen in die Kräfte des Marktes, was ja das Merkmal der „neuen Lufthansa" sein sollte, die wir geschaffen haben.

Diese neue Orientierung nutzte Lufthansa Systems dazu, den Informationstechnologien im Konzern einen höheren Stellenwert zu geben. Aus den Basisfunktionen der Telefonie, des Messaging, der Datenverarbeitung für Reservierung und Abrechnung entwickelte Lufthansa Systems Programme für die vielfältigen Applikationen einer datenbasierten Unternehmenssteuerung. Ohne eine hoch entwickelte IT wären heute ein Netzmanagement, eine ausgefuchste Kapazitätssteuerung oder ein fein gesteuertes Pricing im Airline-Geschäft überhaupt nicht möglich. Damit Lufthansa im Wettbewerb bestehen kann und in den Preisschlachten am Markt trotzdem nicht „ihr Hemd verliert", berechnen die Computer jeden Tag beispielsweise mehrere Tausend Tarife neu.

Damit hat sich Lufthansa Systems in den zehn Jahren ihres Bestehens von einer betrieblichen „Support-Funktion“ zu einem „Möglichmacher“ von Veränderungen von Geschäftsprozessen gemausert. Ihre Leistungen haben am Markt Aufmerksamkeit erregt und das Interesse vieler anderer Airlines gefunden. Diese zählen heute zu den Kunden von Lufthansa Systems. Das Interesse geht mittlerweile weit über den Bereich der luftfahrtbezogenen Anwendungen hinaus. So ist Lufthansa Systems im Bereich der Infrastruktur-Dienstleistungen im Finanzdienstleistungssektor tätig. Die Fähigkeit, IT-Geschäftsvorgänge hochvolumig bei höchster Verfügbarkeit und größtmöglicher Datensicherheit bewältigen zu können, hat ihr einen guten Ruf eingebracht. Dieser Ruf kräftigt einmal auf einem ganz anderen Sektor als dem des Fliegens das Image der Lufthansa in der Wirtschaft. Da die Deregulierung im Finanzdienstleistungsbereich zeitversetzt zur Liberalisierung im Luftverkehr stattfindet, sieht sich Lufthansa Systems befähigt, diesem Sektor noch manche nutzbringende Leistung und Idee bieten zu können.

Unterstützen oder jemanden zu Neuem befähigen – beides sind Dienstleistungen eines Systemhauses. In beidem liegt aber eine andere Sicht der gestellten Aufgaben, eine andere Geisteshaltung. Lufthansa Systems hat sich vom reinen „Serviceprovider“ zu einem kreativen „enabler“ entwickelt, wie es in der Sprache der Branche heißt. In diesem Wandel sehe ich ihre Stärke und ihre Zukunftschance. Alles fließt – Lufthansa Systems ist in den Strom gesprungen und hat sich zu einem behenden Schwimmer entwickelt. Ihre Fähigkeit, Wandel anzunehmen, hat ihr einen starken Platz am Markt und im Portfolio des Lufthansa Konzerns gesichert. Wandel führte also zur existenziellen Beständigkeit.

Beständigkeit begründet aber keine Erbhöfe im Konzern. Auch eine Lufthansa Systems muss sich immer wieder von neuem bewähren. Seit Anfang 2000 steuern wir den gesamten Lufthansa Konzern nach den Grundsätzen des wertorientierten Managements. Basis dafür ist das Cash-Value-Added-Konzept (CVA). Die Lufthansa verfügt über ein geschlossenes System der wertorientierten Steuerung, das inzwischen in allen Planungs-, Steuerungs- und Kontrollprozessen verankert ist. Die Kapitalkosten sind für die Bewertung von grundlegender Bedeutung. In diesem System wird das CVA auf Konzern-, Geschäftsfeld- und Bereichsebene geplant, berichtet und kontrolliert. Darüber hinaus fließt das CVA als Beurteilungsgröße in das Vergütungssystem der oberen Führungskräfte ein. Das wertorientierte Management ist selbstverständlich auch für Lufthansa Systems bindend.

So steht Lufthansa Systems nicht nur im Marktwettbewerb, sie muss auch anspruchsvollen internen Rentabilitätsanforderungen gerecht werden.

In den zurückliegenden Jahren hat sie die Erwartungen, die in sie gesetzt wurden, stets erfüllt. Sie steht auf sicheren Beinen; auch ein harter Windstoß im Wettbewerb wirft sie nicht gleich um, denn sie hat ein solides Fundament und eine klare strategische Ausrichtung. Damit hat Lufthansa Systems zu Beginn des zweiten Jahrzehnts ihres Bestehens eine überaus aussichtsreiche Perspektive. Das Glück wird auch in ihrem Fall mit den Tüchtigen sein.

Peter Franke

Die Entwicklung von Lufthansa Systems als Geschäftsfeld des Aviation-Konzerns Lufthansa

Das Geschäftsfeld

Lufthansa Systems ist heute ein zuverlässiger und unabhängiger Teil des Lufthansa Konzerns. Ein im mittelständischen Bereich relativ großes Systemhaus, aber im Konzern nur ein kleiner Teil, damit muss man leben. Das Unternehmen hat seit seiner Gründung im Jahre 1995 immer einen guten Ergebnisbeitrag gebracht; dies ist mehr als nur eine Konstante im Umfeld und im Auf und Ab des eigentlichen Airline-Business.

Für die Lufthansa als Aviation-Konzern ist dieser Teil eine sinnvolle und glaubwürdige Ergänzung des eigentlichen Airline-Geschäfts, der zum positiven Image der Lufthansa beiträgt. Lufthansa Systems ist somit für viele im Konzern der natürliche Partner, mit unterschiedlichen Ausprägungen. Gleichzeitig ist Lufthansa Systems ein Systemhaus, das sich – auch unabhängig von Lufthansa – einen guten Namen innerhalb der Airline-Branche gemacht hat. Mehr als 100 Kunden aus der Branche beweisen dies. Darüber hinaus hat sich Lufthansa Systems aber auch mit Leistungen im Bereich der Infrastruktur anderer Branchen, vorwiegend im deutschsprachigen Raum, einen Bekanntheitsgrad erarbeitet, der ursächlich ist für einen großen Teil des Umsatzes.

War das 1995 eigentlich alles so geplant? Natürlich wollten wir ein erfolgreiches Unternehmen schaffen, aber wie sahen unsere Vorstellungen von der Zukunft damals aus?

Vorstellungen am Anfang und die Wirklichkeit

Die Ausgründungen des Konzerns standen generell unter den Forderungen nach mehr Transparenz einzelner Bereiche, der Verbesserung der Führbarkeit des Konzerns und der Erzeugung aktiver und passiver Beteiligungsfähigkeit. Bei der IT – damals EDV genannt – war speziell die Konkurrenzfähigkeit mit externen Anbietern ein Thema. Letzteres sollte im Laufe der Zeit erarbeitet werden, denn manche Beteiligte hielten die alte Organisation für nicht markt- und konkurrenzfähig. Diese Annahme war nur teilweise richtig; wenn sie völlig richtig gewesen wäre, hätte man die Ausgründung nicht einmal versuchen sollen.

Der Ansatz des „Systemhauses" beinhaltete darüber hinaus die Neuordnung der Aufgabenteilung zwischen den Fachbereichen des Konzerns und der neuen Firma. Reduzierung von Fertigungstiefe war damals das Prinzip der sauberen Arbeitsteilung, nach dem circa 150 Mitarbeiter aus anderen Bereichen der IT zugeordnet wurden. Ein Information Management (CIO) sollte den Rest an IT-Expertise in den Fachbereichen darstellen, der notwendig ist, um Aufträge sowohl sachkundig zu formulieren als auch deren Erfüllung zu kontrollieren. Dieser Bereich wird bei Lufthansa durch den Bereich CA (Konzern Information Management) abgebildet, dessen wesentliche Aufgabe darin besteht, durch Strategieorientierung und Standardisierung im Umgang mit IT Vorteile für den Lufthansa Konzern zu erschließen.

Nach längeren Untersuchungen war man damals zu der Überzeugung gelangt, dass ein externer Partner – der schon in dem Geschäft war, welches wir erst aufbauen wollten – uns helfen könnte. Nach langen Verhandlungen, die in der Endphase mit EDS und debis stattfanden, entschieden wir uns für EDS. Wir hofften, mit der 25%igen Beteiligung eine schnellere Professionalisierung erreichen zu können. Unsere Erwartungen reichten von Coaching und Führung des Unternehmens bis hin zu der Vorstellung, der Partner werde uns bei der Kundengewinnung helfen. Genau das war sicher etwas zu viel verlangt, denn der Partner wollte natürlich vorzugsweise die unternehmerische Führung selbst ausüben – was er mit dem Anteil von 25 Prozent nicht konnte – und auch selbst Umsatz generieren. Letztlich war für einen externen Partner der Umsatz der Lufthansa interessant, nicht die Zusammenarbeit mit Lufthansa Systems oder die dazugewonnene Expertise. Das erlebten wir bei Kooperationsgesprächen später immer wieder.

Die Entwicklung selbst verlief dann wie jeder Plan: Vieles kam anders. Aber im Ergebnis führte es doch zu der selbstständigen Einheit Lufthansa Systems, mit einer eigenständigen Identität und mit dem Selbstbewusstsein, etwas geschaffen zu haben, was in unserer IT-Industrie einen festen Platz hat. Wir haben im externen Markt deutlich Fuß gefasst, den Umsatz verdreifacht und mehr als 3.000 Arbeitsplätze in den letzten zehn Jahren geschaffen.

Aber es war natürlich an vielen Stellen schwierig, an denen wir es nicht so sehr vermutet hatten.

Die Auflösung der Partnerschaft

Nach drei Jahren löste Lufthansa die Beteiligung mit EDS wieder auf. Dies geschah in gegenseitigem Einvernehmen, weil wohl beide Seiten mit falschen Vorstellungen in die Partnerschaft gegangen waren. Wir wollten eine Unterstützung bei der Eroberung des Marktes, das war der IT-Markt der Airline-Industrie. Der Partner aber wollte mit diesem Schritt seine Aktivitäten in der Airline-Industrie verstärken, er hatte also den gleichen Zielmarkt. Das konnte nicht zusammenpassen. Es führte nicht offen zu Konkurrenzsituationen, aber ein gemeinsamer Ansatz zur Markterschließung war auch nicht durch viele Diskussionen und Workshops zu schaffen. Dies haben schließlich beide Seiten erkannt und die Verbindung wieder aufgelöst.

Nachträglich wurde uns auch klar, dass wir von unserem Partner zu viel Selbstlosigkeit verlangt hatten, was für eine gewinnorientierte Company aber nicht möglich ist. Lufthansa hatte immer die Vorstellung, die Steuerung auszuüben und dem Partner eher die Risiken aufzutragen. Ein dauerhaftes Verhältnis kommt aber nur bei einer transparenten Win-Win-Situation zustande. Zu diesem Zeitpunkt waren wir als Manager von Cost Centern aber noch nicht so weit in unternehmerischen Verhaltensweisen erfahren. Image-Gewinn durch Zusammenarbeit mit Lufthansa, das sollte die Entlohnung des externen Partners sein. Die Partner hatten aber immer greifbarere Gründe im Hintergrund.

Vom Kollegen zum Dienstleister

Einer der schwierigsten Punkte war jedoch die Umstellung der Liefer- und Leistungsbeziehungen innerhalb des Lufthansa Konzerns. Unsere Mitarbeiter, früher einfach Kollegen der Mitarbeiter in den anderen Bereichen der Lufthansa, wurden nun zu „externen" Dienstleistern. Früher, in der Struktur als Cost Center, „wollten" die Fachbereiche etwas von der IT. Die IT war „im Lead". Was nicht in die Planung passte, konnte auch nicht realisiert werden. Es gab keine Flexibilität in der Kapazität, aber auch kaum eine Möglichkeit, dann nach außen zu gehen. Folge davon war, dass es auch so gut wie keine externe Konkurrenz gab. Und das änderte sich jetzt alles radikal.

Nun wurde der Bereich eine gewinnorientierte Unternehmung und musste Kunden gewinnen. In der Anfangsphase waren diese Kunden zunächst die früheren Kollegen. Was dann geschah, wurde mir von allen Firmen, mit denen wir verhandelten, vorhergesagt. Obwohl wir es nicht geglaubt hatten, kam es genau so wie augenscheinlich immer in solchen Fällen: Es wurde an vielen Stellen aggressiv. Beide Seiten hatten Schwierigkeiten, mit der neuen Situation umzugehen. Dies betraf zum einen sicherlich unsere Mitarbeiter im Hinblick auf das Thema Kundenorientierung und die Erkenntnis, dass der Kunde unsere Arbeit bezahlt. Dieser hoffentlich wohlwollende Kunde war der frühere Kollege. Die Mitarbeiter aus den anderen Bereichen – eben die früheren Kollegen – hatten Schwierigkeiten im Umgang mit der neuen Freiheit, Provider extern oder konzernintern aussuchen zu dürfen. Das Thema Unternehmensidentität und die Auswirkungen auf den Einzelnen bekam zentrale Bedeutung. Viele unserer Mitarbeiter wussten nicht, ob sie noch „Lufthanseaten" waren oder nicht oder ob sie nun in die „zweite Klasse" abgestiegen waren. Da mussten wir durch.

In den ersten Jahren unternahmen wir viele Aktionen, die uns bei unserem Mental Change unterstützen sollten. Gemeinsam mit den Mitarbeitern und mit externer Unterstützung identifizierten wir in Workshops die Defizite im Unternehmensleitbild und der Unternehmenskultur und leiteten Maßnahmen ein. Wir versuchten, die Strategie verständlich zu machen, das Unternehmensleitbild zu überarbeiten und die Unternehmensziele zu verdeutlichen. Dabei tauchte immer wieder die Frage auf, welche Einheit in einer hierarchischen Struktur für einen Mitarbeiter eigentlich die entsprechende Identität erzeugt. Ist es die jeweilige Abteilung, die Lufthansa Systems, die Lufthansa oder gibt es verschiedene Identitäten? Jemand, der sich in erster Linie als Mitarbeiter der Lufthansa Systems fühlte, kam oft besser im Konzern zurecht als jemand, der sich vor allem als „Lufthanseat" fühlte.

Heute vertreibt Lufthansa Systems ihre Leistungen genauso innerhalb des Lufthansa Konzerns wie bei externen Kunden. Das heißt, wir verlieren auch mal Aufträge, und das ist gesund. Das heißt aber auch, dass es ein schönes Ereignis ist, wenn wir einen Auftrag gewinnen. Ich selbst glaube, dass das kompromisslose Kunden-/Lieferantenverhältnis im Konzern ein Schlüssel zum Erfolg von Lufthansa Systems war. Wir mussten von Anfang an alle Aufträge im Konzern gewinnen, es gab keinen Kontrahierungszwang mit Lufthansa Systems. Das hieß immer, konkurrenzfähige Qualität und Preise anzubieten und gewonnene Aufträge zuverlässig zu bearbeiten. Dabei gab es als Ansporn schon früh Bonus- und Malusregelungen.

Diese Grundsätze nicht zu befolgen, sondern erst mal mit Kontrahierungszwängen bzw. mit Pflichtvergabe zu arbeiten, ist sicher der häufigste

Fehler bei Ausgründungen. Wie soll eine Firma im Markt erfolgreich agieren, wenn sie sich im eigenen Konzern im Biotop bewegt? Es muss allen Beteiligten von Anfang an die neue Situation fühlbar gemacht werden. Natürlich können Teile des Geschäftes dabei zusammenbrechen, das zeigt dann aber nur den Mangel an Alleinstellungsmerkmalen oder die mangelnde Konkurrenzfähigkeit. Jedenfalls muss der Zwang zum Beweis der preislichen und fachlichen Konkurrenzfähigkeit von Anfang an gegeben sein.

Reduzierung von Fertigungstiefe

Im Zusammenhang mit der Ausgründung wurde sehr intensiv über die Reduzierung der Fertigungstiefe diskutiert. Man einigte sich darauf, die stärker IT-technisch orientierten Aktivitäten in die neue Company zu legen und in den Kundenbereichen eine „qualifizierte Auftraggeberrolle“ zu etablieren. Nach den vielen Foliendarstellungen schien das alles sehr einfach und klar.

Reduzierung von Fertigungstiefe ist aber oft – so war es auch bei uns – eine durchaus undefinierte Angelegenheit. Es reicht nicht aus zu sagen, dass man weniger selbst machen will. Der wesentliche Punkt ist, den eigentlichen Beauftragungsprozess zu überarbeiten. Darin liegt die wesentliche Chance bei Ausgründungen für die Muttergesellschaft. Der Fachbereich muss nach der Ausgründung wieder selbst mehr Verantwortung übernehmen. Der ausgegründete Bereich ist als „externer Provider“ jetzt nur noch in der Verantwortung für das, was beauftragt ist. Er kann beraten, aber die Entscheidung bleibt im Fachbereich.

In der IT ist es häufig so, dass sich das Management mit dem Hinweis „von IT verstehe ich nichts“ vom eigentlichen Beschaffungsprozess der IT-Leistungen absetzt und dies ein paar Spezialisten überlässt. Das heißt aber letztlich, dass man sich von der Gestaltung der eigentlichen Prozesse absetzt, denn nichts legt Prozesse so sehr fest wie ein IT-System. IT betoniert Prozesse, die Flexibilität eines manuellen Prozesses kann durch IT-„Unterstützung“ sehr schnell verloren gehen. Gebe ich dies also aus der Hand, an wen auch immer, so gebe ich die Gestaltung meiner Prozesse aus der Hand.

Fertigungstiefenreduzierung bedeutet auf der abgebenden Seite nicht einfach, etwas abzugeben. Ziel muss sein, das Verständnis der Fachbereiche für IT zu stärken. Man muss nicht IT im letzten Detail verstehen, um ein guter Auftraggeber zu sein. Man muss vor allem die eigenen Prozesse und die Funktionalitäten im Zusammenhang mit diesen Prozessen verstehen, nicht aber die Technik, die hinter der Umsetzung steht. Die meisten Manager verstehen auch nicht viel von der Technik eines Autos, würden sich aber dessen Kauf- und Spezifizierungsentscheidung wohl nur schwer aus der Hand nehmen lassen oder sie gar freiwillig abgeben. Andernfalls hat die schwächste Stellung in der Bereitstellung von Ist-Leistungen immer noch der Endkunde.

Zehn Jahre Wachstum

Das Wachstum von Lufthansa Systems in den ersten zehn Jahren kann man durchaus als Erfolg bezeichnen. Die Verdreifachung des Umsatzes, die Schaffung von mehr als 3.000 Arbeitsplätzen und die Erarbeitung einer marktüblichen Umsatzrendite (Ausgangspunkt waren „Verrechnungspreise" ohne Rendite) – das alles kann sich sehen lassen.

Wachstum, insbesondere im konzernexternen Markt, war für Lufthansa Systems immer ein kritischer Erfolgsfaktor. Mit Wachstum wurde die Konkurrenzfähigkeit nachgewiesen. Ein Ziel stand immer weit vorne, nämlich mehr als 50 Prozent des Umsatzes auf dem externen Markt zu generieren. Dies wurde aber bis heute wegen des gleichzeitigen Umsatzwachstums im „internen" Markt nicht erreicht. Immerhin, das war unser Trost, ist unser konzernexterner Umsatz heute höher als der Gesamtumsatz der Lufthansa Systems bei Ausgründung. Dennoch ist es für die Unabhängigkeit von Lufthansa Systems vom Konzern notwendig (obwohl im Konzern viele unterschiedliche Unternehmen als Kunden vorhanden sind), einen externen Umsatzanteil von mehr als 50 Prozent anzustreben, was sicherlich auch zu erreichen ist – noch besser wären mehr als zwei Drittel.

Das Wichtigste war, das wurde schon erwähnt, dass Lufthansa Systems keine „Schonfrist" bekam. Die neue Firma war auf sich selbst gestellt. Natürlich hatten die vielen Diskussionen um den Vertrag eine „Mindestabnahme" für die ersten drei Jahre definiert, die aber in der Praxis keinen Wert hatte. Wir legten den Vertrag am 1. Januar 1995 ohnehin in die Schublade und vergaßen ihn, und die tatsächlichen Geschäftsbeziehungen entwickelten sich anders.

Der Grund für die Nichtdurchsetzbarkeit einer Mindestabnahmeverpflichtung war einfach und wir waren uns dessen bewusst. Ein IT-Unternehmen hat in den Kundenunternehmen sehr viele Einzelkunden. Jeder Projektleiter eines Fachbereiches oder einer CIO-Organisation ist ein solcher Einzelkunde. Für diesen ist der Gesamtvertrag zwischen einer Lufthansa und einer Lufthansa Systems so weit weg, dass eine Verpflichtung zur übergreifenden Summe „Mindestabnahme“ für ihn keine Bedeutung und daher auch keine Bindungswirkung hat. Die Mindestabnahmeverpflichtung, die auch noch als Gemeinschaft mehrere Gesellschaften des Konzerns betraf, hatte also nur theoretischen Wert, praktisch war sie überflüssig.

Ein Prinzip von Lufthansa Systems war von Anfang an, nicht nach Zwangskontrahierung zu fragen. Wir standen vom ersten Tag an in Konkurrenz zu vielen externen Unternehmen der IT-Branche. Natürlich war dieses Thema für viele Mitarbeiter mit Problemen behaftet, aber dennoch konnten sich so die beiden Themen Kundenorientierung und Konkurrenzfähigkeit in kurzer Zeit festsetzen. Wir setzten uns bewusst selbst unter Druck und rückblickend betrachtet war dies die richtige Vorgehensweise.

Unsere Strategie von 1995 war auf die Bereiche „Airline“ und „Aviation“ ausgerichtet. Im Vordergrund stand dabei natürlich, die Konzernkunden nicht zu verlieren und unseren „Marktanteil“ innerhalb der Lufthansa weiter auszubauen. Im externen Markt haben wir unser Know-how aus der Airline vermarktet. Die Frage, ob der Name „Lufthansa“ uns eher helfen oder eher schaden würde, spielte immer eine Rolle. Heute ist dieser Punkt sehr klar: Im allgemeinen Airline-Markt hilft der Name, nur in der Star Alliance, bei den näheren Verwandten, ist er mit Vorsicht einzusetzen.

Zwischenzeitlich hatten wir unseren Zielmarkt auf „Travel und Transport“ erweitert. Bald wurde aber deutlich, dass wir für diesen breiteren Ansatz nicht gerüstet waren. Wir hatten weder das Produkt-Portfolio noch das einschlägige Know-how und auch nicht die entsprechenden Vertriebskanäle. Also verengten wir unseren Fokus wieder auf das, was wir nachweislich leisten konnten, nicht was wir vielleicht tun könnten. Das Thema Fokussierung wurde wieder deutlicher.

Als zweites Standbein entwickelten wir die Infrastruktur. Dies war am Anfang nicht so geplant, es passte ja auch nicht mit den eigentlichen Aktivitäten unseres Partners zusammen, der im Outsourcing-Bereich tätig war. Als sich aber mit dem ersten großen Kunden Buderus eine Chance zum Outsourcing ergab, nahmen wir diese auch wahr. In technischer Hinsicht besaßen wir die Kompetenzen für dieses Geschäft, auf der vertrieblichen Seite hatten wir jedoch noch Nachholbedarf.

Es wurde uns klar, dass ein Infrastrukturgeschäft nur mit stetigem Wachstum wirtschaftlich bleiben konnte. Ohne „Economies of Scale“ erreicht eine Infrastruktur sehr bald eine kritische Größe und wird damit selbst zum potenziellen Outsourcing-Fall. Genau dieses Thema war erstaunlicherweise in den umfangreichen theoretischen Voruntersuchungen zur Ausgründung niemals aufgetaucht. Die Airline- und Aviation-Branche kann das für eine Infrastruktur erforderliche Wachstum nicht erzeugen. Da Infrastruktur selbst auch nicht branchenspezifisch ist, entwickelten wir uns im deutschen Markt als Infrastrukturprovider – bisher auch ganz erfolgreich. Wir sind ein Provider für mittelständische Unternehmen, für Kunden, die nicht in der Masse der Kunden eines Großproviders untergehen wollen. Die Wachstumsraten im Infrastrukturbereich sind ungefähr äquivalent zu denen des Airline- und Aviation-Bereichs. Dies führte dazu, dass das Verhältnis zum Gesamtumsatz bisher auch relativ konstant blieb.

Lufthansa Systems musste als selbstständiges Unternehmen jetzt von den Aufträgen leben, die der Vertrieb innerhalb und außerhalb des Lufthansa Konzerns akquirierte. Die Bedeutung eines guten Vertriebes wurde vielen Beteiligten erst langsam klar. „Vertriebsgetrieben" statt „produktionsgetrieben" zu sein war erklärtes Ziel unserer Bemühungen. Der Partner half natürlich beim Aufbau, aber dennoch ging das nicht so reibungslos, wie wir gedacht hatten. Viele mussten feststellen, dass Vertrieb leichter aussieht, als er in Wirklichkeit ist. So waren für viele Mitarbeiter Vertriebspositionen in den ersten Jahren häufig nur Durchgangsstationen.

Die ersten Abschlüsse waren eher opportunistischer Natur, um zunächst im Markt Fuß fassen zu können. Der Aufbau eines entsprechenden Images und der Beziehungen im Markt dauerte einige Zeit. Es kam uns entgegen, dass das Airline-Business eine relativ übersichtliche Branche ist. Man kennt sich weitgehend und so hat sich die Existenz eines IT-Providers Lufthansa Systems auch schnell im Markt herumgesprochen. Allerdings hatte ich dem Lufthansa-Aufsichtsrat noch versichert, dass der Aufbau von vertrieblichen Beziehungen über das Beziehungsnetzwerk der Lufthansa erfolgen würde. Dies erwies sich jedoch aus einer Vielzahl von Gründen als völlig praxisfern. Die konkrete Nutzung des Lufthansa-Netzwerkes war im täglichen Geschäft ein eher seltener Ansatz. Allerdings öffnete der Name Lufthansa uns viele Türen, nicht nur im internationalen Airline-Geschäft.

Einen Stillstand in der organisatorischen Entwicklung hat es nie gegeben, die Organisation wuchs konstant mit. Wir hatten mit einem Unternehmen Lufthansa Systems und einer Tochter begonnen, später wurden es mehrere Unternehmen. Nach allen „normalen" Restrukturierungen erfolgte zum 1. Januar 2001 eine grundsätzliche Neuaufstellung in Form einer Holding und entsprechender Tochtergesellschaften. Auch diese Aufstellung, die wieder stärker die Diskussion um Zentralisierung oder Dezentralisierung gefördert hat, ist sicher noch nicht endgültig und abhängig von der Richtung der weiteren Unternehmensentwicklung. Wir haben gelernt, dass es die „richtige" Organisation wahrscheinlich nicht gibt, dass sich die Anforderungen im Laufe der Zeit ändern und dass ein Stillstand in der

Organisation auch ein Indiz für einen Stillstand des Unternehmens ist. Eine gute Organisation ist dies auch nur auf Zeit, insofern war Lufthansa Systems in den zehn Jahren ihres Bestehens immer beweglich.

Was bedeutet das Geschäftsfeld IT für den Konzern?

Die Airlines waren immer an der Spitze der Technologie, so auch in der IT und der Telekommunikation. Schon vor mehr als 50 Jahren gründeten die Airlines als Selbsthilfe die SITA, eine gemeinnützige Gesellschaft zum Aufbau und Betrieb eines internationalen Telekommunikationsnetzes. Wahrscheinlich waren es nur die Airlines, die ein solches Netz zum Austausch von operationellen Daten und von Buchungsdaten brauchten. Genauso war die Airline-Industrie führend in der Funktechnik. Bald entstanden auch Buchungssysteme, Check-in-Systeme und jede Art von anderen, zunächst operationellen Systemen. Diese Systeme sind in der Airline-Industrie mehr als 30 Jahre alt und somit Vorläufer der Systeme in anderen Industrien. Ab Ende der achtziger Jahre hatten die Computer eine Leistungsfähigkeit erreicht, die auch für größere Optimierungsprogramme ausreichte. Zu dieser Zeit entstanden in der Airline-Industrie Revenue Management (Yield Management), Netzmanagement (Flugplanoptimierung) und komplexe Preissysteme. Hier waren Systeme, die nicht nur der reinen Produktivitätssteigerung durch Kostensenkung galten, sondern direkt den Ertrag der Airline beeinflussten. IT zum Zwecke der Ertragssteigerung und nicht der Kostensenkung. Dies führte zu einer großen Abhängigkeit der Airlines von der IT, deren Bedeutung vielen in der Industrie nicht bewusst war.

Die IT hat also eine überragende Bedeutung für die Airline-Branche – und damit auch für Lufthansa. IT ist „überlebensnotwendig" und nicht aus den Prozessen wegzudenken. Da ist es in jedem Fall positiv, wenn sich ein Aviation-Konzern auch mit dem Geschäftsfeld IT befasst; nicht nur als Kunde, sondern auch als ein Konzern, der gerade die Entwicklung auch dieses Gebietes mit nach vorne treibt. Das Geschäft von Lufthansa Systems passt klar zum Aviation-Business. Aber: Ist es für die Lufthansa notwendig, Eigentümer einer eigenen Aviation-IT-Company zu sein? Das kann man sicher verneinen. Andererseits ist es aber sicher auch beruhigend, dass Lufthansa auf den größten Provider lebensnotwendiger Systeme einen starken Einfluss hat, zumal die Lufthansa selbst noch mehr als andere Gesellschaften in die Entwicklung neuer Systeme investiert.

Mit Lufthansa Systems wurde darüber hinaus ein Unternehmenswert geschaffen, den eine interne Organisation nicht hat, und für die Mutterorganisation bedeutet das Vorhandensein einer eigenen internen IT-Organisation bezogen auf den Wert keinen Unterschied. Insofern war die Ausgründung sinnvoll, wenn auch der Wert der Tochter sich für die Lufthansa nicht, oder besser noch nicht, im Aktienkurs widerspiegelt.

Nicht zuletzt bringt Lufthansa Systems dem Konzern einen konstanten, wenn auch in Relation zum übrigen Konzerngeschäft kleinen Ergebnisbeitrag. Die Volatilität des IT-Business ist nicht so groß wie die des Airline-Business. Lufthansa Systems trägt also im Aviation-Konzern zur Stabilisierung bei. Der Grund für die relative Stabilität liegt in einer großen Anzahl langfristiger Verträge; der Umsatz folgt also nur in stark gedämpftem Umfang den Schwankungen des Airline-Business. Auch dies haben wir erst in den letzten Jahren gelernt, nachdem wir vorher als Unternehmen mit einem hohen Risikofaktor galten.

Herausforderungen für die Zukunft

Lufthansa Systems ist heute aus der Airline-IT-Welt nicht mehr wegzudenken. Den festen Platz hat sie sich in den vergangenen zehn Jahren erarbeitet und damit ein tragfähiges Potenzial für die Zukunft eröffnet. Dieses gilt es nun weiter auszubauen.

Der Wachstumsmarkt für Lufthansa Systems liegt vor allem außerhalb des Lufthansa Konzerns. Die Airline-Branche weltweit und der Infrastrukturmarkt in Deutschland sind die Vertriebsziele. Beides wird sicher parallel verfolgt werden und Lufthansa Systems ein über dem Markt – dem der IT und dem der Airline-Branche – liegendes Wachstum ermöglichen.

Mit den Speziallösungen für Airlines ist Lufthansa Systems gut positioniert. Der Trend für die Fluggesellschaften ist zwangsläufig der, solche Lösungen einzukaufen und nicht selbst zu entwickeln. Darüber hinaus wird Lufthansa Systems insbesondere im Bereich der operationellen Systeme (Buchung, Check-in etc.), die technologische Erneuerung brauchen, eine starke Stellung auf dem Markt einnehmen, da diese Erneuerungen nur wenige Anbieter bereitstellen können. Wichtig ist es, die Fokussierung auf den Airline-Markt nicht durch zu viele andere Aktivitäten zu belasten. Die letzten zehn Jahre haben gezeigt, dass ein Mangel an Fokussierung – oder die Abweichung davon – das Gesamtgeschäft immer eher behindert hat. Der Markt innerhalb des Fokus ist groß genug und erfordert die ganze Aufmerksamkeit des Managements.

Neben den rein operationellen Systemen, die bei der Airline selbst meist nur mit Kosten zu tun haben, ist der Ausbau von Planungs- und Steuerungssystemen ein zukunftsträchtiges Umfeld. Auch hier ist Lufthansa Systems mit ihren Produktlinien bestens positioniert. Der Ausbau in Richtung integrierte und integrierbare Standardsysteme wird in einigen Gebieten das Setzen von Marktstandards ermöglichen. Lufthansa Systems ist hier auf dem besten Weg.

Wichtig ist es im Airline-Markt, das Thema „Skalierbarkeit“ nicht aus den Augen zu verlieren. Einfache und komplexe Geschäftsmodelle in der Airline-Industrie überschneiden sich zunehmend. Die Netzcarrier streben in Teilen Low-Cost-Lösungen an, während die Low-Cost-Carrier Funktionalitäten der Netzcarrier übernehmen. Die eindeutige Zuordnung der Systeme zu den verschiedenen Geschäftsmodellen ist nicht mehr möglich. Aus diesem Grunde sind flexible Lösungen erforderlich, die auch Übergänge zwischen den Geschäftsmodellen der Kunden nicht behindern. Da sich Lufthansa Systems genau dies als Ziel gesetzt hat, eröffnet sich ein großer Markt in der sich schnell ändernden Welt der Airlines. Flexibilität und Geschwindigkeit werden zu immer stärkeren Forderungen an die Provider.

Im Bereich Infrastruktur, der auch integrierter Bestandteil der Airline-Lösungen ist, muss weiteres Wachstum am konzernexternen Markt generiert werden, um die schon erwähnten „Economies of Scale“ zu halten. Dies wird auch gut gelingen, da Lufthansa Systems ein High-Tech-Portfolio bereitstellt und das Image eines zuverlässigen Partners hat. Als Provider einer Commodity wird Lufthansa Systems dabei nie auftreten. Eher wird der heutige Infrastrukturteil durch Partnerschaften oder eigene Ressourcen in industriespezifischen Anwendungsbereichen ergänzt werden. Auch hier gilt allerdings meine Überzeugung von der notwendigen Fokussierung auf wenige Bereiche statt auf einer unbeherrschbaren Breite des Ansatzes.

Beides zusammen, Airline-Anwendungen und Infrastruktur, ergibt das größte Potenzial: Airline-IT-Outsourcing. Insbesondere kleinere und mittlere Airlines können sich eine eigene IT-Organisation oder einen Bereich für Infrastruktur nicht mehr leisten. Diese Erkenntnis setzt sich langsam durch und es gibt nur wenige Provider, die ein solches Outsourcing qualifiziert übernehmen können. Lufthansa Systems hat hier bereits Kunden im asiatischen und südamerikanischen Raum gewonnen, mit anderen Kunden werden Gespräche geführt. Hier liegt die größte Chance für die Zukunft von Lufthansa Systems und sie ist dafür mit ihren Möglichkeiten und Kompetenzen sehr gut aufgestellt. Lufthansa Systems als führendes Unternehmen im Airline-Outsourcing zu sehen ist sicher eine realistische Vorstellung von der Zukunft des Unternehmens.

Jürgen Ringbeck

Die Gründung und Entwicklung von Lufthansa Systems aus externer Sicht

Vom internen Rechenzentrum zu einem führenden deutschen IT-Dienstleister (1995–1999)

Dem Beispiel von General Motors und DaimlerChrysler folgend, entschloss sich die Lufthansa im Jahr 1995, ihre IT-Abteilungen auszugliedern und als eigenständiges Unternehmen am Markt zu etablieren. Die Gründe und Ziele dieser Ausgliederung waren klar definiert: Mobilisierung des unternehmerischen Potenzials in der Informationstechnologie, Reduktion der Kosten für IT-Dienstleistungen sowie Ausschöpfung von Geschäftspotenzialen der IT außerhalb des Lufthansa Konzerns. Die Ausgründung erforderte einen erheblichen Anpassungsprozess der Mitarbeiter und Strukturen – vertriebliches und marktorientiertes Denken auch gegenüber dem Mutterkonzern musste erst erlernt werden.

Um sich für die Herausforderungen eines eigenständigen IT-Dienstleisters besser zu wappnen, ging Lufthansa Systems zunächst eine 25-prozentige Beteiligung mit EDS ein. Hiermit war die Hoffnung verbunden, durch externes Know-how einen schnelleren Kompetenzaufbau in Consulting, Marketing und Vertrieb zu erreichen.

Schnell wurde jedoch deutlich, dass sich die Ziele des externen Partners, der zweifelsohne auf die Erlangung der unternehmerischen Führung drängte, nicht mit dem Selbstverständnis der Lufthansa Systems-Führung und des Lufthansa Konzerns deckten. Das Selbstvertrauen der Führung in die eigenen Fähigkeiten und der Glaube an die Zukunftsfähigkeit eines eigenständigen Aviation-Softwarehauses waren sicherlich wichtige Gründe, die strategische Partnerschaft mit EDS im Jahr 1997 zu beenden. Nicht zuletzt war es aber auch die Weitsicht der Mutter, dass die Informationstechnologie eine Kernkompetenz im Wettbewerb der Fluggesellschaften ist, die unter eigener Kontrolle geführt und ausgebaut werden sollte. Somit ist die

Lufthansa Systems seit 1997 eine hundertprozentige Tochtergesellschaft der Deutschen Lufthansa AG.

Trotz einiger Startschwierigkeiten entwickelte sich Lufthansa Systems in der zweiten Hälfte der neunziger Jahre weitaus erfolgreicher als viele andere IT-Ausgründungen, insbesondere auch auf dem externen Markt. So konnte Lufthansa Systems viele große Projekte für sich gewinnen und sich erfolgreich unter den ersten sechs der deutschen IT-Serviceprovider platzieren. Der Umsatz verdoppelte sich seit 1995 von circa 225 Mio. Euro auf über 450 Mio. Euro (konsolidiert) in 2002. Allein das Infrastruktur-Service-Geschäft wuchs als profitabler Kern der Gruppe, nicht zuletzt durch Gewinnung von Neukunden auf dem externen Markt wie Buderus und Dunlop, aber auch durch die Übernahme von mehr als 10.000 Endgeräten der Lufthansa Passage Airline als Generalunternehmer (in Kooperation mit der Deutschen Telekom und der S.I.T.A.), auf über 310 Mio. Euro.

Mit den Bereichen „Network Planning and Control" sowie „Airline Passenger and Sales Services" baute man systematisch die Softwareentwicklungskompetenz rund um Passageairlines weiter aus. Zudem entwickelte man ein attraktives System-Integrationsgeschäft, primär als Partner von SAP, rund um Lufthansa Cargo, Lufthansa Technik (MRO) und kaufmännische Prozesse. Mit den Geschäftsfeldern „Airline Flight Support" (LIDO) und „Revenue Management" stieg die Lufthansa Systems Group erfolgreich in das Business-Process-Outsourcing-Geschäft ein. Insgesamt konnte Lufthansa Systems im Jahr 2002 deutlich über 30 Prozent des Umsatzes auf dem externen Markt erzielen. Mit einer stabilen Umsatzrendite von circa fünf Prozent hat sich die Lufthansa Systems als werthaltiger Unternehmensbereich des Lufthansa-Geschäftsportfolios auch in der Finanzwelt etabliert.

Wenn man Lufthansa Systems mit anderen deutschen IT-Ausgründungen vergleicht, schneidet Lufthansa Systems dabei hervorragend ab. Wie eine aktuelle Studie von Booz Allen Hamilton belegt (siehe Abb. 1), gelang ein solch deutlicher Erfolg nur knapp 15 Prozent der IT-Ausgründungen mit klarem Drittmarktauftrag. Bei 23 Prozent der befragten Unternehmen wurde sogar von vornherein auf einen Ausbau des Geschäftes außerhalb der Mutter verzichtet.

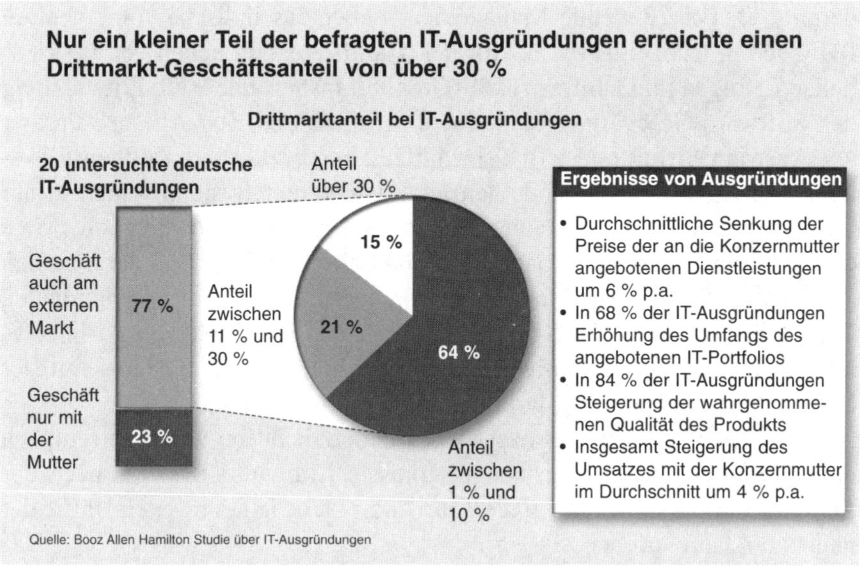

Abbildung 1: Ergebnisse von Ausgründungen

Dieser überzeugende Erfolg ist sicherlich zum einen auf die guten Randbedingungen der Ausgründung, zum anderen aber auch auf die unternehmerische Leistung im Aufbau und in der Weiterentwicklung der Lufthansa Systems Group zurückzuführen.

So ist sicherlich die Stärke der Mutter Passage, ihre ausgezeichnete Entwicklung in den letzten zehn Jahren und ihre überragende Rolle als Star-Alliance-Führer in Europa ein wesentliches Rückgrat des Erfolges. Mit ihren innovativen Passageprozessen, wie z. B. Netzmanagement (Anfang der neunziger Jahre) oder Check-in/Ground Services (z. B. etix®), hat die Mutter die Tochter Lufthansa Systems immer wieder gefordert und so auch Innovationen im IT-Servicebereich vorangetrieben. Der stets hohe Kostendruck führte zu stetig steigenden Anforderungen an die Produktivität und Leistungsfähigkeit der Lufthansa Systems und zwang sie schon früh dazu, neue Wege zur Leistungserstellung und Prozessoptimierung zu beschreiten. Ohne die unternehmerische Leistung des Managements, verbunden mit dem hohen Leistungspotenzial der Mitarbeiter, ist der Erfolg jedoch nicht zu erklären. Schon früh wurde vom Management der Zwang, sich an der Leistungsfähigkeit globaler IT-Serviceanbieter messen zu lassen sowie Vertrieb und Management entsprechend auf- und auszubauen, erkannt.

So entschied sich Lufthansa Systems konsequent für die Einbindung von Fulfillment-Partnern im Desk-Support-Geschäft und trieb die Produktionsverlagerung für einfache, personalintensive Tätigkeiten in Niedriglohnländern, z. B. bei „Revenue Management" über das indische Joint Venture RDS, schon frühzeitig voran. Auf der Marktseite sind neben den vertrieblichen Erfolgen im IT-Infrastruktur-Geschäft insbesondere die Entwicklung des Software-Geschäftes für kleinere Airlines und Star-Alliance-Partner wie Austrian Airlines oder British Midland hervorzuheben. Lufthansa Systems gelang es überzeugend, sich als kompetenter Systemlösungspartner für Passage-Kernsysteme einen Namen zu machen. So sieht die Meta Group Lufthansa Systems nach EDS und Sabre auf Platz drei der externen Anbieter und bei einem Marktanteil von sechs Prozent im internationalen Markt für Inventory-/DCS-Systeme. Auch als Spezialist von Airlineplanungs- und -steuerungssoftware konnte sich Lufthansa Systems mit der Produktlinie NetLine am Markt erfolgreich positionieren.

Dass dieser Wachstumsprozess jedoch auch nicht frei von Rückschlägen und unternehmerischen Risiken ist, musste Lufthansa Systems nach der Erweiterung des Geschäfts in die Touristikbranche in der zweiten Hälfte der neunziger Jahre erleben.

Die Übernahme der Anteilsmehrheiten an der DERDATA und die strategische Allianz mit der TUI im Jahre 1998 waren nur von mäßigem Erfolg: Die Erfahrungen aus dieser Zeit belegen auch, wie schwierig es für einen Branchenspezialisten wie Lufthansa Systems ist, außerhalb der Airlinewelt im Anwendungssystemgeschäft Fuß zu fassen. Das Touristikgeschäft entwickelte sich nicht wie erwartet; so wurden zunächst die DERDATA- und die TRTS-Beteiligung und in 2001 auch die START-Beteiligung abgegeben. Das Management hat aber auch bei diesem Versuch, ein neues Geschäftsfeld aufzubauen, stets das nötige Augenmaß bewiesen.

Als klar wurde, dass der Aufbau eines ertragreichen IT-Touristikgeschäftes nur mit hohem zusätzlichem finanziellem Aufwand machbar war und aufgrund der Marktstruktur (Veranstalter Duopol in Europa) erhebliche Risiken beinhaltete, gelang es beispielsweise, die wesentlichen Geschäftszweige der DERDATA noch operativ zu optimieren, zu trennen und einzeln zu einem attraktiven Preis an verschiedenste Partner zu veräußern.

Aber auch andere IT-Service-verwandte Geschäfte wie Lufthansa Consulting, Lufthansa Airplus, die START-Amadeus-Beteiligung und weitere Tochtergesellschaften firmierten noch bis 1999 unter dem Dach der „Lufthansa IT-Services" als virtuelle Führungsorganisation IT-affiner Servicebereiche der Lufthansa. Von diesem breiten Führungsmodell, verbunden mit dem Anspruch einer umfassenden Erschließung von Geschäftschancen in Luftverkehrs-affinen Dienstleistungsbereichen, nahm der Konzern Ende der neunziger Jahre Abschied. Die Integrationsklammer der verschiedenen Bereiche bzw. das durch integriertes Management erschließbare synergetische Potenzial erwies sich als nicht stark genug, um ein integriertes Management der Geschäfte weiter zu rechtfertigen. Es fehlte aber sicherlich auch an der nötigen Vision, der Passion und damit verbunden an der nötigen Investitionsbereitschaft für eine strategische Entwicklung eines breiter gefassten IT- Servicebereichs.

Festzuhalten bleibt, dass Lufthansa Systems trotz der geschilderten Refokussierung schon Ende der neunziger Jahre zu einem wichtigen Baustein im Geschäftsportfolio des Lufthansa Konzerns wurde und auch erheblich zum Unternehmenswert beiträgt. So schätzten Credit Suisse, First Boston und Merrill Lynch im Jahr 2000 einvernehmlich den Unternehmenswert der Lufthansa Systems Group auf 500 bis 800 Mio. Euro.

Aber auch im nationalen Branchenvergleich hat sich die Lufthansa Systems als ein auf den Luftverkehr ausgerichtetes IT-Service-Unternehmen in knapp einer halben Dekade zu einem der bedeutendsten deutschen IT-Dienstleister entwickelt. Im jährlichen Ranking deutscher IT-Dienstleister (siehe Abb. 2) stand Lufthansa Systems 2003 schon auf dem zweiten Platz und gilt neben SBS, T-Systems und VW-Gedas als eine der erfolgreichsten deutschen IT-Ausgründungen.

	Umsatz in Mio. Euro
Unternehmen	2003
• IBM Business Consulting Services, Stuttgart	920,0
• Lufthansa Systems Group GmbH, Kelsterbach	610,7
• Accenture GmbH, Kronberg	585,0
• Gedas AG, Berlin	576,0
• CSC Ploenzke AG, Wiesbaden	575,0
• Capgemini Deutschland Holding GmbH, Berlin	437,0
• BearingPoint GmbH, Frankfurt am Main	420,0
• Atos Origin GmbH, Stuttgart	285,0
• SAP SI Systems Integration AG, Dresden	280,3
• Deutsche Post IT Solutions GmbH, Bonn	232,0

Abbildung 2: Top 10 IT-Beratungs- und Systemintegrationsunternehmen in Deutschland 2003

Der „E-Commerce-Shock“: Vertrauenskrise und Überwindung durch Entfesselung neuer unternehmerischer Potenziale (2000–2004)

Der „E-Commerce-Boom“ führte für Lufthansa Systems Ende der neunziger Jahre zu einer ersten, ernsthaften Vertrauenskrise im Konzern. Das Internet ermöglichte der Lufthansa in breitem Umfang, ihre Prozesse effizienter und effektiver zu gestalten. So wurde ein E-Commerce-Vertrieb mit eigenem Online-Portal (InfoFlyway) aufgebaut und ein neues Personalführungs- und Steuerungssystem entwickelt. Zudem ging man eine Reihe von Partnerschaften ein, z. B. im Einkauf (fairpartners), Vertrieb (Opodo) und Marketing (Payback).

In der technischen Entwicklung und dem Betrieb der Systemplattformen für diese Geschäfte entstand ein sehr attraktiver IT-Service-Markt, der allerdings auch neue Fähigkeiten wie die Beherrschung neuer Programmiersprachen und neue, geeignete Betriebskonzepte für Web-Server verlangte. Der Trend und die Bedeutung des „Online-Geschäfts“ wurde von Lufthansa Systems zunächst deshalb nicht ausreichend antizipiert, notwendige Kompetenzen zur Entwicklung von Online-Lösungen nicht rechtzeitig intern aufgebaut. Infolgedessen verlor Lufthansa Systems sowohl intern als auch extern wichtige Projekte an Wettbewerber, so zum Beispiel den Aufbau und Betrieb der Internetplattform InfoFlyway an das damalige Debis-Systemhaus. Das geplante Joint Venture mit der Internetplattform travel24.com zum eigenen Aufbau einer E-Commerce-Präsenz schlug fehl, und auch durch die fünfzigprozentige Akquisition der Internet-Firma Omnis-online Tourismus Services GmbH & Co. KG konnte der Rückstand nicht aufgeholt werden. Gleichzeitig blieben 1999 und 2000 die Geschäftsergebnisse der Lufthansa Systems hinter den Erwartungen des Konzerns zurück.

Lufthansa Systems gelang es jedoch, durch einen erheblichen Kraftakt die Initiative wiederzugewinnen. Im Dialog mit dem Lufthansa Konzern wurde zunächst eine neue Struktur der Lufthansa Systems entwickelt, die im Kern zum Ziel hatte, die Eigenständigkeit und unternehmerische Verantwortung einzelner Leistungsbereiche und damit ihre Wettbewerbsfähigkeit im externen Markt abzusichern bzw. wiederherzustellen. Es entstanden die noch heute bestehenden operativen Gesellschaften: Lufthansa Systems Infratec (Outsourcing und Datenverarbeitung), Lufthansa Systems Business Solutions, Lufthansa Systems Passenger Services und Lufthansa Systems Airline Services sowie insgesamt 12 weitere Einzelgesellschaften. Die Führungsgesellschaft Lufthansa Systems Group konzentriert sich seit 2001 auf die strategische Führung dieser Gesellschaften (z. B. Geschäfts-Portfolio-Management, Gruppen-Key-Account-Management), während die Einzelgesellschaften das operative Geschäft selbst verantworten.

Gleichzeitig wurden die strategischen Geschäftsfelder der Gruppe neu definiert und ein gemeinsam getragener strategischer Rahmenplan entwickelt. Als strategische Ziele wurden der deutliche Ausbau der Marktposition im internationalen, Airline-bezogenen IT-Service-Markt, die Absicherung der starken Marktposition im Konzern sowie eine weitere Steigerung der finanziellen Leistungsfähigkeit definiert.

Im Rahmen dieser Strategie besann man sich auf seine Kernkompetenzen. Im Bereich der Anwendungsentwicklung erkannte man die besondere Bedeutung des wachsenden Systemintegrationsgeschäftes. Hier geht es darum, bei heutigen Kunden bestehende Kernsystemanwendungen wie Check-in, Finanz- oder Personalsysteme mit neuen Technologien wie eben E-Commerce-Anwendungen zu integrieren. Gleichzeitig wurden die Partnerschaften mit großen Kernsystemanbietern wie Unisys, Amadeus oder SAP gezielt ausgebaut und die Position als Softwareentwicklungspartner weiter gefestigt. Die Konzerntöchter unterstützte man in den Jahren 2002/03 gezielt in dem sehr anspruchsvollen D-Check-Restrukturierungsprogramm mit speziellen IT-Consulting-Dienstleistungen. Hierdurch konnte verloren gegangenes Vertrauen im Konzern zurückgewonnen und die Initiative bei der Anwendungsentwicklungsplanung der Konzerngeschwister ein Stück weit wiedererlangt werden. Beispiele hierfür sind die Modernisierung der Multihost-Passagier-Management-Systeme und modernste Technologie-lösungen für Inflight-Internetdienste (FlyNet). Diese Innovationen konnten auch erfolgreich auf dem externen Markt angeboten werden; so zählen derzeit über 150 Airlines weltweit zu den Kunden von Lufthansa Systems, darunter viele Airlines aus dem Star-Alliance-Verbund. Zuletzt konnte die indonesische Airline Garuda gewonnen werden (siehe Abb. 3).

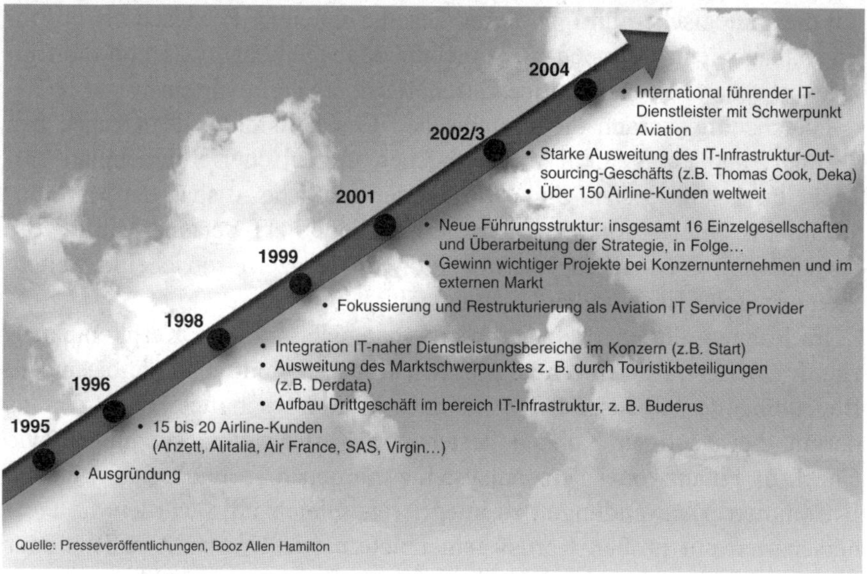

Abbildung 3: Meilensteine in der Geschäftsentwicklung

Auch im für Lufthansa Systems traditionell wichtigsten Geschäftfeld, dem Betrieb von IT-Systemen, gelang es ihr trotz starker Konkurrenz durch SBS, IBM, T-Systems, EDS, die Marktposition weiter auszubauen. Dabei muss die Lufthansa Systems die mittel-/langfristige Verlagerung des Geschäftes vom klassischen, homogenen Großrechner-Betrieb zu Midrange-Servern mit diversen, breit gefächerten Aufgabenspektren und Kundenanforderungen meistern, ohne die heute gute Finanzsituation im Großrechnersystembetrieb zu gefährden.

Schon in 2002 wurde das Geschäftsfeld „Midrange" aus diesem Grunde neu strukturiert und leistungs- und marktseitig neu ausgerichtet. Ergänzend wurde im letzten Jahr der gesamte Rechenzentrumsbereich im Rahmen eines umfangreichen Kostensenkungsprograms (Effort) umstrukturiert und prozessseitig optimiert. Ziel ist es, eine weitere deutliche Verbesserung der Kostenposition mit einem deutlichen Ausbau des Geschäftsvolumens zu verbinden. Insbesondere soll dies durch Ausbau des Drittmarktgeschäftes und Wandel des Geschäftsschwerpunktes hin zu Midrange-Systemen gelingen.

Erste Erfolge dieser Strategie sind schon heute erkennbar. So konnte Lufthansa Systems bei klarer Fokussierung auf deutschsprachige, mittelgroße Unternehmen auch im Outsourcinggeschäft weitere wichtige Kunden wie z. B. Thomas Cook und DekaBank gewinnen. Über die Neugewinnung weiterer lokaler Server-Geschäfte im Konzern, in Verbindung mit der Übernahme einer breiten Anwendungsbetreuungs-Verantwortung, wird zurzeit zusammen mit den Lufthansa Systems-Schwestern aktiv mit dem Konzern verhandelt.

Ausblick: Lufthansa Systems im globalen IT-Wettbewerb – „Outsmarting the BIG four and GDS providers"

Zusammenfassend ist die beschriebene bisherige Entwicklung der Lufthansa Systems Group ohne Zweifel als außerordentlicher Erfolg zu bewerten. Das 1995 gesetzte Ziel, über eine Milliarde DM Umsatz zu erzielen, wurde längst erreicht und übertroffen. Mit einem Anteil von deutlich über 30 Prozent auf dem externen Markt ist Lufthansa Systems zudem weit erfolgreicher als viele andere Ausgründungen von IT-Unternehmen gerade im deutschen Markt – auch wenn die eigenen Erwartungen, einen Anteil von über 50 Prozent im externen Markt zu erreichen, noch nicht erfüllt worden sind.

Es sei im Rahmen dieser Festschrift erlaubt, auch auf den außerordentlichen Anteil hinzuweisen, den Peter Franke an dieser Erfolgsgeschichte der Lufthansa Systems Group hat. Sein pragmatischer, immer mit dem Blick auf das Wesentliche ausgestatteter Führungsstil hat das Unternehmen genauso geprägt wie seine Fähigkeit, durch teilweise tiefes, inhaltliches Hinterfragen regelmäßig Entscheidungen des operativen Managements herauszufordern. Seine außergewöhnliche Fähigkeit, hinter die Kulissen zu schauen, Unplausibles früher als andere zu erkennen und sich bei wichtigen Entscheidungen von der Großwetterlage nicht beirren zu lassen, hat zwar so manches Mal Anlass zu reger Diskussion gegeben. Oft erwies sich seine Position jedoch im Nachhinein als richtig und hat nachhaltig zur positiven Entwicklung und Erfolgsgeschichte von Lufthansa Systems beigetragen.

Peter Franke hat als guter Steuermann Lufthansa Systems auch bei schwerem Wetter stets auf Kurs gehalten. Auch für die anstehenden Herausforderungen sieht sich Lufthansa Systems gut gerüstet.

Im hart umkämpften Markt um die Entwicklung der nächsten Generation von operativen Passenger-Airline-Systemen (Common-IT-Platform) hat sich Lufthansa Systems solide positioniert. Mit der Produktlinie FACE plant Lufthansa Systems, als Partner von Unisys im Sommer eine Alternative zum aktuellen Hauptkonkurrenten Amadeus auf den Markt zu bringen. Auch im Konzern hat Lufthansa Systems mit dem Launch des Availability Managers im letzten Dezember die Initiative zurückgewonnen. Noch ist offen, wie die Lufthansa Passage und ihre Partner United Airlines und Air

Canada bezüglich der nächsten Generation ihrer Check-in-Systeme entscheiden werden. Lufthansa Systems hat es aber geschafft, die Diskussion in den nun schon seit über drei Jahren laufenden Verhandlungen wieder zu beleben.

Ebenso hat sich Lufthansa Systems auf den Umbruch im Markt für Airline-Planungssysteme eingestellt. So bietet Lufthansa Systems zurzeit z. B. mit einer hybriden Yieldmanagement-Software, die auch Preismodelle von Low Cost Carriern berücksichtigt, den etablierten Fluggesellschaften, die sich in einem zunehmenden Preiskampf mit diesen befinden, einen neuen Ansatz zur gezielten Ertragssteuerung an.

Allgemein steht Lufthansa Systems im IT-Outsourcing-/Business-Process-Outsourcing-Geschäft vor neuen Herausforderungen. Sie muss sich zunehmend gegenüber den großen Spielern wie IBM, CSC, EDS und Accenture behaupten, die mit immer aggressiveren Preisen und Geschäftsmodellen auf den Markt gehen. Hier muss es Lufthansa Systems gelingen, eindeutige Wettbewerbsvorteile und günstige Kostenstrukturen zu offerieren, die es ermöglichen, nachhaltig und profitabel dem Druck der anderen Anbieter standzuhalten.

Die in den letzten Jahren eingeleiteten Produktivtätsmaßnahmen, wie z. B. das Effort-Programm, bilden eine gute Grundlage, müssen aber systematisch ergänzt werden, um dem anhaltenden Kostendruck zu begegnen. Wichtige Grundlage des Erfolges werden die intime Kenntnis der Kernprozesse der Airlines und die engen bestehenden Kundenbeziehungen bleiben, verbunden mit einer überlegenen Serviceorientierung. Ergänzend wird die Reduktion der Abhängigkeit der Fluggesellschaften von den IT-Service-Giganten ein weiteres zentrales, strategisches Verkaufsargument von Lufthansa Systems sein.

Gleichzeitig darf jedoch nicht übersehen werden, dass die fortschreitende Globalisierung des IT-Service-Geschäftes im Luftverkehr, verbunden mit einem zunehmenden IT-Outsourcing auch großer Fluggesellschaften, eine neue Dimension von „ecomomies of scale & scope" nach sich ziehen wird. Den strukturellen Wettbewerbsvorteilen globaler IT-Anbieter steht hier eine Lufthansa Systems gegenüber, der durch die Bindung an den Lufthansa Konzern klare Grenzen in der Marktbearbeitung und der Investitionsbereitschaft im IT-Servicemarkt gesetzt sind.

Das aktive Verfolgen von attraktiven Partnerschaftsoptionen muss daher für die Lufthansa Systems Group ein wichtiger Teil der Geschäftsstrategie bleiben. Die Bedeutung einer aktiven Allianz-Strategie wird aus Sicht des Lufthansa Konzerns und der Lufthansa Systems Group sicherlich in den nächsten Jahren deutlich zunehmen.

Insgesamt warten auf den Nachfolger von Peter Franke eine Vielzahl spannender Herausforderungen. Bei der Lösung dieser Herausforderungen kann sich jedoch sein Nachfolger, Wolfgang Gohde, auf eines verlassen: dass ihm ein starkes und wettbewerbsfähiges Unternehmen übergeben wurde.

Der Autor bedankt sich bei seinen Kollegen Volkmar Koch und Stefan Stroh für die wertvolle Unterstützung bei der Erstellung dieses Beitrags.

II. Ein Systemhaus im Wandel

Wolfgang F. W. Gohde

Erfolg durch Segmentierung und Fokussierung

Gespräch mit Wolfgang F. W. Gohde, Vorsitzender der Geschäftsführung der Lufthansa Systems Group GmbH

Sie waren vor Ihrem Wechsel in die Geschäftsführung der Lufthansa Systems in verschiedenen Funktionen bei der Lufthansa Technik tätig, zuletzt als Bereichsleiter der Product Division „Flugzeugüberholung und VIP Jet Services". Wie haben Sie Lufthansa Systems in dieser Zeit wahrgenommen?

Vergleicht man die Startvoraussetzungen einer Lufthansa Technik mit denen von Lufthansa Systems, so waren diese von Beginn an schon sehr unterschiedlich. Lufthansa Systems entstand im Grunde aus einem Konzept heraus, in dem die Lufthansa Passage bzw. der Lufthansa Konzern der einzige und damit dominierende Kunde war. Und zu Beginn der Ausgründung stand Lufthansa Systems vor der Herausforderung, dass die Mitarbeiter ihre bisherigen Kollegen als Kunden wahrnehmen mussten. Dies ist einfach eine Neuorientierung und Lernphase.

Die Startvoraussetzungen der Lufthansa Technik waren da schon etwas anders, denn sie generierte damals bereits 30 Prozent ihres Umsatzes am externen Markt. Und vergleicht man rückblickend die Geschichte der Lufthansa Technik und die der Lufthansa Systems, so gab es eine Phase, in der man den Eindruck hätte gewinnen können, dass Lufthansa Systems außerhalb des Konzerns-Marktes etwas langsamer vorankam.

Der zweite Punkt ist, dass sich Lufthansa Systems zum Markt hin weniger selbstbewusst dargestellt hat, als es meines Erachtens angemessen gewesen wäre. Dies ist mir eigentlich fortlaufend aufgefallen. Lufthansa Systems hatte im Vergleich zu Wettbewerbern doch stets ein recht dezentes und bescheidenes Auftreten. Den Grund dafür konnte ich nie und kann ich auch heute noch nicht erkennen.

Die Leistung, die Lufthansa Systems erbringt, scheint an vielen Stellen leichter austauschbar zu sein?

Das gilt für eine Lufthansa Technik sicher ganz genauso. Außer der unmittelbaren umlaufgebundenen Wartung am Standort Frankfurt könnte jede Leistung der Lufthansa Technik, sei es die Flugzeugüberholung oder auch die Komponentenüberholung, ebenso von anderen erbracht werden.

Die Frage besteht letztlich aber darin, ob man innerhalb des Konzerns eine strategische Partnerschaft herstellt. Dazu gehört, dass der Auftragnehmer, sei es Lufthansa Technik oder Lufthansa Systems, je nach Situation auch eine Vergabe an Dritte verantwortet. Oder ob man das Verständnis besitzt, dass dies als unverrückbare Aufgabe beim Auftraggeber verbleiben müsse.

Lufthansa Technik vergibt ja auch Leistungen an Wettbewerber. Daran war ich selbst wesentlich beteiligt. Dazu bedarf es natürlich einer selbstbewussten Kundenorientierung, die auch mal feststellt, dass man nicht alles selbst und im eigenen Hause fertigen muss. Wesentlich ist, dass sich das Verständnis ändert. Dies war auch bei Lufthansa Technik nicht ganz einfach. Zum Teil brachte dieser Prozess Konflikte innerhalb der Technik, aber auch im Zusammenspiel mit dem Kunden mit sich, die gelöst werden mussten. Aber der Auftritt war insgesamt ganz anders als der von Lufthansa Systems. Das ist meine Wahrnehmung.

Gelegentlich wird angeführt, dass das Marktumfeld der IT durch einen härteren Wettbewerb gekennzeichnet sei.

Nun, das ist aus meiner Sicht eher eine Schutzbehauptung. Es gibt keine vernünftigen Argumente, die den einen Markt einfacher oder schwieriger erscheinen lassen als den anderen. Jeder Markt besitzt seine spezifischen Herausforderungen.

Eine erste Herausforderung bestand gleich zu meiner Anfangszeit bei Lufthansa Systems im April 2005 im Thema Common IT Platform: Das Verhältnis zwischen Lufthansa Konzern und Lufthansa Systems konnte in dieser Frage nicht so bleiben. Wir mussten die Situation zusammen und auf Augenhöhe so weit ausdiskutieren, dass sich zwischen den IT-Know-how-Trägern im Konzern eine gemeinsame Meinung zu einem so wichtigen Thema ergab, die dann auch von beiden Seiten durchgehalten werden konnte. Dieser Zustand war ja bisher nie erreicht worden. Und die Tatsache, dass man das für wichtig hält und auch dementsprechend aufgetreten ist, hat den Konzernvorstand veranlasst, die Diskussion noch einmal zu führen. Letztlich wurde akzeptiert, dass die Entwicklung von FACE bei der Lufthansa Systems auch ein wichtiger Schritt für die Lufthansa selbst ist. Mit dem gleichen Selbstbewusstsein ist es auch dann innerhalb kurzer Zeit gelungen, drei wichtige Kunden für FACE zu gewinnen. Wir werden am Markt und innerhalb des Konzerns eher Respekt dadurch erwerben, dass wir stringent sind und selbstbewusst unsere Meinung vertreten.

Wie beurteilen Sie den Marktauftritt von Lufthansa Systems?

Die Lufthansa Systems ist in den letzten 10 Jahren organisch gewachsen. Doch eine Organisationsstruktur muss sich immer wieder den sich ändernden Marktbedingungen und Markterfordernissen anpassen. Wir müssen uns klar aus den Geschäften, Produkten und Services heraus definieren. Und das ist ein ganz entscheidender Punkt. Die Aufstellung vom Markt her zu bestimmen, ist ein kritischer Erfolgsfaktor. Während meiner beruflichen Laufbahn habe ich mehrfach in größerem Umfang reorganisieren dürfen – dabei habe ich sicherlich an der ein oder anderen Stelle auch Fehler gemacht –, aber was man immer feststellen kann ist, dass stabile Strukturen am besten dann erreicht werden, wenn man sich vom Markt her organisiert.

Und wenn man dies so ableitet und Lufthansa Systems entsprechend aufstellt, dann entsteht Fokussierung. Und da wird dann, so hoffe ich, die Stärke unseres Unternehmens und seiner Produkte viel deutlicher werden.

Wenn man sich in unserer Landschaft umschaut, so gibt es zum Beispiel einen Markt für Passagiersysteme. Genauso gibt es einen Markt für Operationssysteme im Sinne von aeronautischen Navigationen und allem, was dazugehört. Dann gibt es einen Markt für Airline-Netzmanagement-Systeme. Diese einfache Gliederung, das klare Verständnis für die Marktsegmentierung, war vielleicht in einigen Köpfen vorhanden, aber wurde nicht umfassend abgebildet. Das heißt, wenn man das jetzt abbildet, erzeugt man damit in der Organisation auch eine klare Fokussierung auf die Wettbewerber, die sich unter Umständen nur in einem dieser identifizierten Marktsegmente bewegen.

Unsere Wettbewerber sind uns ja alle bekannt, nur sind wir bislang mit einem nicht klar genug fokussierten Ansatz aufgetreten. Das Motto: „Wir sind die Besten, wir haben alles, Kunden, sucht euch aus, was ihr braucht“, hilft uns da nicht weiter. Je nach Marktsegment stellt sich die Wettbewerbssituation durchaus unterschiedlich dar.

Nehmen wir den Markt der Passagiersysteme, mit denen die Airlines ihr Produkt, die zu verkaufenden Sitzplätze, gestalten, verwalten und dem Markt zugänglich machen. Gegenwärtig wird das Ende dieser Prozesskette, die

Kundenschnittstelle, von einem Oligopol einiger weniger GDS[1]-Anbieter, wie etwa Amadeus, beherrscht.

Unabhängig von der Entscheidung der Lufthansa Passage über die Zukunft ihrer Passagiersystemlandschaft haben wir unter dem Namen FACE (Future Airline Core Environment) ein eigenes Angebot in den Markt gestellt, das als wesentliche Alleinstellungsmerkmale GDS-Neutralität und Flexibilität bietet. Damit steht ein Produkt für alle Airlines bereit, die eine GDS-unabhängige Lösung für ihre Passagiersysteme suchen. FACE bietet Airlines entsprechende Flexibilität in Zeiten, in denen die Distributionswelt vor einschneidenden Veränderungen steht. Offene Schnittstellen sorgen für eine problemlose Datenkommunikation zwischen Airlines mit verschiedensten Hosting-Plattformen. Dadurch wird das Partnering von Airlines optimal unterstützt. Am wichtigsten ist aus meiner Sicht aber, dass Lufthansa Systems zukünftig der einzige unter den großen Anbietern ist, der diese GDS-Unabhängigkeit glaubhaft darstellen kann. Wir liefern damit für den Bedarf von Airlines jeder Größenordnung die passende Hosting-Lösung. Für unsere über 40 MultiHost-Kunden bleiben wir mit der Weiterentwicklung des Produkts ein zuverlässiger Partner. Seit der Ankündigung von FACE im letzten Jahr gibt es ein großes Interesse und viel versprechende Kontakte mit Airlines aus Asien und Europa. Auch im amerikanischen Markt gibt es erste Nachfragen.

FACE gegen Amadeus, dies ist ein klar pointierter, auf Passagiersysteme ausgerichteter Fokus. In dieser ganzen Kommunikation reden wir gar nicht über die anderen Produkte, die wir auch noch haben. Wir sind der Wettbewerber von Amadeus im Bereich der Passagiersysteme. „Wir sind die Alternative!" Wenn das verstanden ist, dann können wir über Weiteres sprechen, dann können wir sinnvoll zeigen, wie unsere Produkte zusammenpassen und dass man bei uns die perfekte Integration erhält.

Wettbewerber als Gegner, an denen man sich aufbaut?

Ja, sicher. Also, wir sind der Wettbewerber von Jeppesen, wir werden das Monopol von Jeppesen auf dem Navigationskarten- und Operationsmarkt knacken. Daran kann man eine Mannschaft ausrichten.

Man kann eine Mannschaft nicht darauf ausrichten, dass man etwas genauso macht wie die anderen – das löst keine positive Energie aus.
Die Kunden sollen wissen, dass wir mit Jeppesen im Wettbewerb stehen, weil wir über die bessere Lösung verfügen. Wenn der Kunde dann noch merkt, dass wir ihm zusätzlich sein ganzes Crew-Management-Thema lösen können, was Jeppesen nun gar nicht kann, dann ist das gut. Wenn man fokussiert

[1]Global Distribution System

am Markt gewinnen will, dann muss die gesamte Organisation darauf ausgerichtet sein.

Lufthansa Passage wird eine Common IT Platform gemeinsam mit Amadeus umsetzen, Lufthansa Systems bietet mit FACE ein Wettbewerbsprodukt dazu an, passt das zusammen?

Die Lufthansa Passage hat zusammen mit United Airlines entschieden, ihre Passagiersysteme auf eine Plattform zu migrieren, die zum Star Alliance-Standard werden soll, die CITP (Common IT Platform). Zu Beginn dieser Überlegungen im Jahr 2002 war klar, dass diese Plattform von einem unabhängigen Provider betrieben werden soll. Damit konnte Lufthansa Systems in einer ersten Phase nur als Unterlieferant von Unisys an der Ausschreibung teilnehmen, denn aufgrund der Abhängigkeit von Lufthansa waren wir nicht zu einem eigenen Angebot aufgefordert. Nach dem Rückzug von Unisys aus dem Ausschreibungsverfahren hat sich Amadeus als Einziger für die Detailverhandlungen qualifiziert.

Wir müssen die Entscheidung der Lufthansa Passage für die CITP respektieren, allerdings nicht unter den gelegentlich angeführten IT-Gesichtspunkten. Sondern vielmehr unter dem Gesichtspunkt, die GDS-Kosten im Rahmen einer Erweiterung der Geschäftsbeziehung mit Amadeus zu senken und damit einen stärkeren Skaleneffekt auf die Gesamtkosten zu bekommen, als man das mit einer reinen IT-Lösung hätte erreichen können. Ich glaube allerdings nicht, dass es zwingend so hätte kommen müssen. Ich bin der Meinung, die GDS-Kosten werden sowieso sinken, der Wettbewerb wird es richten. Einfach weil außerhalb der etablierten Reservierungssysteme so viel Druck entstehen wird, dass dieser Umstand wahrscheinlich in fünf Jahren, längstens auf 10 Jahre betrachtet, ein bisschen zu konservativ gesehen wird.

In fünf oder zehn Jahren werden wir zurückschauen und dann die Vorgehensweise als richtig oder falsch beurteilen. Das weiß man heute noch nicht. Unter wirtschaftlichen Gesichtspunkten ist die CITP-Entscheidung folgerichtig, genauso richtig ist es, dafür zu sorgen, dass sich nicht ein neues Monopol ungehindert aufbaut und dass Amadeus Wettbewerb erhält.

Im Markt, auch innerhalb der Star Alliance, ist Platz für mehr als einen Anbieter. Mit FACE wird Lufthansa Systems im Wettbewerb mit Amadeus dafür sorgen, dass das Spiel am Markt spannend bleibt. Das hilft der Lufthansa insgesamt. Eine Bindung der Lufthansa Systems mit FACE an Lufthansa und United Airlines hätte allein aus Ressourcen-Geschichtspunkten verhindert, dass sich Lufthansa Systems dem Markt zuwenden kann. Und das ist jetzt grundsätzlich anders. Womit kann der Lufthansa Konzern seinen

Marktwert erhöhen? Nicht durch Geldtauschen innerhalb des Konzerns, sondern schlicht und einfach durch Marktanteile und Marktpositionen der einzelnen Geschäftsfelder in ihrem jeweiligen Markt. Wir können stolz darauf sein, mit Garuda, bmi und Qatar Airways innerhalb von drei Monaten drei große Airlines aus verschiedenen Regionen für FACE gewonnen zu haben.

Der Wertbeitrag der Lufthansa Systems zum Konzern ist erfreulich positiv …

Dieser Wertbeitrag ist, wenn man die Ergebnisse der Lufthansa Systems betrachtet, scheinbar erfreulich positiv, aber er kommt nicht vorrangig vom Markt, sondern zu großen Teilen aus der Lufthansa selbst. Der eigentliche Marktwert der Lufthansa Systems ergibt sich aus dem, was ein Wettbewerber zu bezahlen bereit wäre, um die Lufthansa Systems zu kaufen. Und das wäre heute im Grunde das Geschäft mit Lufthansa. Das ist nun einmal so, wenn über 60 Prozent des Geschäftes innerhalb des Konzerns generiert werden. Auf dem externen Markt gibt es bislang nur wenige Kunden, die ganzheitlich betreut werden, und zudem sind einige darunter, die auch noch sehr stark mit dem Lufthansa Konzern verwoben sind.

Das Verhältnis Konzerngeschäft zu externem Geschäft wird sich in den nächsten Jahren grundsätzlich ändern, von jetzt 60:40 auf zukünftig 40:60. Von daher wird sich der Marktwert von Lufthansa Systems erhöhen.

Braucht Lufthansa ein eigenes IT-Systemhaus?

Betrachtet man andere Fluggesellschaften, so kann man feststellen, dass eine Passage Airline durchaus ohne Zulieferer innerhalb des eigenen Konzernverbundes auskommen kann. Alle Leistungen, die ein IT-Dienstleister erbringt, von einigen strategischen Ausnahmen einmal abgesehen, ergeben nicht zwangsläufig die Notwendigkeit für die Existenz eines eigenen IT-Dienstleisters. Wenn wir dies konkret auf Lufthansa und das Verhältnis zu Lufthansa Systems beziehen, gilt Gleiches übrigens auch für eine Lufthansa Technik oder eine LSG.

Die Frage, ob Lufthansa ein eigenes IT-Systemhaus benötigt, sollte vor dem Hintergrund diskutiert werden, welchen Mehrwert Lufthansa Systems für den Lufthansa Konzern erbringt. Und diese Frage ist dann einfach zu beantworten: Der Mehrwert, den Lufthansa Systems erbringt, basiert auf den Größen Wertschöpfung, Kompetenz und (Prozess-) Geschwindigkeit.

Wertschöpfung bezieht sich auf den Marktwert der Lufthansa Systems für den Konzern sowie den Beitrag zum CVA (Cash Value Added) im Sinne der wertorientierten Konzernsteuerung. Mit „Kompetenz“ meine ich das Wissen um die geschäftskritischen Prozesse und Verfahrensabläufe einer Airline, das neben der reinen IT-Kompetenz die Gewähr dafür bietet, den Lufthansa Konzern auch in Zukunft wettbewerbsfähig zu erhalten. Und schließlich geht es um (Prozess-) Geschwindigkeit. Hier trägt Lufthansa Systems mit ihren Ressourcen entscheidend dazu bei, dass notwendige Veränderungsprozesse zügig, effizient und gemäß der Bedürfnisse des Lufthansa Konzerns umgesetzt werden.

Um diesen Mehrwert nachhaltig liefern zu können, muss Lufthansa Systems fokussiert vom Markt her aufgestellt sein und der Anteil des externen Geschäftes muss signifikant wachsen.

Welche Bedeutung hat der Markt außerhalb des Aviation-Sektors für Lufthansa Systems?

Wenn man ganz objektiv betrachtet, was Lufthansa Systems dort gegenwärtig betreibt, ist das nicht sehr groß. Es ist aber wirtschaftlich an verschiedenen Ecken sehr lukrativ. Und es besteht offensichtlich auch eine hohe Marktnachfrage, die wir gut bedienen können. Der Non-Aviation-Markt gehört nicht zu unserem Kerngeschäft; solange er aber fokussiert und erfolgreich geführt ist, gibt es keinen Grund, sich davon zu verabschieden. Wohl gibt es den Bedarf, auch diesen Bereich etwas mehr zu fokussieren. Dabei ist wichtig, dass keine Baustellen mit hohem Risiko und niedriger Marge entstehen. Soweit es die Applikationsseite betrifft, wird dies aber nicht der Wachstumsteil der Lufthansa Systems für die Zukunft sein.

Wenn man spezifisch über das Geschäftssegment Infrastructure Services spricht, sieht das anders aus: Im Infrastrukturbereich ist ein deutliches Wachstumspotenzial gerade auch im Markt außerhalb des Aviation-Sektors erkennbar. Dieses Potenzial wollen wir gezielt nutzen, nicht zuletzt um Skaleneffekte zu erzielen, die unseren Kunden insgesamt zugute kommen werden.

Zunächst einmal jedoch wird das Geschäftssegment Infrastructure Services unter Druck geraten, weil die Passagiersysteme der Lufthansa Passage zu Amadeus gehen werden und es eben nicht so sein wird, dass dieses Umsatzvolumen durch FACE nahtlos ersetzt werden kann. Zum Teil liegt das daran, dass die Umstellung vom traditionellen Host hin zu Unix-basierten Systemen per se schon einmal eine deutliche Kosten- und Preisreduktion mit sich bringen wird. Ein anderer Grund liegt in der dezentralen Struktur von FACE, die es ermöglicht, FACE lokal, also vor Ort beim Kunden, zu betreiben.

Was also eintreten kann, ist, dass wir vielleicht ein Verhältnis erreichen werden, in dem 50 Prozent in Kelsterbach und 50 Prozent in der Nähe des Kunden gehostet werden. So werden wir FACE für die Garuda bei unserem Joint Venture in Indonesien betreiben. Ebenso würden wir möglicherweise die Systeme für asiatische Kunden nicht zwangsläufig in Kelsterbach betreiben. Das würde in Asien geschehen. Da spielen ja auch lokale, beim Kunden vorhandene Ressourcen, Joint-Venture-Bedürfnisse und andere Faktoren eine Rolle. Dies ist übrigens ein Thema, bei dem wir uns deutlich von Amadeus unterscheiden und das wir offensiv in den Vordergrund stellen. Amadeus muss alles über sein Rechenzentrum in München laufen lassen. Für uns ist lokale Präsenz von entscheidender Bedeutung.

Für die Lufthansa Systems ist das Geschäftssegment Infrastructure Services und sein Know-how notwendig. Wenn wir beispielsweise in Indonesien ein Datacenter betreuen, dann müssen wir wissen, wie wir es betreiben, und das können wir nur, wenn wir auch in Deutschland eines betreiben und über entsprechende Erfahrungen und Kompetenzen verfügen. Das ist ja auch richtig handwerkliche Arbeit.

Um dem Druck, unter den das Geschäftssegment Infrastructure Services geraten wird, zu begegnen, müssen wir weiter an einer deutlichen Fokussierung arbeiten und unsere Angebote in einer Art und Weise anreichern, die es Kunden aus anderen Branchen ermöglicht, auch auf Branchen-Know-how in unserem Hause zurückzugreifen. Da gibt es einige Kunden, wenn man zum Beispiel den Finanzdienstleistungsbereich betrachtet, die sehr genau überlegen, was sie im Hause halten und was sie herausgeben. Zu den Themen, die noch nicht herausgegeben werden, gehören nach wie vor auch viele Infrastrukturthemen. Einige Unternehmen sind noch nicht davon überzeugt, dass ein IT-Dienstleister über das notwendige Branchen-Know-how verfügen kann. Da wird zu überlegen sein, wie man diese Hürde überwindet, um unsere Ressourcen gut auszulasten. Der Betrieb eines Rechenzentrums ist ja vor allen Dingen ein durch Economies of Scale getriebenes Volumengeschäft. Hier wäre auch eine Zusammenarbeit mit Anbietern denkbar, die auf der Applikationsseite stark sind, aber keine eigenen Infrastrukturdienstleistungen anbieten.

Aus meiner Sicht ist es wichtig zu verstehen, dass wir uns ohne diesen Bereich erheblich schwächen würden.

Vielen Dank für das Gespräch!

Das Gespräch mit Wolfgang F. W. Gohde führte Bernd Voigt

Thomas Endres

Lufthansa Systems als interner IT-Dienstleister

Die Informationstechnologie hat in der Aviation-Industrie eine zentrale Bedeutung: IT unterstützt nahezu alle Kernprozesse und leistet einen entscheidenden Beitrag zur Wettbewerbsfähigkeit der Lufthansa in globalen, sich rasch verändernden Märkten. Im Fokus steht dabei die Vereinfachung der IT-Landschaft und das Erschließen von Innovationen. Bei der Reduktion der IT-Komplexität stehen, entsprechend der Gegebenheiten volatiler Märkte, die Senkung der Stückkosten und die Flexibilisierung der Kosten im Vordergrund. IT-Innovationen beinhalten erhebliches Potenzial zur Verbesserung unserer Services und Prozesse. Impulse kommen dabei aus der Kenntnis unserer Märkte und aus dem Verständnis, welche Technologien den notwendigen Reifegrad erreicht haben.

Der Lufthansa Systems kommt bei diesen Herausforderungen eine aktiv unterstützende und mitgestaltende Rolle zu. Die IT Governance bei Lufthansa orientiert sich an der Struktur des Aviation-Konzerns mit Lufthansa Systems als internem IT-Dienstleister, der auch externe Märkte bedient. Die Wechselwirkung von IT-Innovation und Businessprozessen, die wir als „Digital Transformation" bezeichnen, stellt hohe Anforderung an die Methodenkompetenz. Sie gehört ebenso wie das Management komplexer IT-Systeme zu den Kernkompetenzen eines IT-Dienstleisters.

Der Aviation-Konzern Lufthansa positioniert sich mit den Geschäftsfeldern „Passage", „Cargo", „Technik", „Catering", „Touristik" und „IT-Services" als Anbieter mit Premium-Anspruch. Die Geschäftsfelder sind in sehr unterschiedlichen Märkten tätig. Daraus ergeben sich unterschiedliche Geschäfts- und Prozessmodelle, die den besonderen Anforderungen der jeweiligen Kunden gerecht werden. In dieser Heterogenität bietet die Informationstechnologie seit einigen Jahren deutlich erweiterte Möglichkeiten, Infrastrukturen und Applikationen gemeinsam zu nutzen. Innovation wird durch gemeinsame und durchlässige technologische Plattformen begünstigt. Durch standardisierte Infrastrukturen können Prozesse auch über Unternehmens- und Geschäftsfeldgrenzen hinweg leichter unterstützt werden. Die mehrfache Verwendung einmal entwickelter Lösungen wird erleichtert. Dabei profitieren die Beteiligten von gemeinsamer Entwicklung und Betrieb mit reduzierten Stückkosten. So entsteht die technologische Grundlage dafür, Innovationen schneller und mit geringerem Aufwand umzusetzen.

Der Anteil der Betriebskosten für Applikationen und Infrastruktur an den IT-Kosten betrug 74 Prozent in 2003 und selbst in diesem krisenbehafteten Jahr erreichten die Aufwendungen für Entwicklungstätigkeiten 25 Prozent (siehe Abb. 1). Durch die Dimension der IT-Aktivitäten ergeben sich erhebliche Chancen auf Synergieeffekte. Auch die Unterschiedlichkeit der Themen innerhalb des Lufthansa Konzerns bietet dabei Chancen. Die im Konzern unterschiedlichen Prioritäten bei der Entwicklung von IT-Lösungen stellen aus Konzernsicht eine Ressource dar, da nachfolgende Nutzer von den Erfahrungen der Erstentwickler profitieren.

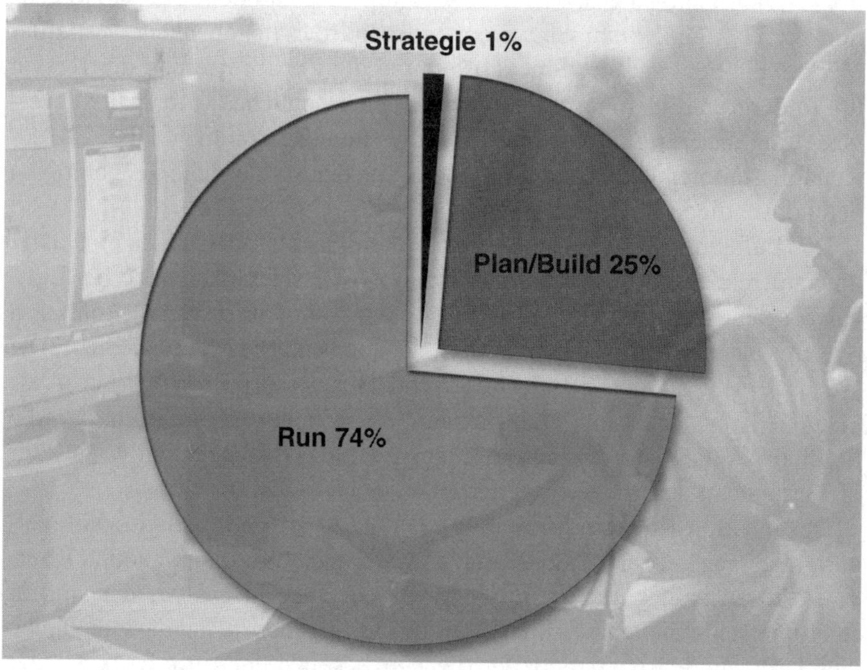

Abbildung 1: Anteile IT-Kosten 2003 (Betriebs- und Entwicklungskosten)

IT Governance

Die Rolle des zentralen Konzern-Informationsmanagements fokussiert hoheitliche Aufgaben wie IT-Security, Standardisierung und das Vorantreiben von IT-Innovationen. Die Herausforderung unseres Governance-Modells (siehe Abb. 2) besteht darin, eine kluge Balance zwischen den konzernweiten Synergieeffekten und den mitunter unterschiedlichen Bedürfnissen der Business Units bzw. Geschäftsfelder zu finden. IT-Entscheidungen, die eine bestimmte Wertgrenze überschreiten, werden unter Beteiligung des Konzern-Informationsmanagements im Finanzausschuss diskutiert. Daraus wird schließlich eine Empfehlung für den Konzern-Vorstand erarbeitet. Das Information Manager Board fungiert als zentrales technisches Entscheidungsgremium mit Richtlinienkompetenz beim Konzern-CIO. Es wird durch themenbezogene Arbeitskreise unterstützt. Das Information Manager Board versteht sich auch als Impulsgeber für IT-getriebene Innovationen und synchronisiert die konzernweiten Bedürfnisse. Themen mit Synergiepotenzial werden gemeinsam identifiziert und in geeigneter Form zur Umsetzung gebracht. Auch „One for All"-Arbeitsformen kommen zur Anwendung, wenn Geschäftsfelder besonderes Interesse oder spezielles Know-how zu einzelnen Fragestellungen haben. Die Teilnahme der Lufthansa Systems am Information Manager Board erfolgt in der Doppelrolle als Provider von IT-Dienstleistungen und als Geschäftsfeld, das zur eigenen Leistungserbringung IT-Unterstützung nutzt. Die Lufthansa Systems positioniert sich dabei auch als Innovator und Berater für neue IT-Themen.

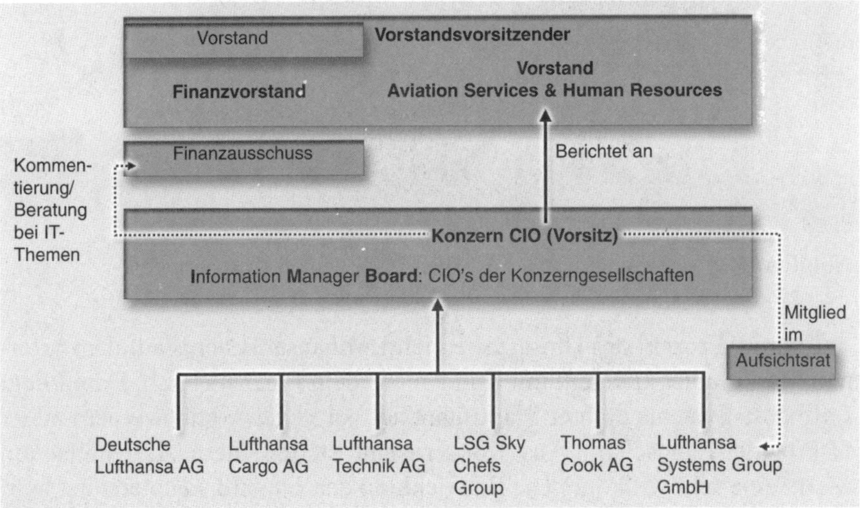

Abbildung 2: IT Governance im Aviation-Konzern Lufthansa

Zur Bedeutung von Lufthansa Systems innerhalb des Konzerns

In der Lufthansa-Gruppe liegen die Aufwendungen für IT im Bereich von vier Prozent der erzielten Umsätze, sie unterscheiden sich allerdings innerhalb der Geschäftsfelder, bedingt durch den unterschiedlichen Bedarf an IT-Unterstützung für die jeweiligen Prozesse und Geschäftsmodelle. Der Beitrag von Lufthansa Systems hat sich konstant entwickelt. Der Anteil der Leistungserbringung der Lufthansa Systems an den IT-Budgets im Konzern hat mit über 60 Prozent einen erheblichen Umfang (siehe Abb. 3). Diese erfolgreiche Positionierung von Lufthansa Systems beinhaltet Aviation-nahe IT-Unterstützung und Leistungen im Infrastruktur- bzw. im Bereich der Prozessunterstützung.

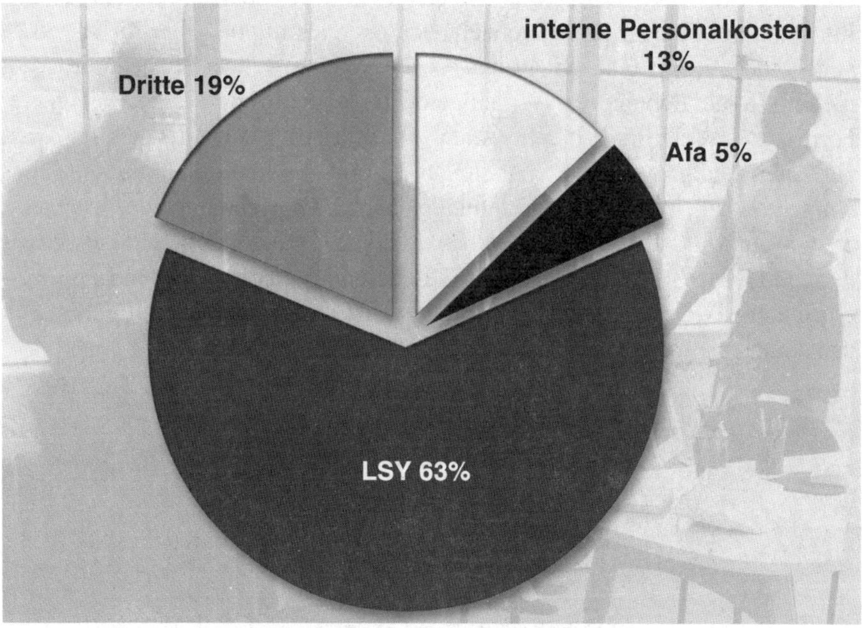

Abbildung 3: Verteilung der IT-Ausgaben 2003 gemäß Kostenmodell

Über 30 Prozent des Umsatzes erzielt Lufthansa Systems auf dem externen Markt, unter anderem mit Kunden aus dem Finanzbereich. Damit liegt Lufthansa Systems in ihrer Marktfähigkeit vor vielen Wettbewerbern in der IT-Provider-Landschaft. Aus Konzernsicht stellen diese Aktivitäten am Markt eine sehr willkommene Entwicklung dar. Es wird so unterstützt bzw. sichergestellt, dass Lufthansa Systems auf Benchmark-Niveau agiert, und die Chancen auf Skaleneffekte erweitern sich durch Volumen jenseits der Unternehmensgrenzen der Lufthansa.

Die Zusammenarbeit zwischen Lufthansa Systems und den Lufthansa-Konzernbereichen ist durch die Zielsetzug einer wirtschaftlichen Versorgung des Aviation-Konzerns mit IT-Leistungen einerseits und der Ausgestaltung eines eigenen IT-Geschäftsbereiches andererseits gekennzeichnet. Durch ein gemeinsames Management von Kosten- und Nutzentreibern werden sowohl Innovation als auch Wirtschaftlichkeit gefördert.

Für Lufthansa liegt der erwartete Nutzen dieser Partnerschaft in der grundsätzlichen Möglichkeit, alle IT-Leistungen bei einem Partner beziehen zu können („full service provider"), sowie in einem optimierten Verhältnis zwischen Kosten und Nutzen der Leistungserbringung. Lufthansa Systems stellt sich dem Wettbewerb mit anderen Dienstleistern am Markt. Sie verfügt aus der langjährigen Zusammenarbeit mit dem Aviation-Konzern über besondere Geschäfts-, Prozess- und Branchenkenntnisse. Dieses spezifische Wissen nutzt sie gezielt zu einer kontinuierlichen Verbesserung der Kosten- und Nutzensituation bei Lufthansa.

Die Kunst im Umgang mit IT liegt darin, die Geschäftsprozesse im richtigen Umfang zu unterstützen. Es ist wichtig, relevante technologische Trends zu antizipieren und so rechtzeitig verfügbar zu machen, dass daraus ein Wettbewerbs- bzw. Kostenvorteil generiert werden kann. Eine Zeitfalle besteht darin, dass die Entwicklung von Infrastrukturen und Systemvoraussetzungen Vorlaufzeit benötigt, die Bedarfe zur Unterstützung von Prozessen jedoch in der Regel mit Dringlichkeit vorliegen und die schnelle Umsetzung besondere Wettbewerbsvorteile bringt. Lösungen können darin bestehen, mit Standard-Infrastrukturen zu arbeiten, die Einfachheit von Lösungen als Vorteil zu begreifen und bei Bedarf die schneller verfügbare Lösung der perfekten vorzuziehen.

Daraus ergibt sich ein Spannungsfeld und zugleich eine Chance für jeden IT-Dienstleister. Modern, modular und kostengünstig gestaltete IT führt zu Vereinfachung und zu Reduzierung von Komplexität. Eine der Aufgaben des IT-Dienstleisters ist es, bereits existierende Lösungen mehrfach zur Verwendung zu bringen und serviceorientiert einzusetzen. Kurzfristig und mit Fokus auf Einzelthemen verringern sich damit zwar Umsätze – langfristig ist dies jedoch eine Chance zur Kostenführerschaft und zur Senkung der IT-Entwicklungs- und -Betriebskosten für die Kunden von Lufthansa Systems und zur Optimierung der eigenen Deckungsbeiträge. Eine sinnvolle Standardisierung von Leistungen, Bündelung konzernweiter Nachfrage und Umsetzung mit Kostenvorteilen werden durch einen IT-Provider im Konzern befördert.

Unsere Vorstellungen von moderner IT

Eine wesentliche Rolle der IT besteht darin, Innovation voranzutreiben. Innovationen werden dabei sowohl aus der Perspektive der Geschäftsprozesse als auch von neuen Technologien ausgelöst: „Business drives IT drives business.“ Erst durch den Abgleich beider Perspektiven entsteht die optimale Innovationskraft. Neue Technologien bieten erweiterte Möglichkeiten, Geschäftsprozesse zu optimieren oder Serviceleistungen in neuer Qualität anzubieten. In der Regel hat jedes größere IT-Projekt einen Veränderungsauftrag. Dieser Veränderungsauftrag kann explizit erteilt oder implizit durch Konsequenzen einer technologischen oder inhaltlichen Entscheidung angelegt sein. Aus diesem Grund ist der methodische Umgang mit Veränderungsmanagement ein Schlüssel, die Innovationskraft optimal zur Wirkung zu bringen und Prozessverbesserungen schnell zu erreichen.

Ein Business Process Owner profitiert dabei von der Information, zu welchem Zeitpunkt ein Entwicklungsschritt reif ist. Das Timing ist beim Übergang in eine neue technische Lösung wichtig. First Mover haben die maximale Chance, Alleinstellungsmerkmale für sich zu erschließen, sind aber gleichzeitig in höherem Maß mit Fragen des Reifegrads von Technologien beschäftigt als nachfolgende Anwender. Die profunde Kenntnis über die Verwendung, Verwendbarkeit und das Potenzial neuer Lösungen für unsere Businessprozesse ist ein wertvoller Beitrag eines IT-Dienstleisters. In gleichem Maß gilt es, auf Impulse aus den Geschäftsprozessen zu reagieren und nach angemessenen Möglichkeiten zu suchen, neue Anforderungen durch IT-Unterstützung abzubilden.

Als „Digital Transformation“ bezeichnen wir Themen, bei denen gleichzeitig Veränderungen der Geschäftsprozesse oder Organisationsformen und ein veränderter Einsatz von Informationstechnologie zu gestalten sind. Dabei ist die Koppelung von Technologie, Management und der Methoden zum Veränderungsmanagement ein Schlüsselfaktor zum Erfolg. IT-Projektmanagement, das bei der Gestaltung beide Perspektiven berücksichtigt, hat die Aussicht auf maximale Ergebnisse mit verbesserter Umsetzungsgeschwindigkeit und Nachhaltigkeit. Die Kompetenz, Veränderungsprozesse wie z. B. die Einführung des Konzernportals „eBase“ in enger Zusammenarbeit mit dem Kunden erfolgreich durchzuführen, ist auch ein Merkmal eines erfolgreichen IT-Providers.

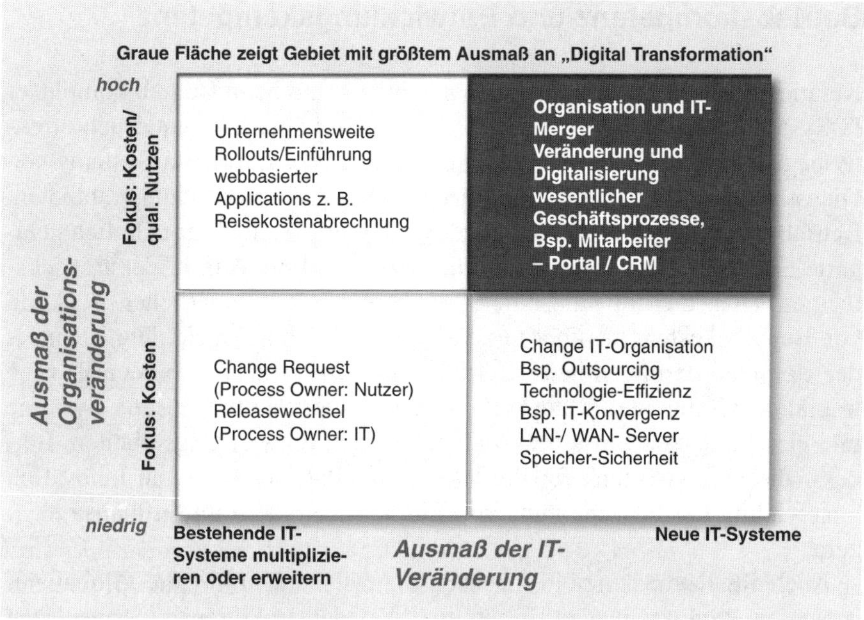

Abbildung 4: Digital Transformation

Ein Beispiel für Innovation durch Mehrfachnutzung über Einzelkomponenten hinaus ist durch die konzernweite IT-Plattform eBase angelegt. In der aktuellen Ausbaustufe ist eBase als webbasierte Plattform für Kommunikation und Prozessgestaltung mit dem Fokus auf Sekundärprozesse dimensioniert. Durch die Bereitstellung von Lösungen für Web-Contentmanagement, elektronische Teamräume, Tools für Personalisierung und Applikationsintegration u. ä. werden konzernweite Synergieeffekte realisiert, weil lokale Lösungen damit überflüssig geworden sind. Die modulare Struktur erlaubt, erprobte Lösungen zu verwenden oder Eigenentwicklungen in die Plattform zu integrieren und den Mitarbeitern rollenspezifisch zugänglich zu machen. Die Benutzung dieser geschäftsfeldübergreifenden Plattform ist ein deutlicher Schritt zu mehr Einfachheit im Lufthansa Konzern und beim IT-Dienstleister. Ein wichtiger Aspekt ist dabei, dass die Benutzung der gemeinsamen Plattform auch Wissensmanagement und -austausch fördert. In unterschiedlichen Gesellschaften oder Bereichen erstellte Lösungen sind technisch und inhaltlich leichter übertragbar. In diesem Sinn sind gemeinsam genutzte IT-Lösungen Katalysator und Impulsgeber für die Digitalisierung der Arbeitswelt bei Lufthansa über Geschäftsfeldgrenzen hinaus.

Betriebskompetenz und Entwicklungskompetenz

Kompetenz und Erfahrung beim Management und beim Betrieb komplexer IT-Systeme ist eine wichtige Grundlage, um erhöhtem Kostendruck effektiv begegnen zu können. Dabei unterscheidet sich Lufthansa Systems von Dienstleistern, die eine rein konzeptionelle IT-Unterstützung anbieten. Betriebserfahrungen eröffnen Chancen, „lessons learned" auf ähnlich gelagerte Situationen zu übertragen. Die Größe und die Anzahl der Betriebsthemen ist in diesem Sinn eine Ressource zur kontinuierlichen Senkung von Betriebskosten, die über reine Skaleneffekte hinausgeht. Die Kenntnis der Herausforderungen beim Betrieb von kritischen IT-Systemen ist eine tragfähige Grundlage für die kontinuierliche Optimierung unserer Systeme und gleichermaßen Basis für vorausschauende Entwicklungsarbeiten. Beides – die Verantwortung für Produktion und das Gestalten von Innovation – ist wichtig für die Bedeutung von Lufthansa Systems im Lufthansa Konzern.

Auch im Kompetenzfeld „Betriebsmanagement" führt die Globalisierung der Produktionsplattformen und Kundenstrukturen zu erweiterten Prozessen. Die Steuerung von Nearshore- oder Offshore-Teams ist ebenso wesentlich für den Erfolg eines Providers wie die effektive Einbindung von kleinen und großen Sublieferanten.

Handlungsfelder und Herausforderungen

Neue Arbeitsformen bei der IT-Beschaffung rücken immer mehr in den Vordergrund. Sie wurden beispielsweise beim Übergang in die nächste Generation der Telefonie von Lufthansa erfolgreich erprobt. Die klassische Form der Beschaffung erfolgt auf Basis von detaillierten und akribisch geschriebenen Lastenheften und führt nicht selten zu Lösungen, die eine zu hohe Komplexität aufweisen und, gemessen am Stand der Technik, nicht optimal gewählt sind. Der für IT-Themen bei Lufthansa neu entwickelte Beschaffungsprozess „Forward Sourcing" bringt hier Vorteile. Er hat seine Wurzeln in den Beschaffungsprozessen der Automobilindustrie. Durch die frühzeitige Einbindung von potenziellen Providern wird das Know-how der Anbieter aktiv in die Gestaltung und Entwicklung von Lösungen eingebracht. Der Startpunkt einer solchen Beschaffung ist die Aussage, welche Eigenschaften die gesuchte Lösung haben soll, oder aus einem anderen Blickwinkel betrachtet die Antwort auf die Frage: „Was soll nachher anders sein?" Im weiteren Wettbewerb konkretisieren sich die Lösungsvorschläge und die vertraglichen Vereinbarungen decken dann die notwendigen Fragestellungen ausreichend ab. Das frühzeitige und gemeinsame Suchen des Kunden und des IT-Anbieters nach der optimal gestalteten und kostengünstigsten Lösung ist eine Weiterentwicklung der Beschaffungsformen in der IT-Providerlandschaft. Lufthansa Systems hat z. B. im Fall der Lufthansa-Telefonie gemeinsam mit den Partnern Siemens und Vodafone nachgewiesen, dass sie sich in solche Prozesse erfolgreich einbringen kann. Gleichzeitig ist dies erst der Beginn einer Entwicklung, bei der die klassische Vermarktung von Stunden- und Serviceleistungen zugunsten von partnerschaftlichen Entwicklungsprozessen und deutlicher Produktorientierung zurücktritt.

Mit Einfachheit und Technologiekonvergenz zielt Lufthansa darauf ab, durch Einsatz von Standardlösungen, gleichen Technologien, Methoden und Dienstleistungen das optimale Maß an Einfachheit und Homogenisierung zu erreichen. Ein nächster Schritt besteht darin, auf der Ebene der Geschäftsfelder erfolgreiche Konsolidierungen von infrastrukturnahen Komponenten wie Servern und Arbeitsplatzmodellen im Konzern konsequent weiter auszudehnen. Bei den vom IM-Board gewollten und in der Konzern-IT-Strategie festgelegten Maßnahmen zur konzernübergreifenden Server- und Arbeitsplatzmodellkonsolidierung wird Lufthansa Systems die aktive Rolle einnehmen.Das Managen von IT-Innovation beinhaltet zwei Aspekte: Zum einen kann Lufthansa Systems als breit aufgestellter Anbieter von IT-Lösungen aktiv die Wieder- und Mehrfachverwendung von Modulen im Konzern bewirken und fördern. Mit unveränderten Entwicklungsbudgets wird es so möglich, eine höhere Wirkung zu erzielen und Innovation zu unterstützen.

Diese Arbeitsweise erfordert ein gut entwickeltes Wissensmanagement auf der Seite des Anbieters. Auf Kundenseite erfordert es Bereitschaft zu vereinfachenden Arbeitsformen, bei denen die Auswahl der technischen Lösung zunehmend dem Provider überlassen wird. Übertrieben interpretierte „Open-Book-Policies“, bei denen der Auftraggeber versucht, jedes technische und wirtschaftliche Detail der Aktivitäten des Providers zu gestalten oder nachzuvollziehen, sind dabei kontraproduktiv und führen zu Administrationsaufwand und Doppelarbeit. Die Weiterentwicklung der Zusammenarbeit setzt die Anpassung von Verhaltensweisen und Prozessen voraus und gelingt in einer stabilen Partnerschaft.

Der zweite Aspekt dieses Handlungsfeldes ist, IT-Möglichkeiten als Impulse für Neuerungen in den Geschäftsprozessen aktiv zu nutzen. Eine solche Arbeitsweise von Lufthansa Systems erfordert ein breites und aktuelles Wissen auf IT-Seite und einen Dialog mit den Business-Prozess-

Verantwortlichen. Die auf geringe Fertigungstiefe bedachten IT-Organisationseinheiten im Konzern können sich so entlasten und die Nahtstelle zu Lufthansa Systems in ihrer Effizienz weiter verbessern.

Die Anforderungen an die Methodenkompetenz im Umgang mit IT entwickeln sich kontinuierlich weiter. Projektmanagement und Management von Innovation sind dabei Kernkompetenz. Lufthansa Systems ist aktiv dabei, das Projektmanagement weiterzuentwickeln. Das klassische, lineare Verständnis von Projekten stützt sich stark auf Checklisten und Phasen ab. In einem erweiterten Ansatz gilt es, die Durchführung von Projekten als einen Prozess anzulegen, bei dem die Dynamik von Veränderung für die Stakeholder in die Maßnahmenplanung einfließt. Die vom Konzern geförderte Methodik des „lernenden Projektes" fokussiert darauf, die zu Projektbeginn gemachten Annahmen und Aussagen zur Gesamt-Wirtschaftlichkeit während der gesamten Projektlaufzeit eng zu beobachten und zu steuern. Dadurch entsteht ein Frühwarnsystem zur Wirtschaftlichkeit, das über die Betrachtung der reinen Budgetsituationen hinausgeht. Diese Arbeitsweise begünstigt auch das Erkennen und Erschließen von Chancen, die bei Projektstart nicht planbar oder erkennbar waren.

Kombination von Technologiekompetenz und Methodenkompetenz als Schlüssel zum Erfolg

Lufthansa Systems hat seit ihrem Entstehen eine sehr erfolgreiche Entwicklung durchlaufen und mit Strategien wie der Internationalisierung der eigenen Position gute Grundlagen gelegt. Aus unserer Sicht wird ein entscheidender Erfolgsfaktor für Lufthansa Systems die Kombination von Technologiekompetenz und Methodenkompetenz sein. Die Ergänzung von Technologie-Know-how mit wirkungsvollem Methodenwissen ist schwer kopierbar und der Schlüssel für dauerhaften Erfolg am Hochpreisstandort Deutschland. Lufthansa Systems ist gut gestartet, die Grundlagen sind tragfähig, die Chancen erheblich.

Stefan Hansen

Die Bedeutung des externen Marktes für den Unternehmenserfolg

Abstract

Für jede aus einem Konzern heraus gegründete IT-Tochter stellt sich die Frage des Marktes und der entsprechenden Positionierung (Letztere muss selbstverständlich im Vorfeld mit dem Eigentümer geklärt werden). Dieser Beitrag soll den Aspekt der Platzierung am Markt und der strategischen Positionierung am Beispiel des Geschäftssegments „Infrastructure Services" (IS) der Lufthansa Systems Group näher beleuchten. Dabei soll insbesondere der Frage nachgegangen werden, warum das Unternehmen nicht ausschließlich für den Mutterkonzern (in diesem Fall die Deutsche Lufthansa AG) agiert, sondern auch für (branchenfremde) externe Kunden. Abgerundet wird die Darstellung mit der Frage, welche kritischen Erfolgsfaktoren maßgeblich zu einem perfekten Deal beitragen, der für beide Seiten eine Win-Win-Situation darstellt. Dies ist umso wichtiger in einer Zeit, in der sich Wettbewerbssituationen verschärfen und Produkte in globalisierten und internationalisierten Geschäftsprozessen austauschbarer werden. Zentrale Fragestellung ist hier, wie sich ein Anbieter von IT-Dienstleistungen aufstellen muss, um den skizzierten Herausforderungen erfolgreich zu begegnen.

Optionen zur Positionierung des Unternehmens

Erste Option: Markt = Konzern

Für diese Option gibt es nur zwei Erklärungen: Entweder sollen zusätzliche Top-Management-Positionen geschaffen und der Overhead erhöht werden. Oder es soll eine legale Einheit etabliert werden mit dem Ziel, diese früher oder später zu verkaufen. Ersteres ist natürlich Nonsens ...

Zweite Option: Markt = Konzern + Branche des Konzerns

Diese Option führt bei einer erfolgreichen Umsetzung dazu, dass zusätzliche Werte für den Eigentümer geschaffen werden und sich das Gesamtportfolio und damit sowohl Chancen als auch Risiken ändern. Vertrieblich betrachtet kann dabei das Branchen-Know-how genutzt werden und man agiert dabei in bekannten Gewässern. Der Erfolg der Unternehmung hängt dabei vom Erfolg der Branche im jeweiligen Wirtschaftsumfeld ab.

Dritte Option: Markt = Konzern + Branche des Konzerns + affine Branchen

Diese Option bietet die Möglichkeit, branchenunabhängiger zu agieren, was vordergründig die Risiken verteilt. Die Aufwendungen in den Vertrieb sind allerdings deutlich höher und man begibt sich dabei recht schnell in unbekannte Gewässer, was durchaus unangenehm enden kann. Daher ist dies die chancen-, aber auch risikoreichste Option. Losgelöst von allen Betrachtungen im Umfeld eines Großkonzerns und den Einzelinteressen aller Beteiligten stellt sich folgende Frage:

Welches ist die richtige Vorgehensweise?

Dies hängt natürlich von den individuellen Zielen der Eigentümer ab. Berücksichtigt der Eigentümer dabei die Aspekte Qualität der Services, Value für Shareholder und Kunden und die Perspektiven für die eigenen Mitarbeiter, ist die erste Option zu verwerfen, da ein Wettbewerb so gut wie ausgeschlossen ist. Ausgeschlossen in der Regel deshalb, weil eine hundertprozentige Tochter, die sich ausschließlich im Konzernumfeld bewegt, auch der einzig wirklich zugelassene Anbieter der Leistungen ist. Diese Wettbewerbslosigkeit hat deutlich negative Auswirkungen:

- Die Qualität der Dienstleistung wird nicht besser.
- Das Preis-/Leistungsverhältnis wird schlechter.
- Die Innovationskraft sinkt.
- Die „outgesourcten" Mitarbeiter sind frustriert, da sie von der geliebten Mutter abgenabelt wurden, eine Perspektive nicht erkennbar ist und immer die Angst vor einem Verkauf bleibt.
- Die Mitarbeiter reagieren auf Anforderungen und beraten nicht aktiv.

Die zweite Option setzt voraus, dass die IT-Tochter auch die Freiheit hat, sich im Markt zu bewegen. Die Erfahrung zeigt, dass dies nicht freiwillig passiert. Der Konzern ist immer noch der große Halt. Warum auch Veränderung, wenn man ein warmes Bett und genug zu essen hat? Deshalb ist es zwingend notwendig, dass der Konzern auch ganz bewusst Leistungen ausschreibt und an den Besten vergibt. Die eigene Tochter ist so dem Spiel des Marktes ausgesetzt.

Ein gesundes Mischungsverhältnis des an die eigene IT-Tochter zu vergebenden Budgetanteils zu einer externen Vergabe liegt aus meiner Sicht bei 70:30. Ein gangbarer Weg ist:

- Die Qualität der Dienstleistung wird verbessert.
- Das Preis-/Leistungsverhältnis muss sich dem Markt anpassen.
- Die Innovationskraft bleibt erhalten.
- Die Mitarbeiter gewinnen an Gestaltungsfreiheit. Es sind Vergleiche möglich, daher ergeben sich Perspektiven.
- Die Mitarbeiter können dem Konzernverbund trotzig die Stirn bieten.

Bei der dritten Option ist es enorm wichtig, Branchen zu adressieren, die mit der des Eigentümers durchaus vergleichbar sind. So haben z. B. Finanzdienstleistungsunternehmungen ähnlich hohe Anforderungen an Sicherheit, Verfügbarkeit und Transaktionsdurchsatz wie eine Fluggesellschaft. Diese Option führt zu einer branchenunabhängigeren Ausrichtung:

- Die Qualität der Dienstleistung wird deutlich verbessert.
- Das Preis-/Leistungsverhältnis ist ein bestimmbarer Faktor innerhalb des Marktumfeldes.
- Spezialmärkte können angegangen werden.
- Erfahrungen aus den Branchen können wechselseitig effizienzsteigernd genutzt werden.
- Die Innovationskraft steigt.
- Die Mitarbeiter messen sich am Erfolg der Firma. Ihr Ansehen steigt, sie

fühlen sich wohl. Die Anerkennung bei den Mitbewerbern wird als Eigenleistung verbucht. Das Gefühl „wir sind wer“ führt zur weiteren Zufriedenheit.

Nichts ist einfacher gesagt als der Satz : „Dann verkaufen wir mal eben die Dienstleistung im externen Markt.“ Um die Optionen 2 oder 3 erfolgreich umzusetzen, bedarf es einer Strategie, die ich am Beispiel des Geschäftssegmentes „Infrastructure Services (IS)“ der Lufthansa Systems Group beschreiben möchte.

Zielbestimmung und Entwicklung einer Strategie

Zieldefinition

Die Strategie besteht aus einer Zieldefinition und der Beschreibung des Weges zum Ziel. Im Falle der Lufthansa Systems ist das Ziel, mindestens so viel Umsatz im externen Markt zu generieren, wie mit dem Lufthansa Konzern insgesamt umgesetzt wird. Bezogen auf das Geschäftssegment Infrastructure Services entstand hieraus im Jahr 2002 die Strategie 300/300. Der Weg zum Ziel berücksichtigt

- das Marktumfeld,
- die Zeit, in der das Ziel erreicht werden soll, sowie
- die Leistungsfähigkeit der eigenen Firma hinsichtlich des Produktportfolios und der notwendigen Ressourcen.

Dies bedeutet, potenzielle Märkte, Kundengröße und Kernkompetenzen zu untersuchen und anhand des Ergebnisses einen geeigneten Markteingang zu entwickeln. Für uns ergab sich daraus, dass wir im mittleren Größensegment adressieren werden, welches von 3,9 Mrd. Euro in 2003 auf 5,6 Mrd. Euro in 2006 wächst.

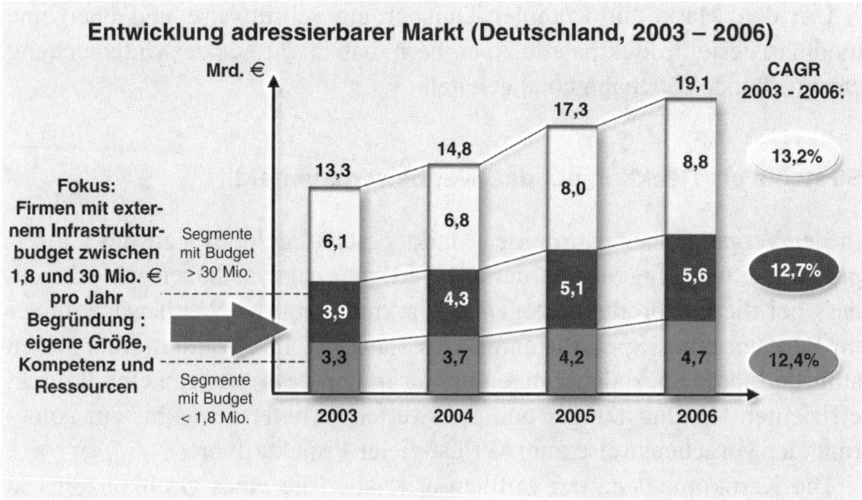

Abbildung 1: Fokussierung von Lufthansa Systems auf Firmen mit einem externen Infrastrukturbudget zwischen 1,8 und 30 Mio. Euro (Quelle: Booz/Allen/Hamilton)

Außerdem ergab die Untersuchung, dass die Branchen Industrie, Finanzen und Dienstleistungen aufgrund ihrer Marktgröße und Wachstumsraten die attraktivsten Segmente sind, Transport und Logistik hingegen aufgrund ihrer Branchenkompetenz.

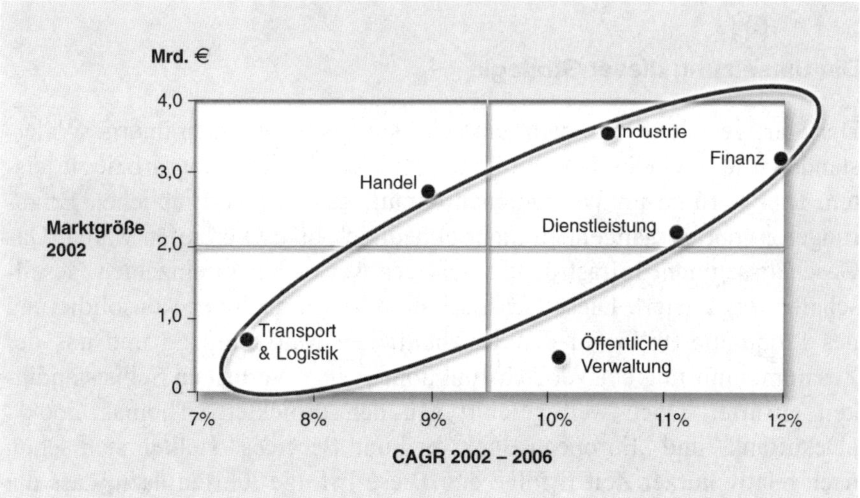

Abbildung 2: Positionierung der Branchen (Quelle: Booz/Allen/Hamilton)

Um den Markt für Komplett-Outsourcing schrittweise und über eine modularisierte Produktpalette zu erobern, haben wir aus der Untersuchung entsprechende Maßnahmen abgeleitet.

Strategie als Reaktion auf das Wettbewerbsumfeld

In der Vergangenheit wurde der Markt geschäftsfeldbezogen mit Einzelprodukten angegangen. Aus der angefertigten Analyse haben wir erkannt, dass bei diesem produktbezogenen Markteingang der Wettbewerb immer im Rahmen eines Spezialistenmarktes stattfand. Die Wettbewerber waren aufgrund ihrer Spezialisierungen immer in der Lage, das einzelne Produkt effizienter, leistungsfähiger und preiswerter zu liefern, was bis zur Änderung der Vorgehensweise zum Verlust vieler Projekte führte.

Die Kernkompetenz der Lufthansa ist aber die eines Großkonzerns in seiner Gesamtheit. Es gilt, den Konzern mit einer breiten Palette von IT-Lösungen zu versorgen. Hieraus ergibt sich die Fähigkeit, eine Gesamtlösung effizient und flexibel in diesem Bereich anbieten zu können. Die Lösungen müssen aber nicht immer die Bestenliste anführen. Die Kunden, an die diese Lösungen verkauft werden können, sind idealerweise so strukturiert, dass sie die Ressourcen, die für die Belieferung des Lufthansa Konzerns vorzuhalten sind, nutzen können, ohne dass diese maßgeblich verändert oder erweitert werden müssen. Der Vertrieb und die Produktion mussten dementsprechend auf diese Kundengruppe ausgerichtet werden.

Die Umsetzung dieser Strategie

Der Start gestaltete sich nicht einfach, denn es waren auch interne Widerstände zu überwinden und ein hohes Maß an Überzeugungsarbeit zu leisten. Dies beruhte im Wesentlichen darauf, dass die vertrieblichen Erfahrungen in der Vergangenheit nicht unbedingt positiv verlaufen waren. Das Geschäftssegment Infrastructure Services war bisher in einzelnen Gesellschaften organisiert. Diese Gesellschaften hatten nach der Konsolidierung des Produktportfolios in den ganzheitlichen Markteingang und aus der Zusammenführung der Vertriebsfunktionen einen Verlust an Selbstständigkeit erwartet. Doch weit gefehlt! Mit den Projekten „Thomas Cook", „DekaBank" und „European Bank for Fund Services" stellten sich schon nach relativ kurzer Zeit Erfolge ein. Diese Erfolge führten dazu, dass die Wettbewerber auf die veränderte Strategie aufmerksam wurden und sich bei weiteren Projekten aggressiver gegen den neuen Mitbewerber positionierten. Auch wurde durch die Erfolge die Erwartung gesteigert, weiter entsprechend am Markt agieren zu können, ohne sich im Sinne des ursprünglichen Markteinganges dieser neuen Situation anpassen zu müssen.

Da die Strategie Ziel, Weg und Zeit beschreibt, ist es wichtig, den festgelegten Weg weiter zu beschreiten, auch wenn sofortige Erfolge ausbleiben. Im Klartext heißt dies, dass die entsprechenden Prozesse und die Ressourcen jeweils bei Erfolg oder Misserfolg der Strategie angepasst werden müssen.

Das Zusammenspiel von Vertrieb und Produktion ist aufgrund der tatsächlichen Gemengelage von Kundenanforderungen und vertrieblichen Zielsetzungen, Produktionsanforderungen und Ressourcenlage nicht immer einfach. Aber durch die Klärung der verschiedenen Rollen innerhalb des Unternehmens ist es uns in den vergangenen zwei Jahren gelungen, eine in Gänze gute Zusammenarbeit herzustellen. Der Weg ist erkannt, die Richtung stimmt und der Erfolg ist spürbar.

Hierbei darf man nie die Kunden außer Acht lassen – eine Binsenwahrheit. Man darf aber auch nicht die eigenen Interessen ignorieren. Auch eine Binsenwahrheit. In diesem Zusammenhang ist es wichtig, eine echte Partnerschaft zwischen Kunden und Lieferanten zu etablieren. Die dritte Binsenwahrheit. In einer Gesellschaft, in der nur der Gewinner Anerkennung erhält, ist es äußerst schwierig, dies in die Praxis umzusetzen. Der ideale Startpunkt einer partnerschaftlichen Geschäftsbeziehung ist das Geschäft, das beiden Parteien einen Mehrwert bietet – der perfekte Deal.

Der perfekte Deal

Von Sekundärtugenden, Kunden und großen Namen

Leider haben sich vermeintlich perfekte Deals in der Vergangenheit für manche Kunden schon oft als Fiasko entpuppt, weil zum einen so genannte „Sekundärtugenden“ wie Vertrauenswürdigkeit, Zuverlässigkeit und auch Fairness nicht ausreichend gewürdigt wurden, zum anderen weil man bei der Auswahl des entsprechenden Partners nicht genug Sorgfalt hat walten lassen.

Auch besteht oftmals die Gefahr, dass sich potenzielle Kunden von großen Namen und Dienstleistungsmarken blenden lassen. Kunden können die Qualität einer Dienstleistung im Voraus nur sehr begrenzt beurteilen und deren konkreten finanziellen Wert nur schwerlich abschätzen. Da Dienstleistungen – in welcher Form auch immer – letztlich abstrakte bzw. immaterielle Werte darstellen, muss ein Dienstleister über einen überproportional großen Anteil an Erfahrungs- und Vertrauenseigenschaften verfügen.

Welche Aspekte kommen für den Abschluss eines perfekten Deals noch hinzu? Neben dem sprichwörtlich „kühlen Kopf" (die Situation jederzeit nüchtern betrachten und sich nicht aus dem Konzept bringen lassen), der Intuition und dem notwendigen Quäntchen Glück gehört sicherlich die Entscheidungskraft zu den zentralen Erfolgsfaktoren: Dies meint, den Mut zu haben, Entscheidungen herbeizuführen, diese dann zu treffen und auch konsequent zu vertreten. Allerdings sollte dies im Bewusstsein geschehen, dass eine einmal getroffene Entscheidungsgrundlage niemals alle zukünftigen Eventualitäten berücksichtigen kann – denn letztlich kann niemand die Zukunft voraussagen!

Meiner Ansicht nach sind die oben beschriebenen Sekundärtugenden (Vertrauenswürdigkeit, Zuverlässigkeit und Fairness) absolute Voraussetzungen und Grundlage für einen perfekten Deal. Daran richtet Lufthansa Systems sein gesamtes unternehmerisches Handeln aus, sie bilden die Basis für unsere Kundenbeziehungen.

In der aktuellen Studie der Meta Group wurden wir von unseren bestehenden Kunden mit der bestmöglichen Beurteilung in der Kategorie Fairplay bewertet.

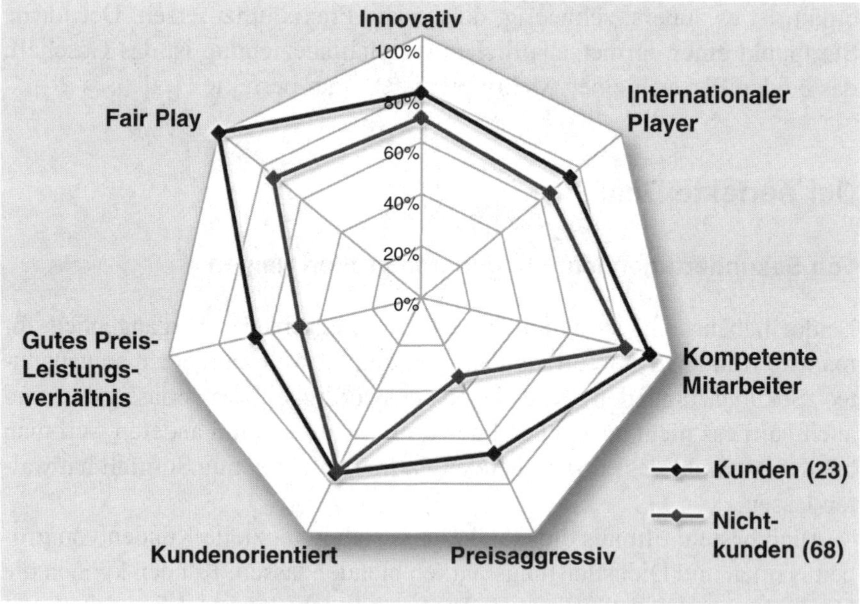

Abbildung 3: Image von Lufthansa Systems bei Kunden und Nichtkunden (Auszug aus der Analyse der META Group Deutschland GmbH, 2004)

Lufthansa Systems orientiert sein Handeln an dem Grundsatz „Partnerschaft durch Kundennähe". Dieses Konzept basiert auf folgenden Eckpunkten:

- Image: Lufthansa Systems ist ein Mittelstandsunternehmen.
- Emotionalität: Wir sind, wie unsere Kunden, auch keine Blender. Wir liefern solide Arbeit ab.
- Raum: Wir bearbeiten Themen beim Kunden vor Ort (z. B. beim IT-Outsourcing).
- Zeit: Ständige Verfügbarkeit ist uns in die Wiege gelegt worden.

Kritische Erfolgsfaktoren

Zurückkommend auf die Eingangsfrage, welche Faktoren maßgeblich für einen perfekten Deal verantwortlich sind, möchte ich folgende Thesen aufstellen:

- Von einem perfekten Deal müssen beide Partner profitieren.
- Beide Partner müssen Freude an dem Deal haben, um die besiegelte Partnerschaft auch in Zukunft zur beidseitigen Zufriedenheit zu leben und im Idealfall sukzessive weiterzuentwickeln.
- Der perfekte Deal ist immer eine Win-Win-Situation.

Konkret bezogen auf ein Kundenbeispiel aus dem Finanzdienstleistungsbereich heißt dies: Das anfängliche Kunden-Lieferanten-Verhältnis hat sich rasch zu einer Partnerschaft auf „Augenhöhe" weiterentwickelt, nicht zuletzt, weil der unerlässliche Management Support und die notwendige Aufmerksamkeit bis hin zum Top-Entscheider gegeben waren. Folgende Faktoren haben ebenfalls maßgeblich zum Erfolg des Projektes beigetragen: Eine rasche Festlegung und Einführung von Prozessen, um Unsicherheiten zu vermeiden, sowie eine intensive interne und externe Kommunikation über das Projekt (Mitarbeiter und Kunden). Eine klare und offene partnerschaftliche Beziehung hat zudem motivierend auf die Mitarbeiter gewirkt. Wichtig ist nicht zuletzt auch, den Kunden frühzeitig in technologische Neuerungen und Umstellungen einzubinden. Unternehmerisches Ziel ist die Schaffung eines vom Kunden wahrgenommenen Mehrwertes durch kundennahe Strukturen und Prozesse. Dies wird durch einen ständigen und kontinuierlichen Informationsfluss zwischen dem Kunden und uns sowie das Kennen der einzelnen Bedürfnisse, Wünsche und Erwartungen auf Kundenseite sichergestellt. Hinzu kommt die Einbeziehung des Kunden in die Entscheidungsfindung.

Ein weiterer wesentlicher Aspekt ist die Tatsache, dass Unternehmen ihre Markterfolge durch kontinuierliche Partnerschaften mit Kunden, Lieferanten und Mitarbeitern sichern. Diese Wertschöpfungspartnerschaft steht bei Lufthansa Systems im Mittelpunkt der vertrieblichen Aktivitäten. Dabei steht für uns die Frage im Vordergrund, welchen Mehrwert wir bei unseren Kunden generieren können. Konkret heißt dies, dass nicht nur ein Produkt verkauft werden soll, sondern dass wir unseren Kunden dabei helfen, ein Optimum an Nutzen aus dem jeweiligen Produkt zu ziehen. Fazit: „Partnerschaft" statt „Kundschaft" trägt entscheidend zu einer Win-Win-Situation bei.

Zusammenfassung

Die strategische Entscheidung der Deutschen Lufthansa AG und ihrer IT-Tochter Lufthansa Systems für die eingangs geschilderte dritte Option (Markt = Konzern + Branche des Konzerns + affine Branchen) hat sich als die richtige erwiesen und war vor zehn Jahren die Grundlage für den heutigen Erfolg.

Seit der Gründung im Jahr 1995 platziert sich Lufthansa Systems als IT-Service-Anbieter am deutschen IT-Outsourcing-Markt und behauptet seinen Platz unter den „Top 20" der bekanntesten IT-Unternehmen in allen relevanten Marktsegmenten. Dies beweist, dass sich Lufthansa Systems mit ihrer strategischen Ausrichtung auf dem richtigen Weg befindet.

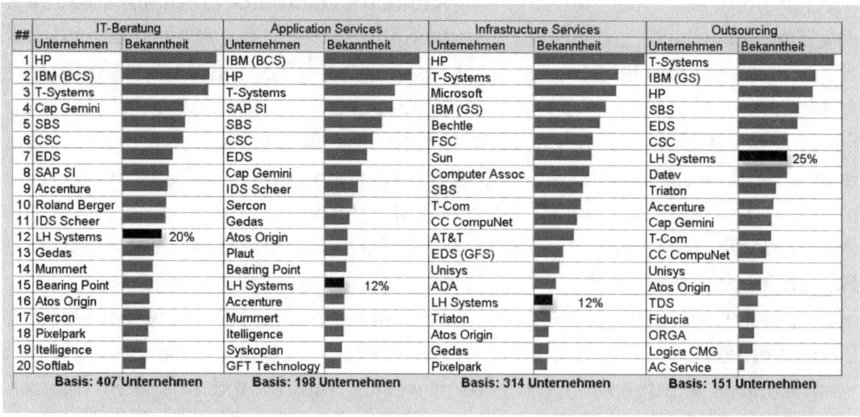

##	IT-Beratung		Application Services		Infrastructure Services		Outsourcing	
	Unternehmen	Bekanntheit	Unternehmen	Bekanntheit	Unternehmen	Bekanntheit	Unternehmen	Bekanntheit
1	HP		IBM (BCS)		HP		T-Systems	
2	IBM (BCS)		HP		T-Systems		IBM (GS)	
3	T-Systems		T-Systems		Microsoft		HP	
4	Cap Gemini		SAP SI		IBM (GS)		SBS	
5	SBS		SBS		Bechtle		EDS	
6	CSC		CSC		FSC		CSC	
7	EDS		EDS		Sun		LH Systems	25%
8	SAP SI		Cap Gemini		Computer Assoc		Datev	
9	Accenture		IDS Scheer		SBS		Triaton	
10	Roland Berger		Sercon		T-Com		Accenture	
11	IDS Scheer		Gedas		CC CompuNet		Cap Gemini	
12	LH Systems	20%	Atos Origin		AT&T		T-Com	
13	Gedas		Plaut		EDS (GFS)		CC CompuNet	
14	Mummert		Bearing Point		Unisys		Unisys	
15	Bearing Point		LH Systems	12%	ADA		Atos Origin	
16	Atos Origin		Accenture		LH Systems	12%	TDS	
17	Sercon		Mummert		Triaton		Fiducia	
18	Pixelpark		Itelligence		Atos Origin		ORGA	
19	Itelligence		Syskoplan		Gedas		Logica CMG	
20	Softlab		GFT Technology		Pixelpark		AC Service	
	Basis: 407 Unternehmen		Basis: 198 Unternehmen		Basis: 314 Unternehmen		Basis: 151 Unternehmen	

Abbildung 4: Bekanntheit von Lufthansa Systems in den relevanten Marktsegmenten (Auszug aus der Analyse der META Group Deutschland GmbH, 2004)

Dabei positioniert sich das Unternehmen als ein IT-Services-Anbieter mit globaler Präsenz und als Spezialist und strategischer Partner für komplexe und heterogene IT-Landschaften. Vorrangiges Ziel dabei ist, unsere Kunden bei der Verbesserung und Flexibilisierung ihrer Geschäftsprozesse zu unterstützen. Das Leistungsspektrum reicht von der Analyse, der Planung und der Implementierung bis hin zum Betrieb von IT-Systemen in hochmodernen Rechenzentren.

Anlässlich des zehnjährigen Jubiläums herzlichen Glückwunsch, liebe Kunden, Shareholder und Mitarbeiter, zu zehn Jahren partnerschaftlicher Zusammenarbeit mit und bei Lufthansa Systems.

Dirk John/Uta Thomsen

Offshore als Wachstumsfaktor

Abstract

Globale Märkte, Internationalität, kontinentübergreifende Zusammenarbeit und damit einhergehend Offenheit für fremde Kulturen kennzeichneten die Airline-Branche von Anfang an. Die Integration von Mitarbeitern anderer Länder war für Lufthansa Systems selbstverständlich. Da lag es nahe, auch mit verteilten Teams von Nearshore- und Offshore-Partnern zu arbeiten. Inzwischen stellt sich Outsourcing nicht nur als attraktive Kostensparmöglichkeit der Unternehmen dar, sondern ist zu einer wirtschaftlichen Notwendigkeit geworden, um im globalen Wettbewerb bestehen zu können.

Outsourcing hat jedoch gravierende Veränderungen im eigenen Unternehmen zur Folge. Auswirkungen der Verlagerung auf die Firmenstruktur und die daraus folgenden Konsequenzen sollten deshalb im Vorfeld genau analysiert werden.

Damit die Zusammenarbeit der Unternehmen nach einer Aufgabenverlagerung erfolgreich laufen kann, sind standardisierte und qualitativ hochwertige Prozesse der beteiligten Unternehmen elementar.

Lufthansa Systems hat die strategische Entscheidung getroffen, die Vorteile verschiedener Nearshore- und Offshore-Standorte zu nutzen. Die Konzentration auf die eigenen Kernkompetenzen ermöglicht es Lufthansa Systems, ihre Kunden mit der Kombination aus den fundierten Kenntnissen der Airline-Prozesse und der Airline-Infrastrukturen sowie der Bereitstellung komplexer Integrationsleistungen optimal zu unterstützen.

Historie

Wie alles anfing

„Die Welt ist flach“, behauptet der amerikanische Journalist Thomas L. Friedman in seinem neuen Buch (Friedman, Thomas L., The World is flat. Farrar, Straus & Giroux, 2005). War für Fluggesellschaften die Welt immer schon etwas kleiner als für andere Unternehmen, so hat die technologische Revolution der weltweiten Vernetzung die Welt der Airlines endgültig zu einem Dorf gemacht. Wie Friedman ausführt, wurde „Bangalore zu einem Vorort von Berlin, Berlin wiederum zu einem Vorort von Peking“.

Die gesamte Airline-Branche ist derzeit von einer Phase des Umbruchs gekennzeichnet. Ereignisse wie der 11. September, die Irak-Krise oder der Ausbruch von SARS haben über einen längeren Zeitraum rückläufige Passagierzahlen im Langstreckenbereich verursacht. Im Kurz- und Mittelstreckenbereich drängen so genannte „Low cost“-Carrier verstärkt in den Markt. Die Fluggesellschaften sind in Folge gezwungen, ihre Kosten nachhaltig zu reduzieren – mit massiven Auswirkungen auf Dienstleister wie Lufthansa Systems.

Da das traditionelle Kostensenkungspotenzial weitgehend ausgeschöpft zu sein scheint, die Kosten jedoch nachhaltig gesenkt werden müssen, ist eine Verlagerung der Produktion in Länder mit niedrigeren Kostenstrukturen zwingend.

Markt und Wettbewerb erfordern jedoch nicht nur neue Kostenstrukturen, sondern zusätzlich eine deutlich gesteigerte Flexibilität im Bereich Ressourcenmanagement. Schnelle Innovationszyklen beim Kunden machen eine optimale Reaktionszeit auf Seiten der Lufthansa Systems notwendig. Nur so können Nachfragen zeitnah und effizient bedient werden. Die Abdeckung von Nachfrageschwankungen, besonders von Nachfragepeaks, ist zwar durch den Einsatz von externen Kräften im Bodylease-Verfahren bedingt möglich, jedoch ist das Angebot an qualifizierten Fachkräften im Bereich der sehr spezialisierten Airline-Anwendungen insgesamt begrenzt. Mitarbeiter von Dienstleistern aus Nearshore- und Off-shore-Lokationen stellen da mit ihren oft hochklassigen Qualifikationen und Erfahrungen eine gute Alternative dar. Dies optimiert das Ressourcenmanagement im Bereich der Software-Entwicklung in einem bisher nicht darstellbaren Maß. Werden „Commodity“-Aufgaben, wie z. B. das Codieren, an einen externen Dienstleister vergeben, können sich interne Mitarbeiter auf die kundennahen, besonders werthaltigen und zukunftsträchtigen Aktivitäten wie Konzeption, Spezifikation und Beratung konzentrieren.

Outsourcing ist innerhalb von Lufthansa Systems als eine Methode zur

Senkung der Kosten und Erhöhung der Flexibilität nicht neu. Seit Anbeginn hat Lufthansa Systems mit internationalen Teams und kontinentübergreifender Zusammenarbeit globale Märkte bedient. Es war daher nur ein kleiner Schritt, nicht nur Mitarbeiter aus verschiedenen Ländern in die Teams zu integrieren, sondern auch die Besonderheiten und Vorteile anderer Standorte gezielt zu nutzen und in das eigene Leistungsspektrum zu integrieren. In den letzten Jahren sind Outsourcing-Vorhaben sowohl im Onshore- als auch im Nearshore- und Offshore-Bereich in Ländern wie Ungarn, Polen, Argentinien und Südafrika gestartet und umgesetzt worden. Dabei umfasste die Verlagerung von Prozessen und Tätigkeiten eine Vielzahl von Themen wie Individualsoftware-Entwicklung, Einführung von Standardsoftware-Paketen, Wartung und Betrieb von Individualsoftware sowie von Softwarepaketen, Betrieb von Call-Centern, Geschäftsprozessauslagerung (z. B. die Erfassung von Belegen wie Flugtickets, Übersetzungen, Research und Analyse, Lohnbuchhaltung) und Helpdesk bzw. Endanwender-Unterstützung.

„Onshoring": Die Vorteile verschiedener Standorte im eigenen Land gezielt nutzen

Outsourcing beginnt bei Lufthansa Systems im eigenen Land. Verschiedenartige Onshore-Aktivitäten nutzen gezielt die Vorteile verschiedener Standorte innerhalb Deutschlands. Exemplarisch seien im Folgenden drei Tochterunternehmen bzw. Beteiligungen der Lufthansa Systems genannt:

Die *Cargo Future Communications* wurde 1998 als Joint Venture zwischen Lufthansa Systems (65 %) und FutureCom gegründet. Sie hatte den Auftrag, Buchungen für Lufthansa Cargo zu bearbeiten. Mittlerweile wurde das Leistungsspektrum neben dem Betrieb des Call-Centers in Hahn mit 160 Mitarbeitern auf eine breite Palette unterschiedlicher Customer-Care-Dienstleistungen für Kunden im Airline- und Aviation-Umfeld ausgeweitet.

SkyHelp Flensburg, ein Tochterunternehmen der Lufthansa Systems Infratec, unterstützt die Kunden der verschiedenen Betreibermodelle als Service Center (Helpdesk, Endanwender-Unterstützung).

Seit 2002 übernehmen die 180 Mitarbeiter der *Gesellschaft für beleglose Dokumentenerfassung (GbD),* einer hundertprozentigen Tochter der Lufthansa Systems, für ihre Kunden den Geschäftsprozess der elektronischen Dokumentenverarbeitung.

„Nearshore“: Der Weg nach Osten

„So wie man früher einmal gesagt hat: ‚Go west, young man‘, so sollte man heute sagen ‚Go east, young man‘. Dort liegen die Chancen.“ (Walter Seipp, Ehrenvorsitzender des Aufsichtsrates der Commerzbank AG)

Mittlerweile haben viele Unternehmen dieses Geschäftsmodell als Erfolg versprechend erkannt und Produktionsstätten in Mittel- und Osteuropa aufgebaut. Lufthansa Systems hat schon unmittelbar nach ihrer Gründung die damals noch neuen Wege Richtung Osten beschritten und kann sich nun über die Erfolge dieser vorausschauenden Strategie freuen.

Nach der politischen Öffnung der Länder des Warschauer Paktes war Ungarn eines der ersten Länder, die nachdrücklich die Einführung der Marktwirtschaft forcierten. Gute wirtschaftliche Rahmenbedingungen, ein Pool von exzellent ausgebildeten jungen IT-Fachleuten sowie ein hoher Deutsch sprechender Bevölkerungsanteil machte Ungarn schon früh für deutsche Unternehmen interessant.

Um zusätzliche Produktionskapazitäten und -ressourcen zu international wettbewerbsfähigen Preisen anbieten zu können, gründete Lufthansa Systems am 9. Oktober 1995 als hundertprozentige Tochtergesellschaft die *Lufthansa Systems Hungária* mit Sitz in Budapest. Die Nearshore-Aktivitäten in Budapest umfassen sowohl die Neuentwicklung als auch die Wartung und den Betrieb von Individualsoftware.

Lufthansa System Hungária ist in verschiedene Business Units gegliedert und analog zu den Frankfurter Gesellschaften der Lufthansa Systems aufgebaut. Somit ist eine optimale Zusammenarbeit gewährleistet. Als eigenständiges Unternehmen aufgesetzt und geführt, liegt jedoch die wirtschaftliche Verantwortung in Frankfurt.

Dieses Modell hat sich als sehr erfolgreich herausgestellt, die Integration von Lufthansa Systems Hungária zeitigt hervorragende Ergebnisse. „Die Motivation, das Engagement und das Know-how der Kollegen aus Ungarn ist ausgezeichnet.“, so ein Frankfurter Projektleiter.

Nach den positiven Erfahrungen in Budapest erweiterte Lufthansa Systems seine Nearshore-Kapazitäten durch die Gründung der *Lufthansa Systems Poland*, einer Tochtergesellschaft der *Lufthansa Systems Aeronautics*, mit Sitz in Danzig. Im Fokus stand auch hier, die Entwicklung von Individualsoftware sowie Wartung und Betrieb von Softwarepaketen zu attraktiven Kostensätzen anbieten zu können.

Die Integration von Nearshore-Ressourcen und die Vergabe von Entwicklungs- bzw. Wartungsaufträgen nach Ungarn oder Polen sind inzwischen in allen Bereichen der Lufthansa Systems selbstverständlich geworden. Mit der Etablierung von anspruchsvollen Projektmanagement- und Qualitätssicherungsverfahren sowie einem engmaschigen Monitoringsystem konnte sichergestellt werden, dass hier nicht nur eine gute Möglichkeit gefunden wurde, den Marktansprüchen durch hohe Flexibilität und interessante Preise gerecht zu werden, sondern dabei auch die Einhaltung hoher Qualitätsansprüche garantieren zu können.

Eine Reise nach Indien und rund um die Welt: Let's go „Offshore"

Spürbar größere Anreize bezüglich der Kostensätze bei einem allerdings deutlich höheren Risiko, bedingt durch Entfernung, kulturelle Unterschiede sowie politische und/oder wirtschaftliche Unsicherheiten, bieten Offshore-Lokationen wie Indien, China oder Vietnam. Auch hier seien einige Beispiele für die kontinentübergreifende Zusammenarbeit von Lufthansa Systems genannt:

Die *Reservation Data Maintenance (RDM)* mit Sitz in Delhi wurde1992 als Joint Venture zwischen der Deutschen Lufthansa AG und The Bird Group gegründet. Seit 1999 ist das Unternehmen Teil der Lufthansa Systems Group, die einen Anteil von 51 Prozent hält. RDM bietet ein breites Leistungsspektrum im Bereich der Auslagerung von Geschäftsprozessen, von Yield-Optimierung bis hin zum Content Management. Erfolgreich durch ein hohes Maß an Flexibilität und außergewöhnlicher Dienstleistungsbereitschaft konnte das Unternehmen von anfangs 12 Mitarbeitern auf über 600 wachsen.

Seit 2002 sprechen die Kunden der Lufthansa Process Management (LPM) zum Thema Abrechnungsdienstleistungen der Airline- und Aviation-Industrie mit Call-Center-Mitarbeitern ihres Partnerunternehmens in Südafrika.

Endanwender der lateinamerikanischen Multihost-Kunden der Lufthansa Systems Airline Solutions sind bei Fragen des First- und Second-Level-Supports seit 2002 mit dem *Helpdesk in Buenos Aires* verbunden.

Nicht nur Business Process Outsourcing wird erfolgreich mit Offshore-Unternehmen durchgeführt, indische Unternehmen sind seit 2003 auch in die Software-Entwicklung und -Wartung integriert.

In einer Kooperation von Onsite und Offshore entwickelt Lufthansa Systems Airline Solutions seit 2004 mit Unterstützung des IT-Unternehmens Caritor mit Sitz in Bangalore Module der neuen Generation von Airline-Applikationen.

Seit 2004 arbeitet Lufthansa Systems Airline Solutions mit dem Unternehmen Hexaware Technologies als Entwicklungs- und Wartungspartner für CRM- und für USAS-Mainframe-Applikationen zusammen.

Offshore im globalen Kontext

Offshoring: Neuer Wein in alten Schläuchen?

Die Verlagerung von Tätigkeiten in das nahe und ferne Ausland ist nicht neu. Deutsche Unternehmen haben schon seit langem Arbeitsplätze ins Ausland verlagert.

Begonnen hat diese Entwicklung in den achtziger Jahren mit einfachen Tätigkeiten in lohnintensiven Branchen wie der Textilindustrie. Billigproduktionen sind heute aus unseren Läden nicht mehr wegzudenken, aber auch hochpreisige Designer-Ware wird in der Textilindustrie zunehmend nicht mehr in Deutschland produziert.

Der Auslagerung von einfachen Tätigkeiten folgten komplexere industrielle Herstellungsprozesse wie etwa die Produktion von Zubehörteilen der Autoindustrie oder Elektronikartikel.

Gerade die Automobilindustrie war ein Vorreiter im Bereich des Auslagerns: In den späten achtziger Jahren gerieten deutsche Automobilkonzerne durch ausländische Konkurrenz zunehmend unter Druck. In der Folgezeit lagerten sie einen großen Teil der Komponentenproduktion an Zulieferer aus. Sie reduzierten somit ihre Fertigungstiefe in einem Maß, das es ihnen erlaubte, die Kosten auf ein wettbewerbsfähiges Niveau zu senken. Damit gelang es Unternehmen, die 1993 noch als kurzfristige Übernahmekandidaten gehandelt wurden, ihre Eigenkapitalquoten so weit zu sanieren, dass sie heute wieder führend in der Welt sind.

Das Spektrum der für eine Auslagerung infrage kommenden Tätigkeiten hat sich rasant erweitert, einerseits durch die sinkenden Aufwände für Telekommunikation, andererseits durch Investitionen ausländischer Geldgeber. Längst betrifft die Auslagerung von Tätigkeiten, Aufgabenbereichen oder Standorten nicht mehr nur die produzierende Industrie, sondern ist auch für andere Geschäftsbereiche zu einem interessanten Geschäftsmodell geworden. Seit einer Dekade hat sich Outsourcing zu einem beachtlichen Wachstumsfaktor bei den IT-Dienstleistungen entwickelt. Nachdem die USA den Trend zur Verlagerung zu Providern außerhalb der Landesgrenzen setzten, beginnen seit einigen Jahren auch verstärkt Firmen in Europa, sich nach Standortalternativen umzuschauen. Führend sind hierbei Unternehmen in Großbritannien, aber auch in Deutschland nimmt der Offshore-Marktanteil massiv zu. Analysten rechnen mit einer Verdreifachung der Offshore-Ausgaben europäischer Unternehmen innerhalb der nächsten fünf Jahre und einem durchschnittlichen Wachstum von 25 bis 30 Prozent.

Eine der Hauptmotivationen für ein Outsourcing sind die erwarteten hohen Einsparpotenziale, die in Höhe von 15 bis 50 Prozent gesehen werden. Die Einsparpotenziale dürfen jedoch nicht undifferenziert aus den unterschiedlichen Kostensätzen hochgerechnet werden. Offshore- und Near-shore-Anbieter bieten in der Tat wirkliche Kostenvorteile aufgrund der wesentlich geringeren Lohnstruktur. Jedoch müssen deutlich erhöhte Kosten für Organisation, Kommunikation und „remote management" berücksichtigt werden. Bei geeigneter Planung und Steuerung längerfristig angelegter Offshore-Vorhaben können dennoch deutliche Einsparpotenziale realisiert werden.

Die Auslagerung von IT-Funktionen ist aber längst nicht mehr nur ein Reflex auf wirtschaftliche Probleme der Unternehmen und der damit verbundenen Kostensenkungsstrategien. Outsourcing entwickelt sich vielmehr zunehmend zu einem Standardkonzept. Eine Ursache ist sicher darin zu finden, dass Anbieter für „remote services", wie z. B. Call-Center, Anwendungsentwicklung und Belegerfassung, eine hohe Qualität anbieten. Dies wird neben Kundenreferenzen auch durch die Einhaltung von Standards wie BS7799, ITIL oder CMM belegt.

Dies bestätigt auch eine Untersuchung des *Economist (The Economist Intelligence Unit, in: Computerwoche 49/2004)*. Danach erwarten IT-Manager vom Outsourcing in erster Linie Flexibilisierung bezüglich des Ressourcenmanagements; Kosteneinsparungen und Qualitätsverbesserungen liegen auf den nächsten Plätzen.

Laut einer aktuellen Studie plant zurzeit jedes zwölfte Unternehmen in Deutschland ein Offshore-Outsourcing, d. h. die Verlagerung von Geschäftsabläufen an einen Dienstleister im entfernten Ausland, zum Beispiel in Indien. Das europäische Ausland wird zumindest von jedem fünften Unternehmen bei einer Verlagerung bevorzugt. Im Nearshore-Bereich führen vor allem Länder wie Russland, Ungarn, die Ukraine, die Tschechische Republik und Polen die Rangliste an. Hauptgründe sind dafür sicherlich die räumliche Nähe und geringere kulturelle Unterschiede im Vergleich zu Indien oder China. Das alles hat zu einem Netzwerk der globalen Produktion geführt, das längst den Alltag im Arbeits- und Wirtschaftsleben kennzeichnet.

Die Bedeutung des Outsourcings für einen IT-Solutions-Provider

Think global!

Seit Anfang dieses Jahrzehnts sind die Anbieter von IT-Dienstleistungen immer stärker unter Kostendruck geraten. Umsätze stagnierten oder waren rückläufig, die Tagesraten fielen und es gab keine technologischen Innovationen, die einen Nachfrageanstieg nach IT-Dienstleistungen zur Folge gehabt hätten. Durch das Ende des „dotcom-Booms" gibt es zudem wieder deutlich mehr qualifizierte Mitarbeiter mit sehr gutem IT-Know-how auf dem Markt als noch um die Jahrtausendwende. Da diese Mitarbeiter bereit sind, auch zu geringeren Jahresgehältern als noch vor wenigen Jahren zu arbeiten, bietet dies den Unternehmen die Möglichkeit, den internen IT-Bereich aufzustocken, anstatt mit Providern zu kooperieren. Die fehlende Nachfrage nach externen Dienstleistern, kombiniert mit dem Trend zur Aufstockung des internen Bereichs, hatte drastische Auswirkungen auf die Umsätze der IT-Dienstleister.

Der Druck auf IT-Dienstleister ist auch weiterhin spürbar und wird zudem noch verschärft durch steigende Anbieterzahlen aus Offshore- und Nearshore-Bereichen, die in den lokalen Wettbewerb einsteigen.

Europäische IT-Dienstleister haben daher bereits seit mehreren Jahren begonnen, dem erhöhten Wettbewerbsdruck durch die Bündelung attraktiver Dienstleistungspakete, die auf einem Offshore-Nearshore-Onshore-Mix basieren, zu begegnen. Daraus resultiert eine Fokussierung auf Kernkompetenzen und kundennahe Aktivitäten und eine Verlagerung so genannter „commodities" wie Codierung in Länder mit niedrigerer Kostenbasis.

Wie war das möglich?

An die Verlagerung von einfachen, vergleichsweise gering qualifizierten Tätigkeiten aus dem Bereich der klassischen Industrie sind wir bereits seit Jahrzehnten gewöhnt. Dass aber auch hochqualifizierte Tätigkeiten für eine Verlagerung in Niedriglohnländer geeignet sein können, ist eine neue Erfahrung.

In ihren Anfängen wurde die IT-Branche von Individualsoftware dominiert, entwickelt und gewartet von hochspezialisierten, auf dem Markt stets unzureichend vorhandenen Experten. Herstellerunabhängige Standardsoftware nahm erst Anfang der siebziger Jahre an Bedeutung zu. Erst zu Beginn der neunziger Jahre wurde das Individualsoftware-Konzept dann durch das Standardsoftware-Konzept abgelöst.

Diese Standardisierung von Produkten und Leistungen lieferte auch die Grundlage für die Rationalisierung von Prozessen und Abläufen und damit für die Internationalisierung der IT-Dienstleistungsproduktion mit unterschiedlichen Konsequenzen:

- IT-Dienstleistungen können mittlerweile erfolgreich exportiert werden. Dies schafft neue Geschäftsmöglichkeiten.
- Andererseits können aber auch Aufgabenbereiche verlagert werden, sofern sie ausreichend klar spezifiziert sind. Ein auch über räumliche Distanzen verteiltes Arbeiten wurde damit möglich.

Das „Näherrücken" der Akteure ist allerdings nur ein Aspekt bei der globalen Erbringung von Dienstleistungen. Ein maßgeblicher Grund für Offshoring sind sicherlich die niedrigen Stundensätze in den jeweiligen Ländern. Obwohl dieser Kostenaspekt ein wichtiger Grund für die derzeitige Offshoring-Euphorie ist, gewinnt ein anderer Aspekt zunehmend an Bedeutung: Die Fachkräfte in den Near- und Offshore-Lokationen sind größtenteils hoch qualifiziert. Indien beispielsweise verfügt über 600.000 IT-Fachkräfte mit Hochschulabschluss, und jedes Jahr kommen 100.000 neue Informatiker hinzu. Die dortigen IT-Unternehmen erfüllen anspruchsvollste Qualitätsstandards und sind oft höher zertifiziert als deutsche Unternehmen.

Global verteiltes Arbeiten ist daher kein kurzfristiges Phänomen, sondern hat sich als ein weiterer Schritt im Reifeprozess der IT-Services-Industrie erwiesen.

Generell können bei IT-Dienstleistern im Hinblick auf ihre Offshore- und Nearshore-Dienstleistungen und deren Integration in das Service-Portfolio drei Kategorien unterschieden werden:

- Software-Anbieter:
  Auf der Basis klarer und detaillierter Spezifikationen konnte die Anwendungsentwicklung ausgelagert und damit erhebliche Kosteneinsparungen erzielt werden.
- Systemintegratoren:
  Durch die Auslagerung ganzer Projektteile zu anderen, preiswerteren Standorten können die Projekt-Gesamtkosten reduziert werden. In vielen Fällen sind die Kunden sich dieser „multisite"-Projektorganisation gar nicht bewusst.
- Hardware-Hersteller:
  Auch hier sind durch die Auslagerung der Entwicklung von „embedded

systems" bereits erhebliche Kosteneinsparungen (vor allem im Automobilbereich, aber auch in der Raumfahrtbranche) erzielt worden.

„Nichts geschieht ohne Risiko – aber ohne Risiko geschieht auch nichts!" (Altbundespräsident Walter Scheel)

Die Einsparpotenziale beim Outsourcing werden sehr differenziert betrachtet. Die Höhe der Kostenvorteile ist allerdings abhängig vom Outsourcing-Objekt (IT-Betrieb, IT-Entwicklung etc.), der Branche sowie der Lokation.

Neben den erwähnten Kosteneinsparungen gewinnen weitere Chancen zunehmend an Bedeutung. Hierzu gehören schnellere Ergebnisse und damit eine verbesserte „time-to-market", eine höhere Flexibilität hinsichtlich des Ressourceneinsatzes oder auch die Unterstützung der eigenen Globalisierung durch Überbrückung der Zeitbarrieren („24 x 7"-Verfügbarkeit).

Nicht alle Offshore- und Nearshore-Projekte sind allerdings beim Erzielen der geplanten Kostensenkungen oder der angestrebten Flexibilität erfolgreich. Hochrechnungen beziffern die Zahl der Outsourcing-Verträge, die nicht den gewünschten Erfolg bringen, auf bis zu 50 Prozent.

Die Ursachen sind in einer Reihe von Risikofaktoren zu sehen, die der Realisierung der oben genannten Potenziale entgegenstehen.

Vor allem Aspekte wie Kommunikation und kulturelle Unterschiede stellen nicht zu unterschätzende Herausforderungen in Near- und Offshore-Outsourcing-Projekten dar.

Ein weiterer potenzieller Risikobereich ergibt sich aus geopolitischen Unwägbarkeiten. Die Zusammenarbeit mit Firmen in fremden Ländern kann durch politische Spannungen, wie sie zwischen Ländern wie Indien und Pakistan immer wieder aufflackern, beeinträchtigt sein, aber auch durch politische und wirtschaftsrechtliche Fragen zu Ein- und Ausfuhrbegrenzungen, Änderungen in Regierungserlassen oder der allgemeinen Unterstützung der Regierung. Vollkommen unkalkulierbar wird die Zusammenarbeit in Krisensituationen, ausgelöst z. B. durch Terrorismus, Kriege und interne militärische Konflikte.

Auch die Datensicherheit ist ein potenzielles Risiko. Die Sicherheitsvorschriften des Offshore-Serviceproviders müssen mit den Vorschriften des Kundenunternehmens abgestimmt werden. Sicherheitssysteme müssen den jeweiligen Anforderungen entsprechen, auf der Softwareseite z. B. durch entsprechende Verschlüsselungsmechanismen sowie auf der Infrastruktur- bzw. Hardwareseite durch geeignete Zugangssperren.

Zusammenfassend lässt sich feststellen: Markt und Wettbewerb machen ein ausgefeiltes Nearshore-, Offshore- bzw. Onsite-Konzept der IT-Unternehmen notwendig. Dies hat zu einer Neuausrichtung und Neupositionierung der klassischen IT-Dienstleister geführt. Outsourcing birgt viele Chancen, aber auch viele Risiken. Erfolgreiches Outsourcing erfordert ein professionelles Management und qualitativ hochwertige Prozesse. Nur dann können die im Outsourcing beinhalteten Potenziale gehoben und ein messbarer Nutzen für Provider und Kunde realisiert werden.

Auch Lufthansa Systems ist dieser Marksituation ausgesetzt und hat mit seiner strategischen Ausrichtung darauf reagiert. Mit einem optimierten Offshore- bzw. Nearshore-Konzept ist es Lufthansa Systems gelungen, die eigene Kostenbasis der Wettbewerbslage anzupassen, sich auf die Kernkompetenzen zu konzentrieren, ihre Flexibilität spürbar zu erhöhen und mit fundierten Kenntnissen der Kundenprozesse, verbunden mit tief gehendem technischem Know-how, Dienstleistungen anzubieten, die exakt auf die Kundenbedürfnisse zugeschnitten werden können.

Management des Wandels

Unternehmen, die im Wettbewerb überleben wollen, sind gezwungen, sich kontinuierlich einem sich immer schneller ändernden Umfeld anzupassen. Veränderungsprozesse in Unternehmen zu initiieren und erfolgreich umzusetzen, ist eine der schwierigsten Aufgaben des Managements überhaupt. Nicht unterschätzt werden sollte dabei das Gedächtnis von Organisationen. Ein Phänomen, das im Zuge häufiger Veränderungsprozesse festzustellen ist, ist eine gewisse Veränderungsmüdigkeit. Change Management ist ein vielschichtiger, komplexer Prozess. Spätestens nach der dritten Veränderungswelle entsteht oftmals eine Grundhaltung nach dem Motto: „Auch diesen Sturm werde ich überstehen, wenn ich mich nur schön bedeckt halte und nicht auffalle.“ Eine wesentliche Aufgabe im Rahmen von Veränderungsprozessen ist es daher, zu erkennen, wo die Organisation steht und wie die Erfahrungen der Mitarbeiter in den Prozess integriert werden können. Der Blick auf die Gesamtorganisation sowie die Berücksichtigung struktureller, kultureller und personalpolitischer Themen sind vor diesem Hintergrund sehr wichtig. Der Themenfokus kann sich dabei in den einzelnen Phasen des Change-Prozesses ändern. Folgende Phasen sind in einem Change-Prozess zu bearbeiten:

- Abstimmung von Organisationsstruktur und Kommunikationslinien,
- Erstellung einer Organisationsdiagnose und Bildung von Hypothesen über Stärken, Schwächen, veränderungsfördernde und -hemmende Faktoren,
- Festlegen der Zielrichtung (Vision) und Ausarbeitung der Strategie,
- Untersuchung des Änderungsbedarfs und der Änderungsinhalte sowie Festlegung der gewünschten Ergebnisse (Struktur, Kultur),
- Analyse der Rahmenbedingungen,
- Erstellen eines Masterplans für den Change-Prozess,
- Realisierung der Maßnahmen und Stabilisierung der Ergebnisse,
- genaue Beobachtung des Change-Prozesses und gegebenenfalls Kurskorrekturen.

Veränderungsprozesse haben mit enormen Widerständen und Blockadehaltungen zu kämpfen. Outsourcing-Vorhaben, die als „Jobkiller" in Verruf geraten sind, werden von den Mitarbeitern zumeist nicht objektiv eingeschätzt. Die Ängste der Mitarbeiter wegen eines befürchteten Verlustes ihrer Arbeitsplätze, ob berechtigt oder nicht, verschärfen die Auseinandersetzung und laden sie emotional beträchtlich auf. Aus den unterschiedlichsten Gründen muss mit einer gewissen Skepsis, teilweise mit verdecktem, manchmal offenem Widerstand gerechnet werden. Die Akzeptanz bei Mitarbeitern und Betriebsrat zu gewinnen und sie zur Mitarbeit zu motivieren, ist eine nicht zu unterschätzende Herausforderung.

Vor allem Aspekte wie Kommunikation und unterschiedliche Kulturen können sich zu erheblichen Problemstellen in Near- und Offshore-Outsourcing-Projekten entwickeln. Zu welchen Fehlinterpretationen die unterschiedlichen Verhaltensweisen in der Kommunikation verschiedener Kulturkreise führen können, wird sehr deutlich am Beispiel indischer Sprachnormen. Der indischen Hilfsbereitschaft und Höflichkeit ist beispielweise ein striktes „nein" fremd. Stattdessen wird „vielleicht", „eventuell" oder „wir versuchen unser Bestes" kommuniziert. All diese Ausdrücke haben in Indien oftmals die Bedeutung „nein". Ein zustimmendes „akcha, akcha", verbunden mit der typisch indischen Kopfbewegung, mit der der Kopf von einer Seite zur anderen bewegt wird, heißt nicht etwa „ja", sondern: „Ich höre Ihnen zu und verstehe, was Sie meinen."

Offshore Management als strategisches Projekt im Geschäftssegment Airline Solutions

Vor dem Hintergrund der bereits bestehenden Zusammenarbeit mit Nearshore- und Offshore-Partnern wurde die strategische Entscheidung für einen weiteren Ausbau der Outsourcing-Aktivitäten getroffen. Um die Möglichkeiten, Rahmenbedingungen und Auswirkungen der Verlagerung von Entwicklungsleistungen zu untersuchen, dediziert zu planen und umzusetzen, wurde im Geschäftssegment Airline Solutions der Lufthansa Systems im Herbst 2003 ein eigenes Projekt „Offshore Management" aufgesetzt. Dieses Projekt hat zum Ziel, zukunftsorientierte und wirtschaftlich sinnvolle Ergebnisse für grundlegende Fragen eines umfassend geplanten Outsourcings zu erarbeiten:

- Auswahl von geeigneten Produktionsstrukturen, die eine sinnvolle Zusammenarbeit zwischen „Onsite" und „Offshore" bzw. „Nearshore" ermöglichen.
- Auswahl geeigneter Offshore- bzw. Nearshore-Partner und Aufbau entsprechender Strukturen und Qualifikationen beim Partner.
- Entwicklung eines Migrationspfades zur Verwirklichung der Offshore-Ziele, inklusive Qualifizierung der Lufthansa Systems-Mitarbeiter für veränderte Rollen.
- Entwicklung von Steuerungs- und Kontrollmechanismen, um die Qualität der Zusammenarbeit sowie der Leistungen der Offshore-Lieferanten sicherzustellen.

„Veränderungen begünstigen nur den, der darauf vorbereitet ist!" (Louis Pasteur)

Ein solcher Auftrag erfordert zunächst einige Vorarbeiten im eigenen Haus. Die Veränderungen müssen von der Management-Ebene getragen werden, Ziele und Erwartungen intern definiert sein.

Auch während des Veränderungsprozesses ist Geduld erforderlich. Die nötigen Effekte ergeben sich nicht innerhalb weniger Wochen. Wandel im Unternehmen ist ein permanenter Prozess.

Zudem dürfen die notwendigen Ressourcen nicht unterschätzt werden: Die Verwirklichung einer Vision kostet Zeit und Geld.

Veränderungen rufen Widerstände bei den Mitarbeitern hervor, die erkannt und ausgeräumt werden müssen. Veränderungsprozesse gehören in unserer Branche und damit auch in unserem Unternehmen zum Alltag. In einer dynamischen Umwelt sind Anpassungen an Veränderungen oder die Einleitung von Veränderungsprozessen bereits im Vorfeld erwarteter Entwicklungen erforderlich, um wettbewerbsfähig zu bleiben oder zu werden.

Die strategische Vision zeichnet ein klares Bild von dem, was man erreichen will.

Zu den ersten Aufgaben des Outsourcing-Projektes zählte, die auszulagernden Aktivitäten oder Leistungen festzulegen. Selbstbilder mussten in Frage gestellt, die Marktlage und das eigene Leistungsspektrum kritisch analysiert werden. Die eigenen Kernkompetenzen waren zu überprüfen. Der auslagerungsimmanenten Gefahr, bestimmte Kenntnisse mittelfristig zu verlieren und dadurch in Abhängigkeit zum neuen Dienstleistungsunternehmen zu geraten, musste durch klare Aufgabenabgrenzung begegnet werden.

Wohin und zu wem die identifizierten Aufgaben verlagert werden sollten, wurde eingehend analysiert. Vor- und Nachteile der unterschiedlichen Lokationen wurden genau betrachtet, die länderspezifischen kurz- bis langfristigen Entwicklungen untersucht, die Auswirkungen auf das eigene Unternehmen eingeschätzt.

Aufgrund der technischen und fachlichen Ressourcen, der durchgängig gesprochenen englischen Sprache, der wirtschaftlichen Rahmenbedingungen und der politischen Stabilität erwies sich Indien als die geeignetste Lokation für die Auslagerung von Entwicklungsleistungen in den Mainframe-Technologien. Der richtige Partner wurde in dem Unternehmen Hexaware Technologies gefunden.

Zu einem anderen Ergebnis kam die Analyse in Bezug auf Entwicklungsaufgaben im Bereich der neuen Technologien. In diesem Bereich hatte sich die Zusammenarbeit mit der Lufthansa Systems Hungária bereits bewährt. Hier empfahl es sich, die Einbindung der Lufthansa Systems Hungária auszubauen und in zunehmendem Maße komplette Aufgabenpakete nach Budapest zu übertragen.

Strukturierte Prozesse sichern die Qualität

Damit die Zusammenarbeit der Unternehmen nach einer Gesamt- oder Teilverlagerung von Aufgaben erfolgreich und möglichst reibungsfrei verlaufen kann, waren Anpassungen der etablierten Prozesse aller beteiligten Unternehmen notwendig. Das bedeutete nicht nur, Form und Art des Transfers an den Outsourcing-Partner klar zu definieren, bereitzustellende Dokumente abzustimmen sowie Qualitätsmerkmale und Abnahmekriterien zu vereinbaren, sondern generell Organisationsstruktur und Kommunikationslinien abzustimmen und Qualitätsüberwachungsprozesse zu erweitern. Die Schnittstellen zwischen den beteiligten Partnern mussten klar und eindeutig festgelegt werden.

Die zuvor beschlossene und in weiten Teilen bereits umgesetzte Einführung von RUP (Rational Unified Process) als standardisiertes Software-Entwicklungsverfahren vereinfachte die ansonsten sehr komplexe und abstimmungsintensive Prozessanpassung.

Wesentlicher Erfolgsfaktor ist das Management der Risiken

Voraussetzung für ein erfolgreiches Outsourcing ist, die damit verbundenen Risiken beherrschen zu können. Ein professionelles Risikomanagement beinhaltet, alle Risiken der Auslagerung zu analysieren, zu erfassen und kontinuierlich zu überwachen.

Das Offshore-Projekt schätzte die folgenden vier Risikokategorien als erfolgskritisch ein:

- *Projektmanagement:* Den Risiken des Übergangs musste durch ein dediziertes Projektmanagement Rechnung getragen werden.
  Das Management von Projekten mit verteilten oder ausgelagerten Teams ist komplexer und deutlich aufwändiger als bei Projekten, die ausschließlich onsite stattfinden. Hierzu war erforderlich, die Schnittstellen zwischen den Parteien klar zu definieren. Kommunikationsprobleme (beispielsweise wegen mangelhafter Sprachkenntnisse und kulturell bedingter Missverständnisse) mussten bewältigt werden. Erschwerend kam eine nur sehr bedingte Steuerbarkeit des Outsourcing-Partners hinzu.
- *Übernahme des Betriebs:* Eine optimale Übernahme des Betriebs zum Provider erforderte eine detaillierte Planung.
  Die Phase der Aufgabenüberführung und Übernahme durch den Nearshore- bzw. Offshore-Partner war als die kritischste im gesamten Projektverlauf zu betrachten. Widerstände der Belegschaft beim Know-how-Transfer, technische Probleme, Nicht-Einhaltung von Leistungsvereinbarungen oder frühzeitiger Abgang von Schlüsselpersonen waren nur einige der Probleme, die zu bewältigen waren. Die Definition und Verfolgung entsprechender Risikominimierungsmaßnahmen waren speziell während dieser Projektphase von höchster Wichtigkeit.
- *Onsite-Organisation:* Das eigene Unternehmen musste auf den notwendigen Veränderungsprozess durch das Outsourcing vorbereitet werden. Neben den schon erwähnten Akzeptanzproblemen spielten hier die gene-

rellen Schwierigkeiten bei der Veränderung von Arbeitsprozessen oder bei der Einführung neuer Methoden bzw. Vorgehensmodelle eine große Rolle. Die notwendige Abstimmung mit den Mitarbeitergremien und die damit verbundenen zeitintensiven Verhandlungen mussten mit einem straffen Projektplan in Übereinstimmung gebracht werden.

- *Providerauswahl:* Es war notwendig, die geforderte Realisierungsqualität durch die Auswahl des richtigen Nearshore- bzw. Offshore-Partners sicherzustellen.
  Die richtige Providerauswahl ist ein entscheidender Erfolgsfaktor, bei dem nicht nur der Kostenaspekt berücksichtigt werden sollte. Die Auswahl des richtigen Partners wurde auf Basis objektiver Kriterien wie Kenntnisse, Erfahrungen und Referenzen getroffen. Berücksichtigt wurden aber auch kulturelle Unterschiede und die Erfahrung beider Partner in der Zusammenarbeit mit dem jeweils anderen Kulturkreis.

„Alle Veränderung erzeugt Angst. Und die bekämpft man am besten, indem man das Wissen verbessert." (Ihno Schneevoigt, ehemaliger Geschäftsführer von IBM Deutschland)

Outsourcing hat immer Veränderungen im eigenen Unternehmen zur Folge. Die Auswirkungen der Verlagerung auf die Firmenstruktur und die daraus erfolgenden Konsequenzen für die Belegschaft müssen von einer frühzeitigen Einbindung aller Stakeholder in das Projekt und von der Etablierung eines konstruktiven Dialogs mit allen Parteien begleitet werden. Eine intensive Kommunikation erleichtert die Akzeptanz der Maßnahmen.

Ausblick: Global Sourcing

Die Märkte, und damit auch der Markt für IT-Dienstleistungen, haben sich im globalen Rahmen grundlegend verändert und werden sich auch weiter wandeln. Die Entwicklung im internationalen Rahmen legt an Tempo zu. Auch wir nehmen an Fahrt auf. Offshoring werden wir dabei nicht isoliert diskutieren, sondern als Ausdruck des grundlegenden Umbruchs in der IT-Branche verstehen.

Veränderte Rahmenbedingungen, wie ein steigender Kostendruck, aber auch ein allgemeines „Näherrücken" möglicher ausländischer Dienstleister, erfordern ein Umdenken bei der Ausrichtung eines heimischen IT-Dienstleisters auf ein zukunftsorientiertes Geschäftsmodell.

Hinzu kommt, dass der Anspruch an hohe Qualität bei der Softwareerstellung, die Nachfrage nach einer flexiblen Ressourcenbereitstellung zu attraktiven Preisen, kombiniert mit einer sehr guten technischen und geschäftsprozessbasierten Kompetenz der Mitarbeiter, weiter zunehmen wird.

So stellt sich für uns wie für andere die Frage, welche Tätigkeiten in der Zukunft in welchen Ländern und von welchem „global player" oder „local player" zu erbringen sind. Die Bereitstellung von Ressourcen erfolgt daher auch bei Lufthansa Systems zunehmend an verteilten Standorten, sodass Mitarbeiter in Bombay, Budapest oder Buenos Aires unsere Frankfurter Teams komplettieren.

Diese Möglichkeit, Ressourcen aus anderen Ländern in unsere Projekte einzubinden, bedeutet allerdings nicht, dass die Softwareentwicklung komplett in Nearshore- oder Offshore-Länder wie z. B. Ungarn oder Indien übergeht.

Auch wenn das Geschäftsmodell des zukunftsorientierten IT-Dienstleisters, Arbeit in das nähere EU-Umfeld wie auch in weiter entfernte Regionen zu vergeben, weitere Verbreitung findet, bleiben unsere Kernkompetenzen an unserem zentralen Standort erhalten.

Schlüsselrollen wie Bedarfsanalyse, Anforderungsmanagement, Architektur, Qualitätssicherung und Projektmanagement verbleiben auch weiterhin in unserer Organisation, werden vielmehr ausgebaut, um einen optimalen Mehrwert für unsere Kunden zu bieten. Diese verstärkte Fokussierung auf unsere Kernkompetenzen drückt sich auch in internen Veränderungen aus.

Mitarbeiter, die sich bis heute hauptsächlich mit Codierungsarbeiten beschäftigten, werden sich zukünftig verstärkt auf Analysen und Softwaredesign, Airline-spezifische Geschäftsprozesse und zielorientiertes Projekt- sowie Risikomanagement konzentrieren. Mit der Verbindung von fundierter technischer Expertise mit tief gehendem Geschäftsprozesswissen können wir unsere Kunden optimal beraten und unterstützen.

All dies ist nur möglich im Rahmen einer wirklich globalen Sourcing-Strategie. Wir haben unsere Strategie flexibel gestaltet und sind in der Lage, sie auch zukünftig schnell an sich verändernde Gegebenheiten anzupassen. Mit den Unternehmen im Near- und Offshore-Umfeld, die uns bei der Erbringung der Dienstleistungen unterstützen, haben wir kompetente Delivery-Partner gefunden.

Nur wenn wir mit Unternehmen aus dem Near- und Offshore-Bereich an einem Strang ziehen, können wirklich globale und vor allem auch wettbewerbsfähige Strukturen entstehen.

Die Voraussetzungen sind da, wir müssen und werden sie nutzen.

Christoph Kneusels-Hinz

Kundenbetreuung am Beispiel des Key-Account-Managements: Anforderungen an eine optimale Kundenbetreuung

"To my customer:
I may not have the answer, but I'll find it.
I may not have the time, but I'll make it.
I may not be the biggest,
but I'll be the most committed to your success."
(Anonym)

Ein Telefonat mit Folgen

Ein Freitag im April des Jahres 1997. Ein Anruf von der Unternehmensleitung: Der Vorsitzende der Geschäftsführung der Lufthansa Systems-Unternehmensgruppe bittet zum Gespräch. Kein Hinweis auf den Inhalt der Unterredung, doch es eile sehr. Zu jenem Zeitpunkt bin ich als Leiter der Anwendungsunterstützung im zentralen Rechenzentrum der Unternehmensgruppe tätig. Ich werde stutzig: War einer der letzten Releasewechsel fehlerhaft? Gibt es Beschwerden von Kundenseite?

Als ich in das Büro des Geschäftsführers trete, sehe ich auf seinem Tisch das Original jenes Bogens, den mein Vorgesetzter und ich anlässlich meines letzten Zielvereinbarungsgesprächs ausgefüllt hatten. Unvermittelt werde ich gefragt, ob mein in den Unterlagen dokumentiertes Interesse an einem Auslandseinsatz noch gegeben sei. Natürlich, antworte ich. Aber, so höre ich mich etwas vorlaut sagen, Sie kennen ja meine Bedingungen. Eine davon können wir Ihnen erfüllen, antwortet mein Gesprächspartner. Meinen Wunsch nach Einsatz im englischsprachigen Ausland? Nein, sagt er, das nicht. Aber Bedingung Nummer zwei: Sie können ihre Familie mitnehmen. Er lacht und wir werden uns rasch handelseinig.

Eine gute Woche später werde ich dem Vorstandsvorsitzenden einer großen, südamerikanischen Fluggesellschaft vorgestellt. Unser in Vertriebsfragen verantwortlicher Geschäftsführer begleitet mich. Ich erinnere mich noch genau an seine an den Vorstand gerichteten Worte: „Unser Project Executive ist dafür da, damit all das, was wir Ihnen zugesagt haben, auch eingehalten und realisiert wird. Und damit Sie sehen, dass wir es ernst meinen, schicken wir ihn mitsamt seiner Familie hierher. Damit er nicht einfach die Koffer packen und abreisen kann, wenn es eng wird." In den folgenden Jahren hörte ich meine südamerikanischen Kunden oft sagen: „Chris is taking care." Ich war zum „Kümmerer" avanciert – eine Erfahrung, die mein Bild von der Art und Intensität der Kundenbetreuung nachhaltig prägen sollte.

Acht Jahre und drei Jobs später. Gemeinsam mit den mehr als 160 unserer im Account-Management-Bereich tätigen Kolleginnen und Kollegen zeichne ich für die Betreuung der Schlüsselkunden im Lufthansa Konzern verantwortlich und damit für die Akquise von mehr als 60 Prozent des Umsatzes der Lufthansa Systems-Unternehmensgruppe.

Um in Erfahrung zu bringen, wie man es am besten macht, starten wir im Juni 2004 ein unternehmensübergreifendes Projekt, welches die Aufgabe hat, die Anforderungen an die zeitgemäße Kundenbetreuung zu beschreiben. Recherchen des Teams führen rasch zu der Erkenntnis, dass es keinen universellen, lehrbuchmäßigen Ansatz für professionelles „Key Account Management" gibt. Stattdessen trägt die aus Account Managern unterschiedlicher Einzelgesellschaften zusammengesetzte Gruppe ihre Erfahrungen, Beobachtungen und Empfehlungen in einem umfassenden Konzept zusammen, welches die Besonderheiten des Lufthansa Systems-Unternehmensverbunds berücksichtigt und mit seinen Vorschlägen gezielt die zur Verbesserung der Situation erforderlichen Maßnahmen anspricht.

Dabei bedient sich das Team des so genannten systemischen Ansatzes, der von einer Verkettung aller relevanten Einflussfaktoren ausgeht. Es beginnt mit der Klärung von Begriffen, der Entwicklung einer so genannten Veränderungs- oder Change-Strategie und setzt mit dem Aufzeigen von Lösungsansätzen für die unterschiedlichsten Untersuchungsschwerpunkte fort.

Begriffsklärung

Es dürfte den zur Verfügung stehenden Platz sprengen, würde man an dieser Stelle auf die Gesamtheit der Ergebnisse des Konzepts im Einzelnen eingehen. Aber es ist gewiss lohnenswert, kurz einige der im Rahmen der

Arbeiten gewonnenen Beobachtungen und Erkenntnisse zu beleuchten.

Zunächst eher als „Abfallprodukt“ der konzeptionellen Arbeit abgetan, erwies es sich rasch als zielführend, ein gemeinsames Verständnis zu den im Tagesgeschäft verwendeten Begriffen herzustellen. So wurde (und wird immer noch) der Begriff des Accounts fälschlicherweise für den Begriff des Account Managers verwendet. Ein Account (Kunde) ist eine Einzelperson oder eine Organisation, mit der ein Lieferant oder Hersteller eine Geschäftsbeziehung unterhält oder aufzubauen gedenkt. Als Key Account (Schlüsselkunde) gilt ein Bestandskunde, dessen Verlust für das zuliefernde Unternehmen von erheblicher negativer Auswirkung ist – sowohl in quantitativer (Umsatz, Beschäftigungsrisiko) als auch in qualitativer Hinsicht (Referenz, Image, strategische Kooperation, Innovationen).

Unter Account Management versteht man die strategische und langfristige Ausrichtung und Bündelung der Unternehmensressourcen auf ausgewählte Accounts, die nicht die Kriterien eines Key Accounts erfüllen. Dabei handelt es sich um eine kundenbezogene Grundeinstellung des Unternehmens mit dem Ziel, durch einen optimalen Kundenzugang eine langfristige Partnerschaft aufzubauen, um gemeinsame Markterfolge zu realisieren. Man bezeichnet damit den Teil eines Unternehmens mit der Funktion einer systematischen Arbeit mit den Accounts. Dieses geschieht im Rahmen einer konsequent kundenfokussierten Organisationsform. Sinn des Account Managements ist, durch systematische Profilanalyse und Statusbestimmung des Accountportfolios sämtliche Maßnahmen zu planen und zu steuern, welche zur Bearbeitung und Betreuung des Accountportfolios im Sinne einer Sicherung und Ausweitung der Geschäftsbeziehung wichtig sind.

Account Management unterscheidet sich von Key Account Management lediglich durch den geringeren Betreuungsaufwand. Unter Key Account Management (KAM) versteht man die strategische und langfristige Ausrichtung und Bündelung der Unternehmensressourcen auf den Key Account. KAM gewinnt zunehmend an Bedeutung vor dem Hintergrund des sich verschärfenden Wettbewerbes und der sich deutlich veränderten Erwartungshaltung des Kunden.

Die eigene Rolle verstehen

In der täglichen Arbeit des Key Account Managements stößt man auf eine Vielzahl von Annahmen und Vorbehalten. Ist KAM aufgrund der Bestandteile Akquise und Beratung Teil des Vertriebs? Oder in Würdigung der Service-Management-Funktionen eher der Produktion zuzuordnen? Im Hinblick auf die gedankliche Nähe zum Begriff des Accountants (Buchhalter) vielleicht nur ein naher Verwandter des Controllings?

Bei den Recherchen im Zusammenhang mit der Erstellung des KAM-Konzepts stellten wir fest, dass aktuell der administrative Teil der von den Account Managern wahrgenommenen Aufgaben überwiegt. Ob Angebotsformulierung, Faktura-Forecast, der Umgang mit Beschwerden – viele dieser Aufgaben sind notwendig und sinnvoll. Doch ob sie zweckmäßigerweise im Account-Management-Bereich anzusiedeln sind, ist fraglich. Insgesamt fiel auf, dass der mit den Kunden verbrachte Zeitanteil für regelmäßige Gespräche, das Aufnehmen von Kundenanliegen und der Austausch zur Identifikation neuer Vorhaben auffallend gering war. In der Mehrzahl der Fälle wurde dies darüber hinaus noch durch die räumliche Trennung erschwert. Wie anders nämlich stellt sich eine Situation dar, bei der der Account Manager gewissermaßen in Rufweite oder gar „auf dem Flur" seines Kunden sitzt und durch eher zufällige oder auch vorsätzliche Kontakte die Präsenz dazu genutzt wird, am Leben des Kunden teilzuhaben, seine Probleme direkt vor Ort zu erfahren, um so dessen Herausforderungen mit geeigneten Vorschlägen begegnen zu können?

Unsere Überlegungen laufen darauf hinaus, einen der im KAM bislang nur wenig beachteten Key-Performance-Indikatoren, die so genannte Customer Face Time (CFT), gezielt zu erhöhen. Der dafür notwendige Freiraum ist mittels Bündelung der administrativen Aufgaben in so genannten Querschnitts- und Backoffice-Funktionen zu schaffen. Es liegt auf der Hand, dass die in jenem Bereich anfallenden Aufgaben ein gänzlich anderes Skill-Profil erfordern als die der im Kundenkontakt tätigen Account Manager. Die damit einhergehende Veränderung in der Aufgabenzusammensetzung erlaubt es, die Stärken der im Kundenkontakt ausgebildeten Account Manager vermehrt zur Wirkung zu bringen.

Ein Vorurteil, dem Account Manager häufig begegnen, ist die Aussage, KAM sei geringwertiger als Vertrieb. Eine Führungskraft gestand mir sogar, im Account-Management-Bereich setze sie jene ihrer Mitarbeiter ein, die für den Vertrieb bei Neukunden nicht mehr fit genug seien. Nun mag dies mit der (irrigen) Annahme einhergehen, Bestandskunden benötigten weniger vertriebliche Betreuung.

Unsere Beobachtungen hingegen zeigen, Schlüsselkunden benötigen eine deutlich andere Art der vertrieblichen Betreuung. Auch im (Key) Account Management sind umfassende vertriebliche Kenntnisse und Fähigkeiten erforderlich. Denn die dort eingesetzten Kräfte müssen gegenüber der internationalen, in der Vermarktung ihrer Produkte und Lösungen nicht selten höchst professionellen Konkurrenz bestehen, für die der Eintritt bei unseren Schlüsselkunden in der Regel zu den „Must-Win-Opportunities" zählt. Oder wie es ein Vertriebskollege formulierte: „Auch unsere Account Manager müssen das Sing & Dance draufhaben ..."

Ein anderer Punkt, der nicht unerwähnt bleiben sollte, ist die Beobachtung, dass sich KAM und Produktvertrieb hervorragend ergänzen – ja, in der Betreuung von Bestands- und Schlüsselkunden regelrecht aufeinander angewiesen sind. Die folgende Tabelle veranschaulicht diesen Sachverhalt:

Produktvertrieb und Account Management setzen unterschiedliche Schwerpunkte ...

Im Mittelpunkt: **Das Produkt**	Im Mittelpunkt: **Der Kunde**
kurz- bis mittelfristig	langfristig
taktisch	strategisch
Einblick	Überblick
Fach Know-how („Tiefe")	„Breiten"-Wissen
Details	Zusammenhänge
Kunde = Abnehmer	Kunde = Partner
punktuell	ganzheitlich
partielle Verantwortung	Gesamtverantwortung
Zahl der Installationen	Erfolg des Kunden
„Aufreißer"	„Kümmerer"
Begeisterung erzielen	Zufriedenheit erreichen
„one of many"	„single point of contact"
stellt in Frage	vermittelt, berät
gibt Impulse	koordiniert, moderiert

... aber ergänzen sich hervorragend !!!

Abbildung 1: Schwerpunkte in Produktvertrieb und Account Management

Ausbildung, Praxis und noch mehr

Eine im Jahr 2003 im Bereich der Lufthansa Systems-Unternehmensgruppe durchgeführte Skill-Analyse zeigt einen durchaus industrieüblichen Qualifikations-Mix auf. Dabei wurden im Wesentlichen die Schwerpunkte Theorie (Wissen) und praktische Anwendung (Können) untersucht. Neben den vertrieblichen Fähigkeiten waren Methoden-, Fach- wie auch Sozialkompetenz gefragt. Im Rahmen der Erarbeitung des eingangs genannten Konzepts gelangte das unternehmensübergreifende Projektteam allerdings zu der Erkenntnis, dass jene beiden Dimensionen zweckmäßigerweise um drei weitere Bereiche zu erweitern seien: Befugnisse (Dürfen), Präferenzen (Wollen) und persönliche Wertvorstellungen.

Ob nämlich Account Manager ihre Fähigkeiten voll zur Wirkung bringen können, hängt letztlich nicht nur von den persönlichen Erfahrungen ab, sondern auch vom Freiraum, den Befugnissen, Vollmachten und Kompetenzen, die man ihnen im Rahmen ihrer Arbeiten gewährt.

Abbildung 2: Kompetenzfelder von (Key-)Account-Management-Mitarbeitern

Eine andere Beobachtung stimmte nachdenklich: Die Aussage einiger KAM-Mitarbeiter, die administrativen Aufgaben hätten in den letzten Jahren überhand genommen, weshalb man gar keine Zeit mehr habe, sich in gebotenem Umfang um den Kunden zu kümmern, entpuppte sich als Scheinargument. Tatsächlich schienen jene Mitarbeiter dem Dialog mit ihrem Bildschirm dem Austausch mit dem Kunden den Vorzug zu geben.

Um das Delta zwischen den vorhandenen Skills und den persönlichen Vorlieben aufzuzeigen, wird von einigen Unternehmen die so genannte „Präferenz- oder auch Denkstilanalyse“ eingesetzt. Sie geht davon aus, dass jeder Mensch Denk- und Verhaltensweisen aufweist, die für ihn typisch sind und die er bevorzugt. Diese sind Ausdruck seiner Einmaligkeit und Voraussetzung für seine Autonomie.

Das hierzu von Ned Hermann entwickelte Hermann-Dominanz-Instrument (H.D.I.) basiert auf einer metaphorischen Darstellung der Funktionsweise des Gehirns. Die „H.D.I.“-Analyse hilft, Menschen in ihren Denk- und Verhaltensweisen einzuschätzen, sie auf geeignete Weise anzusprechen bzw. auszubilden und mit geeigneten Aufgaben zu betrauen. Genau dieses ist und bleibt die zentrale Herausforderung an die Führungskräfte im Account Management. Von Robert S. McNamara stammt die Feststellung: „Das Management ist die schöpferischste aller Künste. Es ist die Kunst, Talente richtig einzusetzen.“

Eine Frage des Charakters

Der fünfte Parameter, der von dem mit der Erarbeitung des KAM-Konzepts befassten Team identifiziert wurde, befasst sich mit den persönlichen Werten und Einstellungen des Mitarbeiters – mithin ein Bereich, der mit Skill- und Präferenzanalysen schlecht erfasst werden kann und der daher ein zentraler Punkt bei Personalauswahl und -disposition der Key Account Manager durch die vorgesetzte Führungskraft ist.

Gerade angesichts der gegenwärtig in der Öffentlichkeit geführten Diskussionen haben Unternehmensethik und etwas altmodisch klingende Eigenschaften wie Glaubwürdigkeit, Berechenbarkeit, Zuverlässigkeit, Pünktlichkeit und Termintreue einen ganz neuen Stellenwert bekommen. Ob man einem Kunden wenig haltbare Zusagen macht, nur um mit dem Vertragsabschluss die eigene Erfolgsprämie zu sichern – oder ob man mit dem Aufbau einer langfristig angelegten, vertrauensvollen Zusammenarbeit durchaus auch kurzfristige persönliche Einbußen hinnehmen muss: Letztlich entscheidet dies über den Fortbestand von Arbeitsplätzen des eigenen Unternehmens.

Es ist kein Geheimnis: Eine stabile, auf beiderseitigem Vertrauen basierende und unter Win-Win-Aspekten ausgelegte Kunden-/Lieferantenbeziehung ist Garant für langfristiges Geschäft. Der Sozialwissenschaftler Niklas Luhmann merkt hierzu an: „Ohne Vertrauen sind nur sehr einfache, auf der Stelle abzuwickelnde Formen menschlicher Kooperation möglich. Selbst individuelles Handeln ist viel zu störbar, als dass es ohne Vertrauen über den sicheren Augenblick hinaus geplant werden könnte. Vertrauen ist unentbehrlich, um das Handlungspotenzial eines sozialen Systems über diese elementaren Formen hinaus zu steigern. Es gibt nichts Effizienteres als auf Offenheit und Vertrauen beruhende Zusammenarbeit. Wer misstraut, braucht mehr Informationen und verengt zugleich die Informationen, auf die zu stützen er sich getraut. Er wird von weniger Informationen stärker abhängig.“

Von Hilfsmitteln, Verfahren und Werkzeugen

Bereits beim Start der Lufthansa Systems im Jahr 1995 als eigenständiges Unternehmen spiegelte die Aufbauorganisation des Account Managements die Ressortstruktur des Konzerns wider. Es gab die ersten „Gehversuche" mit Vertriebsprozessen und -werkzeugen, in wöchentlichen Vertriebsmeetings wurde über die Erfolge und Niederlagen berichtet. Jeder der Account Manager hatte seine eigene Art der Notation und es war stets mit einem gewissen Aufwand verbunden, kurzfristig aussagekräftige Informationen und Statusberichte zum aktuellen Stand der Vertriebsaktivitäten zu erhalten.

Mit dem raschen Wachstum des Unternehmensverbunds und seinen zwischenzeitlich mehr als sechzehn Einzelgesellschaften wurde rasch klar, dass eine vertriebliche Steuerung andere Methoden und Werkzeuge voraussetzt als wöchentliche Besprechungen und den Abgleich von Spreadsheets. Im Jahr 2001 wird dazu das unternehmensübergreifende Vertriebswerkzeug eines namhaften amerikanischen Herstellers eingeführt. Die zentrale Anwendung erlaubt eine Vielzahl von Analysen und Auswertungen, um die Vertriebsexperten der Lufthansa Systems bei der Priorisierung und Verfolgung ihrer Opportunitys zu unterstützen.

Die Angebotserstellung folgt definierten Bearbeitungsschritten (Sales Stages), an deren Übergang in Abhängigkeit von den jeweiligen Wertgrenzenregelungen eine Qualifizierung des Angebots erfolgt (Deal Qualification Process). Ein eigens dazu entwickeltes Set von Arbeitsunterlagen (Deal Qualification Assistant) dient zur Vorbereitung der Abnahme im Dialog mit Vertretern und/oder Mitgliedern der Geschäftsleitung (Deal Qualification Board). Dabei werden die wesentlichen Kennzahlen des jeweiligen Angebots wie die Entwicklung des Cash Flows und die Gewinn- und Verlustrechnung beleuchtet. Die Position gegenüber den Wettbewerbern wie auch die handlungsauslösenden Momente auf Kundenseite werden hinterfragt, Strategien zur Erhöhung des Vertriebserfolgs diskutiert und beschlossen.

Derzeit noch in der Einführung befindet sich der Account-Plan (gelegentlich auch etwas despektierlich „Kundenbebauungsplan" genannt). Er unterstützt die strukturierte und systematische Auseinandersetzung mit den Erfordernissen des jeweiligen Schlüsselkunden und ermöglicht es, eigene Initiativen zur Kostensenkung, Ergebnisverbesserung oder Umsatzerhöhung auf Kundenseite zu formulieren. Dies folgt der Überlegung, durch aktive Beratung des Kunden aus der Position des reinen Produkt- und Lösungsanbieters herauszutreten und mehr die Rolle des „trusted advisors", des Kundenberaters und Partners, zu übernehmen. Ziel ist, im Dialog mit dem Kunden neue Vorhaben aufzuspüren und Trends zu gestalten, lange bevor sie von den Mitbewerbern des Kunden oder der IT-Industrie aufgegriffen werden.

Die Möglichkeiten, die sich mit der Nutzung der vorstehend beschriebenen Verfahrungen und Werkzeuge auftun, sollten allerdings nicht darüber hinwegtäuschen, dass es nach wie vor eines umfassenden Qualifikationsprofils bedarf, um auch tatsächlich als (Key) Account Manager erfolgreich zu sein.

Kommunikation – oder um den Tisch herumgehen

Die in schwarz-weiß gehaltenen Plakate eines namhaften nordamerikanischen Herstellers von Großrechnern waren mit einer recht knappen Bildunterschrift versehen: „XXX (Name des Unternehmens) – Spezialisten, die Ihnen zuhören.“ Jene Poster sind Vergangenheit, das Unternehmen floriert. Spezialisten, die Ihnen zuhören? Wann gibt es das schon? Meist wird man als Kunde überschüttet und überhäuft mit Informationen, die alles andere als zielgerichtet sind. Noch bevor man seine Wünsche überhaupt artikulieren konnte, liegen bereits die ersten Vorschläge auf dem Tisch. Nur halb zugehört – aber schon die Lösung parat! Und was nicht passt, wird passend gemacht. Auch die Anforderungen des Kunden?

Vermutlich ist „Zuhörenkönnen“ eine der wichtigsten Disziplinen im KAM-Alltag. Im Vertrieb sagt man: „If you tell, you don't sell ...“ Fürwahr. Verstehen und die Sicht des anderen einnehmen? Ein Bild, welches ich in Situationen wie diesen gerne verwende, ist die Metapher vom „um den Tisch herumgehen“. Dabei ist mir die nachstehende Skizze in Erinnerung geblieben, die dem Management-Trainer Reiner Czichos zugeschrieben wird.

Der Kreis stellt die Gesamtmenge aller Informationen zu einem Thema dar. Die Winkel ausgehend von A und B stehen für die individuellen Perspektiven der Personen A und B.

Wenn zwei Personen über dasselbeProblem nachdenken, werden sie aufgrund ihrer Erziehung, ihrer Erfahrung und Interessen jeweils nur ihren individuellen Ausschnitt an Informationen und Meinungen sehen.

Unterschiedliche Perspektiven zu haben und bewusst zu nutzen für Problemformulierungen ist ein hervorragendes Mittel des lateralen Denkens.

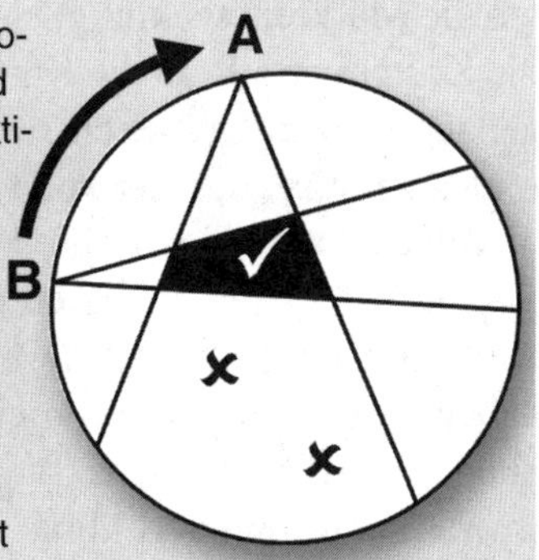

Abbildung 3: Schwerpunkte in Produktvertrieb und Account Management

Im Tagesgeschäft muss sich der Account Manager stets vergegenwärtigen, dass er nur über einen begrenzten Ausschnitt aller zum jeweiligen Thema existierenden Informationen verfügt. Und dass es nicht „die Wahrheit" gibt, sondern allenfalls unterschiedliche Wahrnehmungen und Interpretationen eines Sachverhalts. Dabei ist es unabdingbar, die eigene Sicht kritisch zu überprüfen. Stammt sie von mir? Von wem habe ich sie möglicherweise unbedarft übernommen? Nicht selten ist bei Diskussionen und Streitgesprächen zu beobachten, dass alle beteiligten Parteien – jede auf ihre Weise – Recht haben. Henry Ford meinte dazu: „Wenn es ein Geheimnis des Erfolges ist, so ist es das: Den Standpunkt des anderen einnehmen und verstehen."

Zwei Fallen

Vor kurzem sagte mir ein Kollege: „Eine Kundenbeziehung ist perfekt, wenn ich mit meinem Kunden auf Du und Du bin." Gewiss, Nähe gibt das Gefühl einer besonderen Intensität der Betreuung und nährt die Erwartung, auch außerhalb der offiziellen Wege Lösungen finden zu können. Aber: Nähe birgt das Risiko der Nach- und Fahrlässigkeit in der Betreuung, im Umgang miteinander. Überdeutliche Nähe wird von Außenstehenden durchaus als Befangenheit in der Meinungsbildung gewertet. Distanz beinhaltet Respekt gegenüber dem Kunden.

Ein anderer Kundenbetreuer vertrat die Ansicht: „… mit Bestandskunden kann man gutes Geld verdienen ..." Richtig ist: Mehrjährige Verträge mit Schlüsselkunden bieten in der Regel eine gute Planungsgrundlage. Gelingt es in dieser Zeit, die eigene Kostenposition zu verbessern, ist dies natürlich von unschätzbarem Vorteil. Aber auch Bestandskunden beobachten die Marktentwicklung. Und auch sie können rechnen. Wichtig dabei ist, die Kostenvorteile an die Kunden weiterzugeben. Sonst ist die mühsam aufgebaute Beziehung rasch ruiniert, der Ruf dauerhaft beschädigt, das Vertrauen zerstört, der Argwohn groß.

Versetzen Sie sich in die Lage Ihres Kunden: „Wenn man mich bei dem Thema ABC über den Tisch gezogen hat, dann trifft das gewiss auch beim Auftrag XYZ zu." Fazit: Ihre Schlüsselkunden und Sie werden viel Freude haben, solange es sich um eine ausgeglichene Situation mit Vorteilen für alle (!) Parteien handelt.

Was so kompliziert klingt, ist im Grunde ganz einfach. Die nachfolgende Skizze wird Kevin Hoffberg, dem Gründer mehrer Start-up-Unternehmen zugeschrieben. Sie veranschaulicht die Positionen der maßgeblichen Angebotsvarianten und deren Bewertung von Kunden- bzw. Anbieterseite.

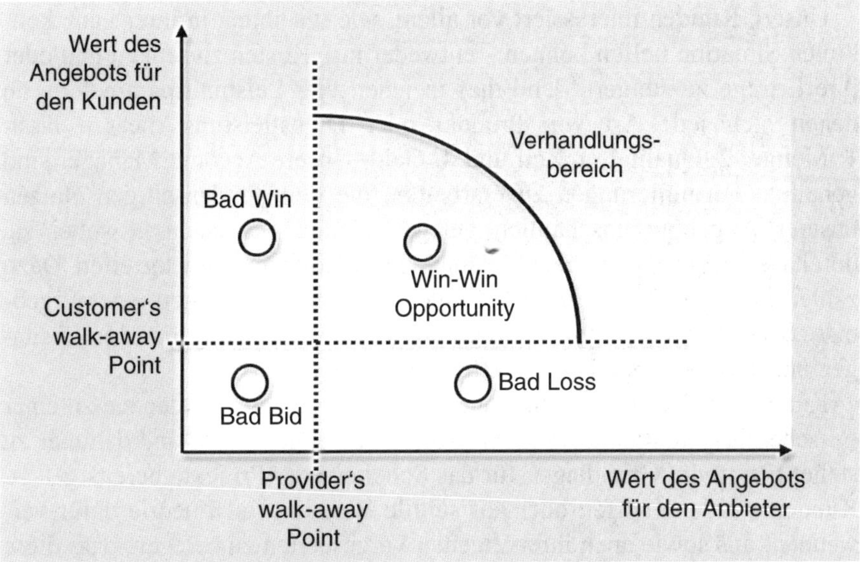

Abbildung 4: Positionen von Angebotsvarianten und deren Bewertung von Kunden- bzw. Anbieterseite

Wir sind die Größten

In unseren periodischen Deal Qualification Boards höre ich leider noch viel zu oft die Aussage: „... der Kunde wird von unserem Angebot überzeugt sein, weil wir die Besten, Größten und Kompetentesten sind ..." Oder etwa: „Der Kunde muss bei uns kaufen, weil wir zum selben Konzern gehören ..." Unsinn.

Erstens: Ihr Kunde muss gar nichts. Wo und wofür er sein Geld ausgibt, ist ganz alleine seine Sache. Key Account Manager nutzen die intensive Kenntnis der Bedürfnisse und Erwartungen der von ihnen betreuten Kunden, diese aktiv zu beraten, maßgeschneiderte Lösungen zu entwickeln und darüber auf den Kaufentscheid des Kunden Einfluss zu nehmen – erzwingen können sie ihn nicht. Zweitens wird Ihr Kunde sich nicht aufgrund der Größe oder Marktposition Ihres Unternehmens für die von Ihnen angebotene Lösung entscheiden. Größe steht möglicherweise nur für den Fakt, dass das von Ihnen vertretene Unternehmen auch noch übermorgen existieren wird (auch wenn es jüngste Entwicklungen in ganz anderer Richtung gibt). Drittens: Kunden lieben es, zu wählen. Denn Kunden mit nur einer – durchaus perfekten – Lösung ausgestattet, kommen ihren Entscheidungsgremien gegenüber in Erklärungsnöte.

Unsere Kunden interessiert vor allem, wie wir ihnen in ihrer ganz konkreten Situation helfen können – entweder ihre Kosten zu senken und/oder ihre Erträge zu steigern. Und dies in jenen vier Leistungsparametern, an denen sich jede Art von Produkt oder Dienstleistung messen lässt: 1. Menge, 2. Qualität, 3. Zeit und 4. Geld. Unsere Account Manager sind gehalten, Formulierungen zu erarbeiten, die den kundenseitigen Nutzen unserer Angebote anschaulich belegen (Value Statements), wobei sie durchaus auch auf gelungene Beispiele ihrer Kollegen zurückgreifen. Dazu zählen insbesondere die Berechnungen und Beschreibungen jener Ergebnisse, zu denen der Einsatz der von Lufthansa Systems angebotenen Lösungen und Produkte bei dem betreffenden Kunden führt.

Kunden wollen von Ihrem Angebot überzeugt sein. Werden sie zu einer Entscheidung gedrängt (ohne inhaltlich überzeugt zu sein und dahinter zu stehen), sind die Grundlagen für das Scheitern der Projekte bereits gelegt. Kunden werden – offen oder auf subtile Weise – viel Energie dafür verwenden, uns sowie auch ihren eigenen Vorgesetzten zu belegen, dass diese Entscheidung falsch war. Reichweite und Effekt derartiger Meinungsmacher werden nicht selten unterschätzt. Kunden wollen (aus-)wählen, wollen entscheiden. Kunden brauchen Raum für Erfahrungen und Experimente. Dass sie diese vorzugsweise mit Lufthansa Systems machen sollten, daran arbeiten die Key Account Manager und die Experten der Lufthansa Systems-Unternehmensgruppe.

Was kostet mich das?

Die Lösungen der Lufthansa Systems-Unternehmensgruppe sind weltweit und rund um die Uhr bei namhaften Fluggesellschaften im Einsatz. Ob Netzsteuerung, Flugwegeplanung, Reservierung, Abrechnung – Funktionalität und Qualität der von Lufthansa Systems entwickelten und vertriebenen Produkte zeugen von der hohen Fachkompetenz unserer Experten.

Übrigens ein Fakt, der auch von Kundenseite regelmäßig bestätigt wird. Die Systemexperten der Lufthansa Systems-Unternehmensgruppe werden gerne gerufen, wenn die Situation nahezu ausweglos erscheint oder der Mitbewerber sich bereits vergeblich um eine Lösung bemüht hat. Gerade in Würdigung dieser Tatsachen wird Lufthansa Systems niemals als Low-Price-Anbieter auftreten können, weshalb sich die in der Regel von den Account Managern geführten Verhandlungen mit den Auftraggebern nicht immer ganz einfach gestalten.

Der Spagat zwischen den kundenseitigen Ansprüchen einerseits und den meist knappen Budgets der Kunden andererseits gilt stets als eine besondere Art der Herausforderung. Der Autor und Wissenschaftler John Ruskin gab dazu folgenden Rat:

> „Es gibt kaum etwas auf dieser Welt, was nicht irgendjemand ein wenig schlechter machen und etwas billiger verkaufen könnte. Und die Menschen, die sich nur am Preis orientieren, werden die gerechte Beute solcher Machenschaften. Es ist unklug, zu viel zu bezahlen, aber es ist noch schlechter, zu wenig zu bezahlen. Wenn Sie zu viel bezahlen, verlieren Sie etwas Geld, das ist alles. Wenn Sie dagegen zu wenig bezahlen, verlieren Sie manchmal alles, da der gekaufte Gegenstand die ihm zugedachte Aufgabe nicht erfüllen kann. Das Gesetz der Wirtschaft verbietet es, für wenig Geld viel Wert zu erhalten. Nehmen Sie das niedrigste Angebot an, müssen Sie für das Risiko, das Sie eingehen, etwas hinzurechnen. Und wenn Sie das tun, dann haben Sie auch genug Geld, um für das Bessere zu bezahlen."

Image – oder: Die Meinung des Kunden

Bei Antritt meiner aktuellen Aufgabe wurde ich von dem CIO eines Konzernbereichs mit den Worten begrüßt: „… Sie haben kein Vertriebsproblem, Sie haben ein Delivery Problem." Key Account Manager werden tagtäglich mit Fragen zum Image des von ihnen vertretenen Unternehmens konfrontiert. Dabei ist es von enormer Bedeutung, sich die Einflussfaktoren auf die Meinungsbildung des Kunden bewusst zu machen. So setzt sich der Gesamteindruck eines Unternehmens aus einer Vielzahl verschiedener Parameter zusammen: Ob eigene Erfahrungen des Kunden, Mundpropaganda von Kollegenseite, Produktinformationen und Werbeaussagen, Presseveröffentlichungen, die Art und Weise der Kundenansprache, das Einhalten eingegangener Verpflichtungen oder Qualität und Preiswürdigkeit der angebotenen Produkte bzw. Services im Vergleich mit den Aussagen der Mitbewerber – vieles trägt zu dem Bild bei, das unsere Kunden von uns haben.

Im Tagesgeschäft kommt dem Account Manager dabei die Aufgabe zu, Impulse von Kundenseite aufzunehmen und durch unternehmensinterne Kommunikation und Koordination für ein ausgeglichenes Bild Sorge zu tragen, sich abzeichnende Problemsituationen zu erkennen und diese im Dialog mit allen Beteiligten zu entschärfen. Das mag nicht immer und in allen Fällen gelingen, doch ist die Vermittlungsfunktion des Account Managers ein ganz zentrales Element, um einen reibungslosen Betrieb und Kundenzufriedenheit zu gewährleisten. Dabei stehen für ihn sechs Fragen im Vordergrund:

- Sind wir bemüht, unseren Kunden ein realistisches Bild von unserer Dienstleistung zu vermitteln?
- Findet eine wirksame Kommunikation und ein regelmäßiger Austausch mit unseren Kunden statt?
- Rangiert das Ziel, die Dienstleistung beim ersten Mal richtig zu erbringen, ganz oben auf unserer Prioritätenliste?
- Überraschen wir unsere Kunden während der Leistungserbringung mit Ergebnissen, die die Erwartungen des Kunden übertreffen?
- Betrachten wir Qualitätsprobleme als Chance, die Kunden zu beeindrucken? Oder als Ärgernis?
- Findet ein ständiger Vergleich zwischen unseren Leistungen und den Kundenerwartungen statt und streben wir dabei laufend nach Verbesserungen?

Die Analyse der Kundenzufriedenheit ist Inhalt der seit dem Jahr 2000 in regelmäßigen Abständen durchgeführten Befragungen der Konzernkunden. Die Ergebnisse liefern wichtige Hinweise und haben bereits zu einer Reihe von Maßnahmen geführt, die den Account Managern helfen, die notwendigen Verbesserungen gezielt anzugehen. Im Übrigen: Wenn Sie wirklich wissen wollen, wie es um die Zufriedenheit mit Ihren Leistungen aus Sicht Ihres Kunden steht, dann können Sie dies ganz einfach anhand der nachstehenden Formel überprüfen:

$$\text{Kundenzufriedenheit} = \frac{\text{wahrgenommene Leistung}}{\text{erwartete Leistung}}$$

Abbildung 5: Bewertung der Kundenzufriedenheit

Fazit

Die in den ersten zehn Jahren des Bestehens der Lufthansa Systems-Unternehmensgruppe im Account-Management-Bereich gesammelten Erfahrungen belegen, dass entgegen der vorherrschenden Meinung die Aufbauorganisation eine eher untergeordnete Rolle spielt. Im Vordergrund stehen grundsätzliche Fragestellungen wie Klarheit in Bezug auf die Anforderungen an das Berufsbild des Account Managers und die damit verbundenen Aufgaben. Der Mitarbeiter im Account-Management-Bereich muss seine Rolle im Unternehmen wie auch im Dialog mit dem Kunden verstehen. Erwartet wird von ihm ein Bekenntnis (Commitment) zu Art und Intensität einer Kundenbetreuung, die Nutzen und Erfolg des Kunden in den Mittelpunkt seiner Arbeit stellt.

Die immer komplexere Informationstechnologie, die mit Outsourcing- und Offshoring-Modellen einhergehenden Abhängigkeiten, der Kontrollverlust und das subjektive Gefühl der Risikosteigerung haben darüber hinaus bei vielen Kunden den Ruf nach klassischen Tugenden laut werden lassen: Vertrauen, Verlässlichkeit, Glaubwürdigkeit und Berechenbarkeit stehen stellvertretend für Werte, die neben den klassischen Skills eines professionellen Key Account Managers elementare Basis einer partnerschaftlichen und auf Langfristigkeit ausgelegten Lieferanten-Kunden-Beziehung sind.

Gerhard Neumann, ehemaliger Vorstandsvorsitzender der General Electrics Aircraft Engine Group, hat es treffend formuliert: „Aus der langjährigen Verbindung mit unseren Kunden habe ich eines gelernt: Die wichtigsten Gründe für Erfolg waren der Aufbau eines persönlichen Vertrauensverhältnisses, das Anhören der Meinung des Kunden, das Einhalten von Versprechen und die Besessenheit, eingegangene Verpflichtungen zu erfüllen – oder besser noch: zu übertreffen.“ Denn letztlich ist es der Kunde, der darüber entscheidet, ob man seinen Job gut gemacht hat oder nicht.

Anselm Eggert

Innovation oder: Wie kommt das Neue in die (Airline-)Welt?

Abstract

Gerade die Airline-Industrie spielte und spielt bei der Einführung neuer (Informations-)Technologien eine Vorreiterrolle. Weltweite Netze, Online-Buchungssysteme und Operations Research waren bei Airlines schon vor dreißig Jahren State of the Art; heute wird das virtuelle elektronische Ticket zum Standard und das Internet bekommt Flügel.

Ohne Innovation kann kein Unternehmen langfristig überleben; Innovation treibt Wachstum und Profitabilität. Aber wie entsteht eigentlich Innovation? Kann man Innovation planen und gezielt steuern? Kann ein Unternehmen „auf Vorrat" innovativ sein? Oder braucht es ein ganz spezielles Umfeld aus konkreten Herausforderungen, unternehmerischen Freiräumen und tatendurstigen Menschen, um Neues zu gestalten?

In diesem Artikel wird anhand von konkreten Beispielen aus der Airline-Industrie gezeigt, wie Neues entsteht und welche Mixtur aus den oben genannten Faktoren zum Erfolg führt.

Begriffsklärung: Was ist eigentlich „Innovation"?

In·no·va·ti'·on <[-va-]> *Erneuerung, Neuerung* [lat. innovatio „Erneuerung"; *zu novus neu*]

(Wahrig, Deutsches Wörterbuch)

Das springt kurz. Zu kurz. Nicht alles, was nur neu ist, ist schon innovativ. Innovation setzt auch voraus, dass das Neue in irgendeiner Form nützlich ist. Und: Innovation muss nicht immer etwas ganz Neues sein, oft ist es die geschickte Kombination aus bereits Vorhandenem, Verfügbarem,

Bekanntem und Beherrschtem, das in neuer Konstellation auf einmal Neues leistet und nützlich wird.

Einige Beispiele aus der Airline-Industrie

Der Rüttler

„Rüttler" – das klingt zunächst nach Bergbau und Schwerindustrie, aber hier war das Material nicht Gestein und Geröll, vielleicht durchsetzt mit dem einen oder anderen Diamanten. Nein: Gesiebt, sortiert und ausgelesen werden sollte das Material einer modernen, global agierenden Linienfluggesellschaft: ihre Flüge.

Diese Idee stand Anfang der neunziger Jahre am Beginn einer Entwicklung, in deren Verlauf sich Lufthansa nicht nur aus ihrer tiefen Krise befreite, sondern auch Maßstäbe setzte für die Entwicklung der europäischen Luftfahrtindustrie.

Worum ging es genau? Kunden bezahlen eine Airline dafür, sie zu einem bestimmten Zeitpunkt von A nach B zu bringen. Natürlich spielen auch Aspekte wie Boden- und Bordservice, Pünktlichkeit, Sicherheit und natürlich der Preis eine Rolle, aber letztlich ist das zentrale, kaufentscheidende Element im Wesentlichen der Flugplan: Fliegt die Airline überhaupt von A nach B? Fliegt sie an dem Tag und ungefähr zu der Zeit, für die der Kunde seine Reise plant? Wie lange dauert es von A nach B? Und muss der Kunde im Laufe seiner Flugreise umsteigen?

Gleichzeitig ist der Flugplan einer Airline auch im Wesentlichen ihr Produktionsplan. Mit ihm wird implizit auch definiert, wie viele Flugzeuge benötigt werden und welche Kosten für Crews, Abfertigungs- und Landegebühren, Wartung und Treibstoff anfallen werden. Damit legt der Flugplan über zwei Drittel der Gesamtkosten einer Airline fest.

Letztlich ist so der Flugplan immer ein Kompromiss aus dem, was der Markt nachfragt, und dem, was sich noch zu vertretbaren Kosten darstellen lässt. Natürlich wäre es anzustreben, am Montagmorgen und am Freitagnachmittag – den Zeiten, in denen die meisten Geschäftsreisenden unterwegs sind – mit besonders großen Flugzeugen zu fliegen. Nur – kann man diese Maschinen auch am Mittwochmittag auslasten?

Auch die Zeiten, zu denen geflogen wird, richten sich nicht nur nach den Bedürfnissen der Passagiere. Soll ein Flugzeug z. B. in A zwei Stunden am Boden stehen, um dann zur optimalen Zeit loszufliegen? Oder ist es günstiger, schon eine Stunde früher zu fliegen und so vielleicht im Gesamtplan mit einem Flugzeug weniger auszukommen?

Am liebsten würde man auch allen umsteigenden Kunden an einem „Hub“, so nennen Airliner die Umsteigedrehkreuze wie Frankfurt, London oder Chicago, eine minimale Umsteigezeit bieten. Das würde aber sehr viele Starts und Landungen in einem sehr kurzen Zeitraum bedeuten und die Kapazität von Flughafen und Bodencrew übersteigen. Also streckt man die An- und Abflüge über einen längeren Zeitraum und mutet manchen Kunden damit eine längere Umsteigezeit zu.

Die Erstellung eines Flugplanes ist letztlich nichts anderes als ein großes und komplexes Optimierungsproblem:

Bestimme den Flugplan, der das Ergebnis, gemessen als Differenz zwischen erwarteten Umsätzen und den Kosten, maximiert!

Und damit wird langsam klarer, was der „Rüttler“ sollte: Er ist das System, das dieses Problem lösen soll. Mittels heuristischer Algorithmen sollte der Flugplan so lange „gerüttelt“ werden, bis am Ende eine zulässige und zumindest fast optimale Lösung steht.

Ein weitsichtiger Manager hatte erkannt, dass hier mit den Lufthansa-„Bordmitteln“ der achtziger Jahre nicht recht weiterzukommen war. Um die Vision umzusetzen, stellte Lufthansa 1992 daher eine ganze Reihe von Mathematikern, Physikern und Informatikern ein. Keiner von ihnen wusste, wie eine Airline funktioniert, immerhin hatten einige Erfahrung mit großen Optimierungsproblemen, aber sie alle vereinte die Begeisterung, ein Projekt wie den „Rüttler“ umsetzen zu wollen.

Wichtiger noch als das „Endziel“ aber war, was auf dem Weg dorthin entstand.

Schnell war klar, dass der beste Optimierer ohne Zielfunktion im Dunkeln tappt. Also musste ein Modell erdacht und realisiert werden, mit dem prognostiziert werden kann, wie attraktiv ein bestimmter Flugplan für den Markt ist und welches Erlöspotenzial hinter ihm steckt. Spätestens jetzt wurde auch deutlich, dass dabei die reine Betrachtung von Einzelstrecken – bis dahin Usus – nicht mehr reichte, sondern eine systematische Betrachtung von Umsteigeverbindungen notwendig war. Aus bislang zwei Passagieren, einer fliegt von Nürnberg nach Frankfurt und einer von Frankfurt nach New York, wurde plötzlich ein einzelner Kunde, der von Nürnberg nach New York reist. Und dieser Kunde fliegt eben nicht nach Frankfurt, weil er dort ein Endziel hat, sondern weil er dort umsteigt. Ebenso gut wie in Frankfurt kann er das auch in Paris, London oder Amsterdam tun.

Ein Marktmodell entstand – mit strikter Berücksichtigung der wahren Start- und Zielorte der Kunden, der so genannten „Origin/Destination“-Betrachtung.

Dieses Modell musste mit Daten versorgt und kalibriert werden. Daten, die bislang zumindest in Europa nicht verfügbar waren. Zwar gab es ausführliche Daten zu einzelnen Strecken und Verkehrsbündeln, aber gerade die wichtigen Fragen nach „Origin“ und „Destination“ einer Reise wurden dabei nicht beantwortet. Also galt es, Methoden zu entwickeln, wie man mit den vorliegenden Daten die Reisewege der Passagiere doch wieder rekonstruieren konnte. Und das natürlich nicht nur für die Passagiere, die mit Lufthansa geflogen waren, sondern gerade auch für die, die das (bislang) noch mit der Konkurrenz taten.

Nach und nach wurde eine ganze Reihe von Tools und Systemen entwickelt, die mit den Daten der neuen Planungsphilosophie umgehen konnten. Mindestens genauso wichtig war aber, dass parallel auch ein ganz neuer Prozess zur Netzplanung entstand. Die bisherigen Streckenmanager fingen an, über das Netz als Ganzes nachzudenken. Mit den neuen Systemen konnten sie lernen, welche Effekte dabei zu berücksichtigen sind und wie sich ihre Entscheidungen jenseits „ihrer“ Strecke auswirken würden. Neue Wege, sich miteinander abzustimmen, mussten gefunden werden, und Entscheidungen über den künftigen Flugplan mussten mit neuen Kennzahlen und auf der Basis von Modellen und Optimierungsergebnissen getroffen werden. Das ging nur in einer lernenden Organisation, die kontinuierlich die Ergebnisse des eigenen Prozesses hinterfragte und so den Prozess selbst, aber auch die zugrunde liegenden Modelle, Systeme und Daten stetig verbesserte. Die Simulationsergebnisse einer Nacht flossen schon am nächsten Tag in eine Analyse ein und hatten oft bis zum Abend schon wieder eine Anforderung produziert, die das Marktmodell oder ein Optimierer berücksichtigen sollte.

Insgesamt waren an dem Prozess bis zu hundert Personen beteiligt, die zunächst das Kernteam des Projektes bildeten und später zum Nukleus der neuen Netzmanagement-Organisation bei Lufthansa wurden.
Als der erste, strikt nach Netzmanagement-Gesichtspunkten erstellte Flugplan dann im Winter 1993/94 an den Start ging, war die Spannung naturgemäß groß. Und es funktionierte: Die beabsichtigten Netzeffekte traten ein, die optimierten Verbindungen führten tatsächlich zu mehr Passagieren und höheren Erlösen, ohne dass die Kosten im gleichen Maß stiegen. Und Lufthansa konnte im Jahr 1994 nach drei Verlustjahren erstmals wieder ein positives Ergebnis vermelden.

Insgesamt dauerte es fast drei Jahre, bis die neue Planungsphilosophie vollends implementiert war. Am Ende standen eine ganz neue Organisation, ein neuer Prozess und eine Reihe von Systemen und Datenbanken.

Der „Rüttler“ wurde übrigens zwar gebaut, aber in seiner Reinform de facto nie eingesetzt. Flugpläne werden heute zwar system- und datengestützt erstellt, und viele Dinge, die früher mühsam von Hand geprüft und wieder und wieder überarbeitet werden mussten, werden heute automatisch erledigt. Simulationen und Optimierungen ermöglichen es, in Szenarien zu denken und flugplanerische Entscheidungen optimal zu unterstützen. Am Ende sind es aber eben doch Entscheidungen, die von Managern gefällt und auch verantwortet werden müssen.

Der vollautomatische Flugplanungsprozess wird eine Vision bleiben. Diese Vision aber half, weit und breit genug zu denken, um dorthin zu kommen, wo Lufthansa heute steht. Und diese Vision machte es erst möglich, dass ein Hochleistungsteam sich einem gemeinsamen und ambitionierten Ziel verschreiben konnte und dieses auch gegen Zweifel und Widerstände erreichen konnte.

Ticketloses Fliegen

„Wir brauchen eine Karte, die der Schlüssel zum Flugzeug ist" – mit diesen Worten rief Lufthansa-Vertriebs- und -Servicevorstand Hemjö Klein ein Projektteam dazu auf, den Prozess der Buchung und der Abwicklung eines Fluges für den Passagier völlig neu zu denken. Insbesondere Vielflieger sollten sich nicht mehr am Schalter in langen Schlangen anstellen müssen, sondern unter Verwendung einer Chipkarte automatisiert, schnell und reibungslos an Bord kommen. Denn der anstrengendste Teil der Flugreise ist im Allgemeinen die Zeit am Boden.

Ein – kleines (!) – Projektteam wurde eingesetzt und begann mit einer Untersuchung des Passagierprozesses, befragte Kunden, prüfte die aktuelle Technologie und erstellte erste Prototypen. Schnell wurde klar, dass es sich hier um ein Thema handelt, bei dem Informationstechnologie zwar „Enabler" für eine Lösung sein kann, dass das Feld insgesamt aber weit umfassender ist. Es stellten sich Fragen wie:

- Wie reagiert der Passagier auf das Ersetzen des vertrauten Tickets durch eine Karte?
- Kann man entlang der gesamten Prozesskette vom ausstellenden Reisebüro bis hin zur Erlösabrechnung und Archivierung das herkömmliche Papierticket überflüssig machen? Wie?
- Wie sind dabei behördliche Auflagen oder organisatorische Rahmenbedingungen an Flughäfen zu berücksichtigen?
- Welche Prozesse und Geschäftsvorfälle bei Ticketing, Check-in und Boarding lassen sich automatisieren?

- Wie weit sollte eine Automatisierung gehen, um vom Kunden als hilfreich, aber nicht unpersönlich oder hinderlich empfunden zu werden?

Schließlich stellten sich auch sehr praktische Fragen zum Design des angedachten Verfahrens.

- Sollten zum Beispiel die Ticketdaten auf der Chipkarte gespeichert werden?
- Wenn ja: Zu welchem Zeitpunkt und wo kommen sie auf die Karte?
- Und: Geht es nicht vielleicht auch ganz ohne Chipkarte?

Nach und nach kristallisierte sich im Projektteam ein praktikables Verfahren heraus: Die Chipkarte sollte eine technologisch aufgerüstete Version der „Lufthansa Frequent Traveller Card" sein und zunächst auch nur an Vielflieger ausgegeben werden. Wegen des bequemeren Handlings entschied sich das Projektteam gegen die „klassischen", kontaktbehafteten Karten und damit für eine Karte, die sich berührungslos auf eine Entfernung von circa 10–15 Zentimetern beschreiben und auslesen ließ. Damit musste dann sowohl beim Check-in als auch beim Einsteigevorgang die Karte nicht einmal mehr aus der Brieftasche genommen werden.

Die Ticketdaten sollten nicht auf der Karte, einem verlierbaren Gegenstand, gespeichert werden, sondern als „elektronische Tickets" in einer zentralen Datenbank vorgehalten werden. Für das Flugereignis diente die Karte damit nur der sicheren Identifikation und dem Speichern von Stammdaten wie Name, Anrede, Kundennummer und Sitzplatzpräferenz. Darüber hinaus war auf der Karte ausreichend Speicherplatz für spätere Zusatzapplikationen vorgehalten.

Das elektronische Ticket, schnell etix® getauft, sollte ganz so wie ein herkömmliches Ticket im Reisebüro ausgestellt und abgerechnet werden, um den Buchungs- und Travel-Management-Prozess der Geschäftskunden unverändert zu lassen. Aber: Das Ticket musste mit diesem Verfahren nicht mehr zum Kunden gebracht werden, ein Prozess, bei dem in eiligen Fällen schon mal ein Kurier oder gar ein Taxi vom Reisebüro losgeschickt wurde. Stattdessen wurde das Ticket unmittelbar nach Ausstellung in der Datenbank hinterlegt und stand dann innerhalb von Sekunden weltweit zur Verfügung.

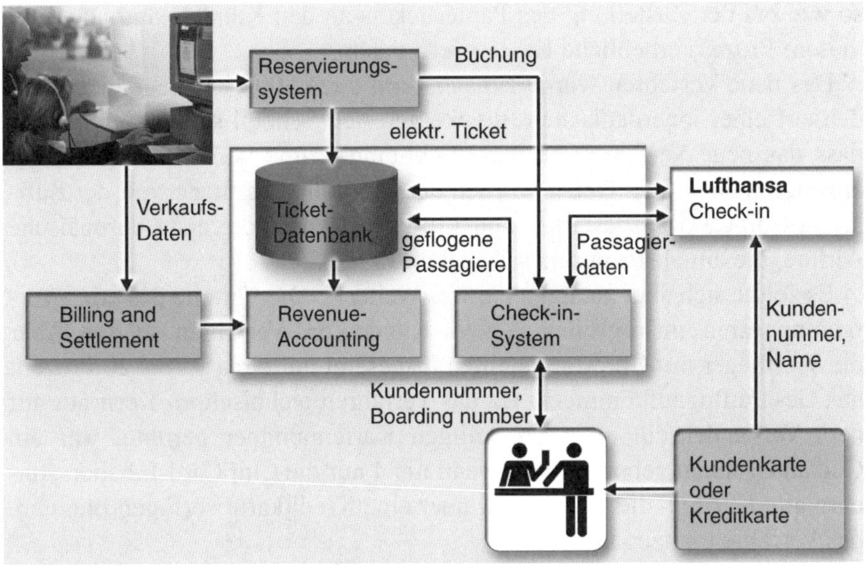

Abbildung 1: Lufthansa etix®: Überblick über die Systemkomponenten

Das Check-in selbst sollte sowohl über einen Automaten als auch am Schalter (insbesondere im Falle von Sonderwünschen oder Unregelmäßigkeiten) möglich sein. Dazu wurde ein Automat gebaut, an dem der Fluggast sich mit seiner Chipkarte identifiziert und einen passenden Sitzplatz auswählen kann. Entgegen der papierlosen „reinen Lehre" entschied man sich hier übrigens doch für eine herkömmliche Bordkarte, insbesondere zum Aufdrucken des Sitzplatzes als Gedächtnisstütze für den Kunden.

Beim Boarding, also dem Einsteigevorgang, muss aus Sicherheitsgründen geprüft werden, ob jeder Passagier, der eingecheckt und z. B. einen Koffer aufgegeben hat, auch tatsächlich an Bord geht. Auch hier kam die Chipkarte zum Einsatz und wurde an entsprechend ausgerüsteten Gates einfach kontaktlos ausgelesen. Alternativ konnte das Boarding auch über die beim Check-in erstellte Bordkarte geschehen.

Nachdem eine Airline einen Ticket-Coupon ausgeflogen hat, wird der Wert des Coupons in der Erlösabrechnung ermittelt und verbucht. Wichtiger noch als die rein buchhalterischen Informationen ist hierbei die Nutzung der Daten zur Managementinformation über Profitabilität von Flügen und Verbindungen – und damit letztlich wieder zum Netzmanagement der Airline.

Beim Papierticket ist der Prozess der Erlösabrechnung händisch und aufwendig; die am Abfluggate eingesammelten Coupons werden gezählt, an eine zentrale Stelle versandt, dort eingescannt und weiterverarbeitet. Ebenso wie bei der Zustellung des Papiertickets an den Kunden sind auch mit diesem Prozess erhebliche Kosten verbunden.

Das neue Verfahren wurde zunächst mit circa 500 viel fliegenden Kunden auf einer innerdeutschen Strecke getestet. Schnell stellte sich heraus, dass das neue Verfahren bestens funktionierte und von den Kunden gut angenommen wurde. Daher wurden über 150.000 Vielflieger mit der Lufthansa-ChipCard ausgestattet, und Lufthansa wurde die erste europäische Airline, die ein elektronisches Ticket einführte.

Es zeigte sich aber auch noch etwas Weiteres: Die Vorteile des etix®-Verfahrens waren umso größer, je mehr Kunden das Verfahren nutzten. Aber die Vielflieger mit ChipCard stellten insgesamt nur circa 15 bis 20 Prozent des Gesamtflugaufkommens. Da das Verfahren technisch im Kern nur auf dem Vorhandensein einer 16-stelligen Kartennummer beruhte, war ein Gedanke schnell geboren: Was, wenn nicht nur die ChipCard-Inhaber, sondern alle Kunden, die einfach nur über eine Kreditkarte verfügen müssten, das Verfahren nutzen könnten?

Alles, was nötig war, war eine geringfügige Modifikation an den Check-in-Automaten und eine entsprechende Information an Kunden, Reisebüros und Mitarbeiter. Ansonsten musste noch die Bordkarte neu gestaltet werden, um das Zustandekommen des Beförderungsvertrages ohne Papierticket auch rechtlich abzusichern – die zugehörigen juristischen Gutachten waren fast das Aufwändigste bei der flächendeckenden Einführung des elektronischen Tickets.

Die Chipkarte war also sozusagen als Innovationstrigger hilfreich und notwendig, aber letztlich eben nur ein Zwischenschritt. Die „endgültige" Lösung war einfacher und beruhte auf der geschickten Kombination bereits vorhandener Module (Ticket-Datenbank und gewöhnliche Kreditkarte). Innovation benötigt manchmal Umwege.
Heutzutage gibt es etix® auf zunehmend mehr internationalen Strecken und auf den „etix-Strecken" nutzen circa 75 Prozent der Kunden das elektronische Ticket.

Das Internet bekommt Flügel

Lange war die Zeit an Bord eine Zeit der Unerreichbarkeit. Was manche sicher zu schätzen wissen, ist aber oft auch schlicht lästig. Was, wenn man die vom Team zu Hause erstellte Präsentation während des Fluges noch schnell herunterladen könnte? Warum zehn Stunden lang im E-Mail-Nirwana fliegen, um dann direkt nach der Ankunft von zehn dringenden Mails überrollt zu werden?

Aber auch für den Service und Flugbetrieb bietet der „Anschluss“ des Flugzeugs ans Internet deutliche Vorteile: Die neuesten Nachrichten können auf einen On-Board-Server geladen und weiterverteilt werden, Surfen im Internet ergänzt die Bordunterhaltung, Informationen über Anschlussflüge oder Unregelmäßigkeiten können schon in der Luft gegeben werden. Umgekehrt können Triebwerksdaten oder aktuelle Wartungsfälle bereits während des Fluges an den Boden gesandt werden, sodass der Mechaniker mit dem richtigen Ersatzteil in der Hand bereits da ist, wenn die Maschine landet. Oder aktuelle Daten zu Crewumlauf oder Navigation können „live“ an Bord gesandt werden – doch davon später mehr.

Bereits vor dem Jahr 2000 wurden bei Lufthansa erste Ideen diskutiert, wie das Internet an Bord kommen könnte. Ein Projektteam wurde installiert, und schnell wurde klar, dass das Thema nur in einer breiten Zusammenarbeit von vielen Teilen des Lufthansa Konzerns bewegt werden konnte: Lufthansa Passage definierte, wie der neue Service für die Fluggäste und für den Flugbetrieb aussehen sollte. Die Kompetenz von Lufthansa Technik war gefragt für den Einbau der notwendigen Gerätschaften – z. B. der Satellitenschüssel – in die Flugzeuge. Und Lufthansa Systems verantwortete den IT-Teil mit dem Betrieb der On-Board-Server und -Netzwerke und ihrer Counterparts am Boden.

Man entschied sich für eine breitbandige Lösung, die eine Geschwindigkeit etwa zwischen ISDN und DSL ermöglichte, denn schon zu Beginn des Projektes war klar, dass die Kunden im Flugzeug nicht langsamer als zu Hause oder im Büro unterwegs sein wollten. Außerdem war nur so die Bandbreite vorhanden, um später noch genug Platz für weitere Anwendungen zu haben.

Zunächst wurde Ende 2002 eine Boeing 747 mit dem entsprechenden Equipment für eine mehrmonatige Testphase ausgestattet. Dabei wurden gleich zwei innovative Technologien kombiniert: Nicht nur die Anbindung eines fliegenden Flugzeugs über ein Satellitennetz ans Internet, sondern auch die Verteilung innerhalb des Flugzeugs über ein Wireless LAN wurde erprobt. Das Flugzeug wurde zum fliegenden Hotspot, die 350 angeschlossenen Plätze entsprechen übrigens etwa dem Netzwerk eines mittelgroßen Unternehmens.

Die Resonanz war überwältigend, und so wurde in 2003 entschieden, den Breitband-Internet-Zugang Schritt für Schritt in der gesamten Flotte einzuführen.

Heute fliegen schon über 30 Maschinen bei Lufthansa mit Internet, und bis 2006 wird die gesamte Interkontinentalflotte mit 80 Maschinen ausgestattet sein.

Ausflug: Der „Nährboden" für Innovationen

Konkrete Herausforderung

Am Anfang einer jeden Innovation muss eine konkrete Herausforderung stehen. Diese kann eher technischer Natur sein oder – besser (!) – vom Markt und vom Kunden her kommen. Solche Herausforderungen werden durch Fragen formuliert wie:

- Kann man einen „Rüttler" bauen, der die Flugplanung automatisiert?
- Wie vereinfache ich die Flugreise am Boden radikal?
- Wie gebe ich dem Passagier einen „Schlüssel zur Lufthansa-Flotte" in die Hand?
- Wie bekommen wir das Internet an Bord?

Die Herausforderung sollte klar, einleuchtend und nicht „zu kurz gesprungen" sein. Ein gutes Beispiel ist sicher die Mondlandung, so wie sie Präsident Kennedy am 25. Mai 1961 ankündigte:

„... before this decade is out, [...] landing a man on the moon and returning him safely ..."

Wichtig ist zu verstehen, dass nicht einfach das Erreichen der Herausforderung mit Innovation identisch ist. Es ist vielmehr der Weg dorthin, der Innovationen generiert. In der Auseinandersetzung mit der Herausforderung bilden sich die Teams und die Denkstrukturen, die auf dem Weg selbst, aber sozusagen auch rechts und links davon, Innovationen und Neues entstehen lassen. Das mag die viel zitierte Teflonpfanne sein, die zwar mit Sicherheit kein Produkt der Raumfahrt ist, die aber so zumindest ihren Markt fand. Ebenso waren das elektronische Ticket etix® und das Marktmodell für die Netzplanung zunächst solche „Abfallprodukte", die dann auf dem Weg hin zu einem größeren Ziel einen eigenständigen Nutzen und eine unabhängige Daseinsberechtigung erhielten.

Hochleistungsteam

Das Arbeiten an der Herausforderung führt nur zu Erfolgen, wenn ein Team aus motivierten und fähigen Mitarbeitern daran arbeitet. Umgekehrt sind es aber auch gerade solche Herausforderungen, die die wirklich exzellenten Mitarbeiter anziehen, motivieren und binden.

Man kann mit Fug und Recht vermuten, dass die Wahl einer geeigneten Herausforderung auch für die Gewinnung dieser Mitarbeiter von entscheidender Bedeutung ist. Das Setzen von anspruchsvollen Zielen ermöglicht es überhaupt erst, ein Team zusammenzustellen, das leistungsfähig genug ist und wirklich innovativ arbeiten kann. Es darf zum Beispiel gefragt werden, ob die USA heute nicht Schwierigkeiten hätten, eine weitere Mondlandung durchzuführen. Das Ziel ist nicht mehr interessant genug, um die wirklich guten Mitarbeiter dafür zu begeistern. Und die zweite Garde wäre sicher nicht gut genug.

Manager und Vorstände sind daher gut beraten, über die „großen" Ziele, die sie ihrer Organisation mitgeben, gut nachzudenken. Dabei kommt es gar nicht unbedingt darauf an, dass es genau das richtige Ziel ist. Vielmehr muss der Weg zum Ziel sozusagen durch eine interessante Landschaft führen, in der es wahrscheinlich ist, dass es für Unternehmen und Kunden zu relevanten Innovationen kommt.

Das Team selbst muss den richtigen Mix aus „alten Hasen" und „jungen Hüpfern" mitbringen. Es braucht die Unruhestifter, die Hinterfrager und die Vordenker. Nur der Unerfahrene kann wirklich neue Erfahrungen sammeln. Nur der allem Bestehenden gegenüber Misstrauische wird genug Energie haben, auch noch zum fünften Mal die Frage nach dem „Warum so und nicht anders?" zu stellen.

Es braucht aber auch die Erfahrenen, die Kenner und die Wissenden. Sie definieren ein Stück weit das Spielfeld, auf dem die anderen sich bewegen. Sie sind diejenigen, die den Realitätscheck einfordern, und oft auch ganz schlicht die, die die richtigen Kontakte in der Organisation haben oder zumindest herstellen können.

Natürlich spielen auch weitere Faktoren eine Rolle. De Bonos Theorie von den „sechs Hüten" ist vielleicht die beste Zusammenstellung von Rollen, die ein Team besetzen sollte – wobei es nicht notwendig ist, dass jeder „Hut" tatsächlich durch eine einzelne Person vertreten ist. Wichtig ist nur, dass der jeweilige Aspekt in der Arbeit kontinuierlich Berücksichtigung findet.

Ein Hochleistungsteam besteht normalerweise aus nicht mehr als vier bis sechs Personen. Natürlich sind für größere Projekte oft auch erheblich größere Teams notwendig. Aber es muss diesen einen Kern geben, der alles zusammenhält und von dem die Energie ausgeht. Wenn eine große Aufgabe erst einmal so weit strukturiert ist, dass sie sich sinnvoll (!) in Module zerlegen lässt, kann man für jedes dieser Module wieder ein Hochleistungsteam mit vier bis sechs Personen installieren. – Aber auf keinen Fall vorher, sonst produziert ein zu großes Team künstliche Komplexität, die sich bis zum Ende des Projektes und oft darüber hinaus nicht mehr einfangen lässt!

Der weiße Hut ...
... sucht nach Information.
... fragt: „Was sind die Fakten?“
Der schwarze Hut ...
... spielt den Advokaten des Teufels.
... fragt: „Was sind die Risiken?“
Der rote Hut ...
... nutzt die Intuition.
... fragt: „Was fühlen wir?“
Der grüne Hut ...
... steht für Kreativität.
... fragt: „Was wäre, wenn...?“
Der gelbe Hut ...
... ist konstruktiv.
... fragt: „Was sind die Vorteile?“
Der blaue Hut ...
... organisiert und plant den Prozess.
... fragt: „Haben wir an alles gedacht?“

Abbildung 2: De Bono: Die sechs Hüte

Innerhalb des Teams gibt es idealerweise eine Arbeitsteilung, die nicht primär mit Modulen oder Komponenten des größeren Werkes zu tun hat, sondern vielmehr die verschiedenen Rollen aus de Bonos Modell abdeckt. Das Team sollte im Kern so klein sein, dass jeder noch „alles“ wissen kann. Nur so können nämlich die verschiedenen Aspekte des Denkens und Arbeitens, die die Hüte darstellen, ihre Objekte überhaupt erkennen und bearbeiten.

Unternehmerischer Freiraum

Damit Neues entsteht, muss Freiraum geschaffen werden. Es fängt schlicht damit an, dass die Teammitglieder Zeit für die Aufgabe haben und ihre Energie möglichst vollständig darauf verwenden können. Dieser Freiraum kann „von oben“ vorgegeben sein, er sollte aber mindestens ebenso sehr auch vom Team selbst genommen werden. Freiheit kann man nicht anordnen, sie muss gelebt werden.

Kluge Vorgesetzte und Vorstände werden aber zum unternehmerischen Freiraum zumindest so viel beitragen, dass sie einen klaren Rahmen vorgeben und diesen dann auch nicht mehr verändern. Sie werden also einen klaren Budgetrahmen schaffen und sich nicht in einzelne Entscheidungen hineinhängen, sondern das Team ermutigen, vielleicht manchmal sogar zwingen, selbst zu entscheiden und nach Lösungen zu suchen. Und sie werden insbesondere dafür sorgen, dass der Prozess der Teambildung gefördert und nicht gestört oder gar unterbrochen wird. Sie werden aber auch auf die Erreichung des Zieles drängen und keine Entschuldigungen akzeptieren. Sie werden für personelle Kontinuität sorgen und nicht durch Umpriorisierungen die Teamzusammensetzung „von außen" ändern. Das wird nicht leicht sein, denn viele Mitglieder des Hochleistungsteams sind natürlich solche, die auch an vielen anderen Baustellen gebraucht werden.

Ein innovatives Team wird Regeln brechen, Dinge „unerhört" neu denken und muss (!) daher mit der Routineorganisation in Konflikt geraten. Die gewachsene Organisation sieht im Projekt einen Unruhestifter und eine Gefahr für einzelne wohl durchdachte Arbeitsabläufe oder gar für die Organisation als Ganzes. Umgekehrt ist das Projektteam oft nicht gewillt und in der Lage – weil es auch nicht seine Aufgabe ist (!) –, die Verdienste der Routineorganisation anzuerkennen, die ja immerhin das Unternehmen oder den Bereich „am Laufen" hält und damit (hoffentlich) Geld verdient.

Dieser Konflikt ist notwendig und konstruktiv, die Unternehmensleitung sollte ihn nicht verhindern, er ist Teil eines Lernprozesses. Sie kann aber versuchen, diesen Lernprozess zu organisieren; zunächst einmal, indem sie ihn schlicht und einfach zur Kenntnis nimmt und im weiteren Verlauf – aber nicht zu früh (!) – durch Regeln und Entscheidungen in konkrete Handlungen umsetzt.

What's next: Welche Innovationen stehen an in der Airline-Industrie?

Wir haben bislang einige innovative Entwicklungen der Vergangenheit näher betrachtet, und wir haben uns mit der Frage beschäftigt, wie man einen solchen Prozess gestalten und steuern kann. Was bleibt, ist die Frage: „Wo geht die Reise hin?"

Naturgemäß ist es schwierig, die konkrete Entwicklung zu prognostizieren, aber es mag hilfreich sein, sich einmal mit den Chancenfeldern zu beschäftigen, auf denen künftig innovative Entwicklungen stattfinden werden. Diese Chancenfelder zu erschließen, sie als Herausforderungen zu begreifen, wird für die Industrie wesentliche Impulse setzen, und es steht zu erwarten, dass die Airlines, die hier als Erste Antworten finden, daraus einen Wettbewerbsvorteil ziehen werden.

Integration Preissetzung, Verfügbarkeitssteuerung und Flugabwicklung

Die Airline-Industrie lebt von einem ständigen Kampf um Effizienz. Zum einen fallen die Durchschnittserlöse, gemessen als Erlös pro geflogenem Passagierkilometer, stetig. Zum anderen gibt es eine Reihe von Kosten, die entweder tendenziell steigen, wie z. B. die Personalkosten, oder die für die Airlines kaum oder gar nicht beeinflussbar sind, wie z. B. die Treibstoffkosten.

Um in diesem Umfeld zu überleben, muss die Produktion immer passgenauer auf die Nachfrage zugeschnitten werden, um Leerkosten zu reduzieren und trotz der verfallenden Durchschnittserlöse doch noch ein Preispremium erwirtschaften zu können.

Der vielleicht anschaulichste Beleg für die ständige Effizienzsteigerung der Airline-Industrie ist die Entwicklung des Sitzladefaktors (definiert als der Quotient zwischen beförderten Passagierkilometern und angebotenen Sitzkilometern). Diese Kern-Kenngröße für die Effizienz der ganzen Industrie steigt seit 30 Jahren um ziemlich genau 0,6 Prozent pro Jahr. Und das im Langfristtrend, ganz unbeeinflusst von aktuellen Entwicklungen – sei es die Ölkrise der siebziger Jahre, die Deregulierung der US-amerikanischen Airline-Industrie in den Achtzigern oder die Folgen der Terroranschläge des 11. September 2001.

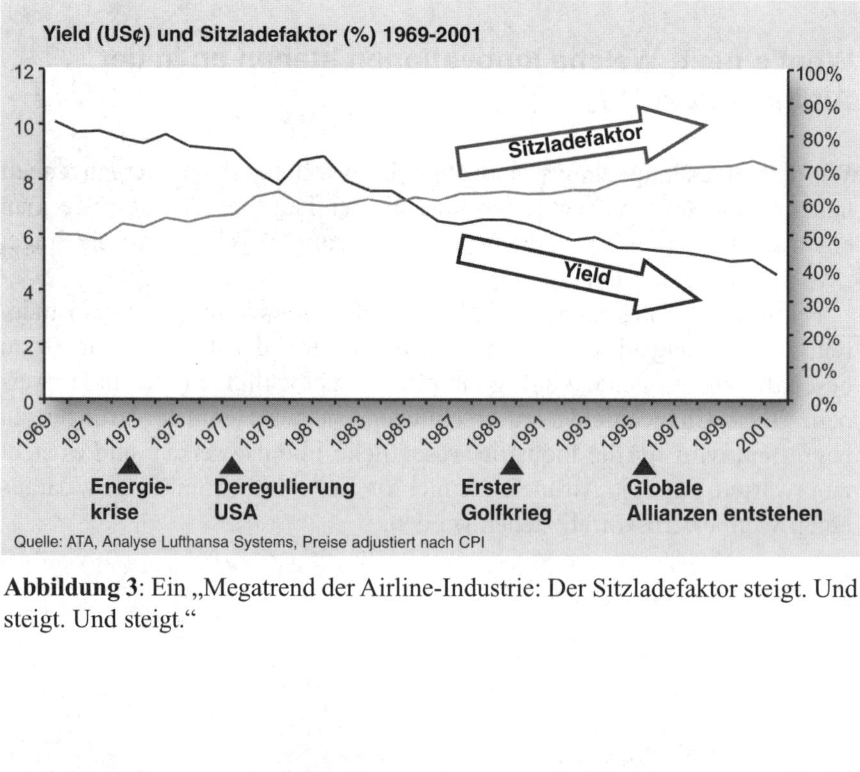

Abbildung 3: Ein „Megatrend der Airline-Industrie: Der Sitzladefaktor steigt. Und steigt. Und steigt."

Dahinter steht ein ständiger Kampf um mehr Effizienz, der mit immer raffinierteren Verfahren, ein Flugangebot zu gestalten und dann optimal im Markt abzusetzen, geführt wird.

Der Sitzladefaktor als Steuerungskriterium ist nicht unumstritten, denn für den Erfolg einer einzelnen Airline oder gar einer einzelnen Strecke tritt natürlich auch die Frage nach den durchschnittlichen Erlösen oder nach den Kostenstrukturen in den Vordergrund. Aber er ist und bleibt letztlich ein hervorragendes Maß für die Effizienz sowohl der Industrie insgesamt als auch ihrer einzelnen Teilnehmer. Erfolgreiche Airlines sind deshalb in der Entwicklung des Sitzladefaktors ihren Mitbewerbern um einige Jahre voraus. Die Passage Airline der Lufthansa liegt typischerweise etwa zwei bis drei Jahre vor dem Durchschnitt ihrer europäischen Mitbewerber. Auch die Low Cost Carrier zeichnen sich durch einen Sitzladefaktor aus, der erheblich über dem der „klassischen" Airlines liegt; Ryanair etwa verzeichnete in 2004 mit über 83 Prozent Sitzladefaktor einen Abstand von fast 9 Prozentpunkten gegenüber Lufthansa, und die wiederum lag 1 bis 2 Prozentpunkte über British Airways oder Alitalia.

Schreibt man die aktuelle Wachstumsrate des Sitzladefaktors fort, so wird etwa in den 2040er Jahren die 100-Prozent-Marke erreicht. Es mag schwer sein, aber Airline Manager werden gut daran tun, sich tatsächlich sehr konkret mit der Vorstellung von 100 Prozent Sitzladefaktor in 2050 auseinander zu setzen. Letztlich spricht alles dafür, dass der Sitzladefaktor weiter steigen und sich der 100-Prozent-Marke nähern wird.

Wenn heute Airlines einen Flugplan veröffentlichen, dann tun sie dies mit konkreten Abflug- und Ankunftszeiten und im Allgemeinen sogar mit ganz konkreten Flugzeugkapazitäten je Einzelflug. Der Verkauf hat dann die Aufgabe, diese angebotene Kapazität möglichst umsatzoptimal abzusetzen. Als Steuerungsinstrument steht dafür insbesondere das „Revenue Management" zur Verfügung, mit dem die Verfügbarkeiten einzelner Preisklassen je Einzelflug, abhängig von Prognosen, der Zeit vor dem Abflug und mit bestimmten Tarifen verbundenen Restriktionen gesteuert werden. Mit diesen Methoden gelingt es heute gut, in verschiedenen Kundensegmenten (etwa Geschäftsreisende vs. Touristen) deutlich unterschiedliche Preise durchzusetzen.

Aber letztlich ist das heutige Revenue Management immer der Versuch, einen gegebenen Flugplan möglichst gut abzusetzen. Würde man nun parallel auch den Flugplan mit verändern, ergäben sich neue Chancen zur Optimierung. Der erste Schritt dazu ist, nicht mehr konkrete Flugzeugtypen je Einzelflug einzuplanen, sondern nur noch eine Flugzeugklasse, also etwa Airbus A 319/320/321 oder Boeing 737-x. Die konkrete Gerätegröße wird dann in einem Optimierungsprozess integriert mit der Verfügbarkeitssteuerung optimiert: Flüge mit hoher Nachfrage erhalten mehr Kapazität, solche mit geringerer werden entsprechend mit kleinerem Gerät bedient. Dabei sind natürlich auch alle operativen Restriktionen zu berücksichtigen, aber heutige Optimierungssysteme sind in der Lage, diese komplexen Probleme ausreichend schnell zu bearbeiten.

Ein wichtiges Thema sind aber auch die personalpolitischen Implikationen. Wird erst kurzfristig festgelegt, welches Flugzeug wohin fliegt, so kann auch die Crew davon erst kurzfristig erfahren. Heute basiert ein wesentlicher Teil des Crew-Zuordnungsprozesses auf so genannten „Requests", mit denen die Crew Member einen Teil ihrer Einsätze circa sechs Wochen im Voraus selbst definieren können. Die Umsetzung einer hochflexiblen Flugplanung würde es notwendig machen, das Requestsystem deutlich zu ändern.

Aber man kann natürlich noch weiter denken: Die Airlines könnten nicht mehr einzelne Flüge und Verbindungen verkaufen, sondern „Zeitslots", innerhalb derer sie dem Kunden zusichern, den Transport von A nach B durchzuführen. Der Geschäftsreisende bucht – zu einem höheren Preis – einen Zeitslot, der weiterhin einfach identisch mit einem konkreten Flug ist. Der Tourist aber erhält – gegen einen entsprechenden Preisnachlass – zunächst nur die Zusicherung, dass die Beförderung „im Laufe des Tages X" oder sogar nur „Anfang der Woche Y" stattfinden wird, und er wird vielleicht erst am Tag vorher per SMS informiert, wann genau er am Flughafen erscheinen soll. (So ungewöhnlich, wie er auf den ersten Blick klingt, ist der Gedanke übrigens gar nicht – viele Charter-Carrier agieren heute schon ähnlich.)

Neben der Frage, wie solche Zeitslots im Markt einzuführen wären, liegt die Herausforderung hier auch darin, dass alle heutigen Buchungssysteme nur die Buchung von konkreten Flügen zulassen. Die Airlines müssten also über ganz neue Wege zur Distribution nachdenken. Sie würden im Gegenzug aber nicht nur eine schlichte Buchung von ihren Kunden erhalten, sondern viel mehr Transparenz über das, was die Kunden tatsächlich wünschen. Statt „um 13.15 Uhr" wäre der Wunsch etwa „um die Mittagszeit" oder „irgendwann Montag". Statt „nach Nizza" möchte der Kunde vielleicht „irgendwo an die Côte d'Azur" oder einfach nur „in den Süden".

Eine weitere Möglichkeit, den Sitzladefaktor weiter zu steigern, besteht in Stand-by-Tarifen. Diese garantieren keine Beförderung mehr, sondern erlauben es umgekehrt der Airline, nach Bedarf noch freie Plätze kurz vor Abflug mit interessierten Passagieren aufzufüllen. (Auch dieses Verfahren klingt gewöhnungsbedürftig, aber Tatsache ist, dass schon heute die Angestellten der meisten Fluggesellschaften oft stand-by fliegen und damit gut zurechtkommen. Warum sollte man also nicht eine „Stand-by-Jahreskarte" mit genau diesem Recht auch an Kunden verkaufen?)

Ideen wie die eben geschilderten werden kommen. Die Frage ist eher: Wann? Dabei spielen wie schon erwähnt operative und personalpolitische Restriktionen eine Rolle. Viel wichtiger aber ist die Frage danach, wie solche Angebote im Markt aufgenommen werden.

Die Gefahr ist dabei eher, dass sie „zu gut" angenommen werden und Passagiere, die bislang bereit waren, einen höheren Reisepreis zu bezahlen, die neuen Wege nutzen, künftig die gleiche Leistung deutlich günstiger zu erhalten. In diesem Fall hätte die Airline nichts gewonnen.

Man wird also Verfahren entwickeln müssen, diese Kannibalisierung zu begrenzen, man wird den Markt bedeutend präziser modellieren müssen, als das heute der Fall ist, und man wird letztlich durch eine immer stärkere Integration der Prozesse Verkauf und Planung – sowohl prozessual als auch IT-seitig – weitere Optimierungspotenziale heben.

Seamless Passenger Service Flow

Nach wie vor ist das „Fliegen am Boden" oft der langwierigste und umständlichste Teil einer Flugreise. Vor den „Customer Touchpoints" im Airport, sei es Check-in, Pass- oder Sicherheitskontrolle, bilden sich gerade in Stoßzeiten lange Schlangen. Der Weg zum Sitzplatz im Flugzeug wird zum Hindernislauf, und Airline und Fluggast müssen dafür erhebliche Zeiten einplanen.

Immerhin wurde hier in den letzten Jahren mittels Check-in-Automaten, Internet-Check-in und automatischen Boarding-Gates eine ganze Reihe an Fortschritten erzielt. Erste Feldversuche zur automatisierten Grenz- und Passkontrolle mittels biometrischer Merkmale sind am Laufen.

Auf der anderen Seite stehen aber zunehmende Sicherheitsanforderungen und weiter steigende Passagierzahlen, die eine oft beschränkte Infrastruktur nutzen müssen. Viele Airlines bieten zwar Insellösungen für ihre „eigenen" Passagiere, die untereinander nicht interoperabel sind. So findet man in mancher Flughafenhalle heute zwei oder drei verschiedene Typen von Check-in-Automaten, die jeweils nur für Fluggäste einer Airline oder eine Airline-Allianz nutzbar sind.

Künftig wird man sich weniger die Frage stellen, wie man einzelne „Customer Touchpoints" weiter optimiert, sondern eher untersuchen müssen, ob nicht einige dieser Touchpoints ganz eliminiert werden können. So ist zum Beispiel der Check-in-Vorgang ja nicht ein Element des Kundenservice, der einen eigenständigen Mehrwert für den Passagier bietet – oft ganz im Gegenteil! Check-in ist vielmehr ein technischer Vorgang, der durch Eckpunkte des Luftverkehrs (keine „Stehplätze“ an Bord, Notwendigkeit der Erstellung eines Ladeplans, Überbuchungsverfahren) notwendig wird und bei dem der Passagier seine Ankunft am Flughafen „meldet“ und die Airline ihm einen konkreten Sitzplatz zuweist. Hat der Passagier Gepäck, so wird dieses im Allgemeinen im gleichen Arbeitsgang entgegengenommen und auf seinen gesonderten Weg geschickt.

Mobile Technologie wird hier ganz neue Verfahren ermöglichen, die den heutigen Check-in-Vorgang ersetzen werden. Schon heute hat praktisch jeder Flugreisende ein Mobiltelefon, und diese Technologie wächst nun zusammen mit der der Personal Digital Assistants. GPRS und künftig UMTS oder auch Hotspots mit WLAN sorgen dafür, dass Fluggast und Airline jederzeit miteinander kommunizieren können. Künftig wird auch Lokalisierungstechnologie hinzukommen, sodass es möglich sein wird, bereits mit der Ankunft am Flughafen den Check-in-Vorgang automatisch auszulösen. Der heutige Check-in-Automat wird überflüssig, und auch das Boarding kann dann an speziell ausgerüsteten Durchgängen über den PDA erfolgen.

Im nächsten Schritt wird man auch noch das Gepäck mit einem Wireless Tag ausstatten, der über eine Entfernung von einigen Metern ausgelesen werden kann und das Gepäckstück eindeutig identifiziert und einem Kunden zuweist.

Damit entfällt auch ein separates Einchecken des Gepäcks; einfaches „Einwerfen“ an einer definierten Stelle reicht, der Koffer wird elektronisch identifiziert und mit dem Flug befördert, auf dem sein Besitzer eingecheckt ist. Sollte es noch Rückfragen geben (Übergepäck, Endziel etc.) kann der Fluggast das bequem von der Lounge oder vom Gate aus mit seinem PDA klären.

Auch Sicherheits- und Passkontrolle werden von neuer Technologie profitieren. Zum einen ist davon auszugehen, dass im Rahmen von „Trusted Traveller Programs“ bestimmte Personengruppen in den Genuss einer vereinfachten Sicherheitsüberprüfung und Passkontrolle kommen. Die Identifikation der Kunden erfolgt dabei über eine Smart-Card oder eben auch wieder über den Personal Digital Assistant.

Nach vielen Versuchen von Stimmerkennung bis zum Abgleich der Gesichtszüge kristallisieren sich zunehmend einige zuverlässige und einfach anwendbare Verfahren zur biometrischen Identifikation heraus. Dazu gehört zum Beispiel das Prüfen des Fingerabdrucks oder das Scannen der hochindividuellen Musterung der Iris. Gerade letzteres Verfahren hat neben der hohen Sicherheit und Zuverlässigkeit auch den Vorteil der Berührungslosigkeit. Die notwendigen Digitalkameras zur Aufnahme der Iris sind mittlerweile kostengünstig und zuverlässig. Außerdem hat der Vorgang der Iris-Erkennung viel Ähnlichkeit mit der herkömmlichen „Gesichtskontrolle" bei der Einreise und dürfte daher auch bei den Kunden am ehesten auf Akzeptanz stoßen.

Fazit: Die Zukunft des Bodenservice liegt nicht in mehr Service am „Customer Touchpoint", sondern gerade in der Elimination dieser Customer Touchpoints. Ziel muss ein „Seamless Service Flow" sein, d. h. der Fluggast bewegt sich frei zum Airport und durch diesen hindurch. Vermittelt durch seinen PDA, der die aktuelle Umgebung wahrnimmt und mit ihr kommuniziert, werden ihm Services wie z. B. Sitzplatzauswahl und Wegweiser oder auch eine – natürlich lokationsabhängige – freundliche Empfehlung angeboten, sich nun langsam zum Gate zu begeben.

Digitalisierung Bordprozesse

Wer heute einen Flugkapitän mit seiner schweren Kartentasche (genannt „Navkit") auf dem Weg zum Flugzeug sieht, könnte meinen, dass Flugzeuge nicht mit Kerosin, sondern mit Papier angetrieben werden. Alleine Lufthansa bringt pro Jahr etwa 60 Tonnen Papierkarten an Bord der Flugzeuge. Aus diesen Karten gehen Routen, Anflug- und Abflugverfahren oder auch Pläne mit Taxiways und Gates je Airport hervor. Wenn man bedenkt, dass diese Karten natürlich nicht nur für den jeweiligen Start- und Zielflughafen, sondern auch für alle möglichen Ausweichflughäfen entlang der Route vorhanden sein müssen, kann man sich vorstellen, dass hier einiges zusammenkommt und dass dahinter ein aufwändiger und natürlich sicherheitsrelevanter Logistikprozess liegt.

Die Daten dieser Karten unterliegen ständigen Änderungen: Funkfeuer werden verlegt, Anflugverfahren geändert oder auch Start- und Landebahnen zeitweise gesperrt. Kurzfristige Änderungen werden dabei durch so genannte NOTAMs („Notice to Airmen") publiziert.

Schon vor dem Flug spielen die Navigationsdaten in Kombination mit den aktuellen Wetterdaten eine wichtige Rolle. Da muss zunächst für jeden Flug eine konkrete Flugroute festgelegt werden. Dabei spielen Flugzeug-Performance, Beschränkungen der Luftwege über bestimmten Ländern, die Windsituation in großer Höhe und schließlich die Verfügbarkeit von Ausweichflughäfen eine Rolle. Die Wahl der Flugroute hat großen Einfluss auf den Kraftstoffverbrauch und auf die Überfluggebühren und beeinflusst damit die Gesamtkosten eines Fluges erheblich.

Außerdem ist der Flugzeugführer vor jedem Flug verpflichtet, sich einen vollständigen Überblick über die Gegebenheiten entlang seiner Route zu verschaffen. Dies geschieht im Rahmen des so genannten Briefings, in dem er sich zum einen mit der Route selbst, aber auch dem zu erwartenden Wetter und eben den betreffenden NOTAMs beschäftigt – ein insgesamt zeitaufwändiger Prozess.

Mittlerweile gibt es Systeme, die auf Basis der aktuellen Wettersituation in Kombination mit den aktuellen NOTAMs eine optimale Flugroute ausrechnen. Die Ersparnis einer optimierten Route gegenüber einer „von Hand“ geplanten liegt dabei für Langstreckenflüge in der Größenordnung von über 1.000 Euro pro Flug. Bei vielen zigtausend Flügen pro Jahr ergeben sich damit erhebliche Einsparungen.

Gleichzeitig können diese Systeme die für den Flug und das Briefing benötigten Daten weitgehend automatisch zusammenstellen und für den Piloten aufbereiten.

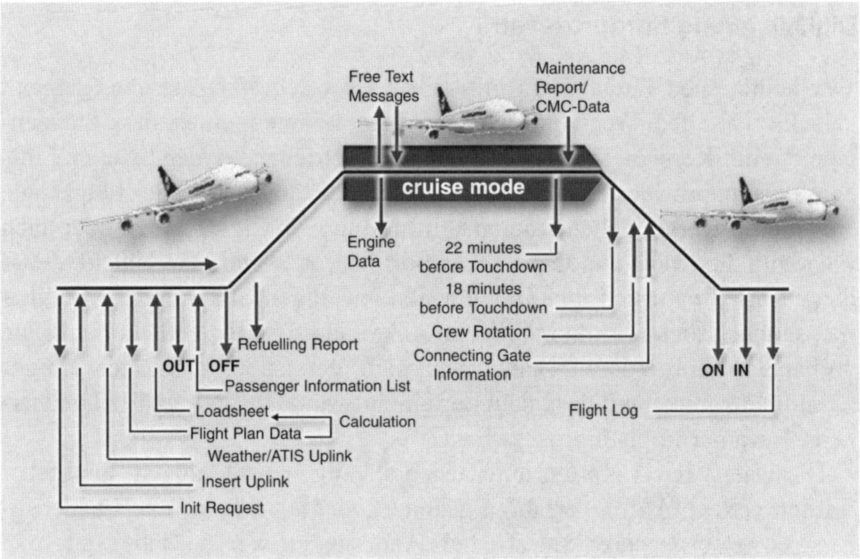

Abbildung 4: Flugphasenabhängige Datenübertragung

Die nächsten Schritte werden nun dahin führen, dass die Flugkarten nicht mehr wie heute von Hand gezeichnet, sondern zunächst alle relevanten Daten in einer geographischen Datenbank erfasst und gespeichert werden. Aus dieser Datenbank heraus werden dann die Karten generiert. Damit sind zum einen Updates ohne großen Aufwand möglich, aber was noch viel wichtiger ist: Jedes Objekt auf der Karte „weiß“ nun, was es ist! Wenn zum

Beispiel eine NOTAM auf den Ausfall eines Funkfeuers verweist, so kann diese Information in der Karte direkt an die Darstellung des Funkfeuers angeheftet werden.

Es wird bei diesen „intelligenten“ Karten möglich sein, sie dynamisch und in Abhängigkeit von der Flugsituation zu generieren und sie im Cockpit entweder auf einem „Electronic Flight Bag“ oder sogar direkt in den Cockpitinstrumenten darzustellen. Die Karte wird dann nur genau das zeigen, was notwendig und aktuell wichtig ist, und z. B. andere Anflugwege einfach ausblenden. Ein dynamischer Update-Prozess sorgt dafür, dass stets die aktuellsten Daten dargestellt werden, und dieser Prozess versorgt die Crew auch bereits vor dem Flug mit einem maßgeschneiderten Briefing-Package, das den Piloten auf ihr Notebook überspielt wird.

Dann wird man den Kapitän auf dem Weg zum Flug nur noch an seiner Uniform erkennen und nicht mehr an der schweren Kartentasche.

Fazit

Seit der Erfindung des Motorfluges im Jahre 1903 ist mit dem Luftverkehr eine Industrie entstanden, die die Welt verändert hat. Fast wie bei dem aus der Halbleiterindustrie bekannten „Moore’s Law“ (der Verdoppelung der Packungsdichte von Halbleitern alle 18 Monate) unterliegt die Luftverkehrsindustrie einem ständigen Ringen um mehr Effizienz. Sie erfindet dabei ständig neue Prozesse und Verfahren; sie lebt geradezu von Innovationen. Viele dieser Innovationen sind heute ohne Informationstechnologie nicht mehr denkbar. Immer mächtigere Computer erlauben neue Optimierungsverfahren, schnelle Kommunikationsnetze ermöglichen den Austausch von Informationen weltweit und im Sekundenrhythmus.

Auch künftig werden nur die Airlines erfolgreich sein, die immer wieder in der Lage sind, sich neu zu erfinden, und denen es gelingt, Technologie in konkrete, Kosten senkende oder Kundennutzen stiftende Prozesse umzusetzen.

Wir dürfen gespannt sein.

III. Management komplexer IT-Systeme

Christoph Ganswindt

Zehn Jahre erfolgreiche Zusammenarbeit zwischen Airline und Systemhaus

Im Rahmen der Konzernumstrukturierung im Jahr 1995 ist aus der ehemaligen EDV-Abteilung des Lufthansa Konzerns das rechtlich selbstständige Unternehmen Lufthansa Systems hervorgegangen; das Segment „IT-Services" ist eines der sechs damals neu entstandenen Konzerngeschäftsfelder. Aufgrund der Kenntnis der spezifischen Anforderungen der sensiblen Betriebs- und Geschäftsprozesse der Airline Lufthansa, die höchsten Anforderungen in puncto Sicherheit, Schnelligkeit, Zuverlässigkeit und Flexibilität genügen müssen, hat sich zwischen Lufthansa und ihrer IT-Tochter eine intensive strategisch-partnerschaftliche Zusammenarbeit entwickelt. Gerade im Hinblick auf sich ständig verändernde Wettbewerbsfaktoren sind die klassischen Passage-Airlines angehalten, durch strategische Partnerschaften ihre internen Kosten zu reduzieren und sich auf ihr Kerngeschäft zu fokussieren. Eine Möglichkeit besteht dabei, bei den IT-Kosten durch eine optimale Nutzung von „state-of-the-art"-Technologien anzusetzen. Dieser Beitrag möchte anhand einiger ausgewählter Projekte den Stellenwert und das weitere Potenzial der erfolgreichen Zusammenarbeit zwischen Airline und Systemhaus herausarbeiten.

Einheitliche Betreibermodelle

Eines der wichtigsten Projekte im Infrastrukturbereich, die die Lufthansa Passage gemeinsam mit Lufthansa Systems realisiert hat, betrifft die Standardisierung der gesamten IT-Infrastruktur (LAN, Server, Endgeräte) sowie die Migration von Windows NT auf XP.

Gemeint ist damit das Betreibermodell CAMPUS, das 2003 in ein neues Betreibermodell, CAMPUS eXPerience, übergeführt wurde. Hervorgegangen ist das Projekt im Jahr 1998 aus der Notwendigkeit, die weltweite Infrastruktur zu vereinheitlichen und zu standardisieren mit dem Ziel, Kosten zu optimieren, Effizienz zu erhöhen und Prozesse zu beschleunigen.

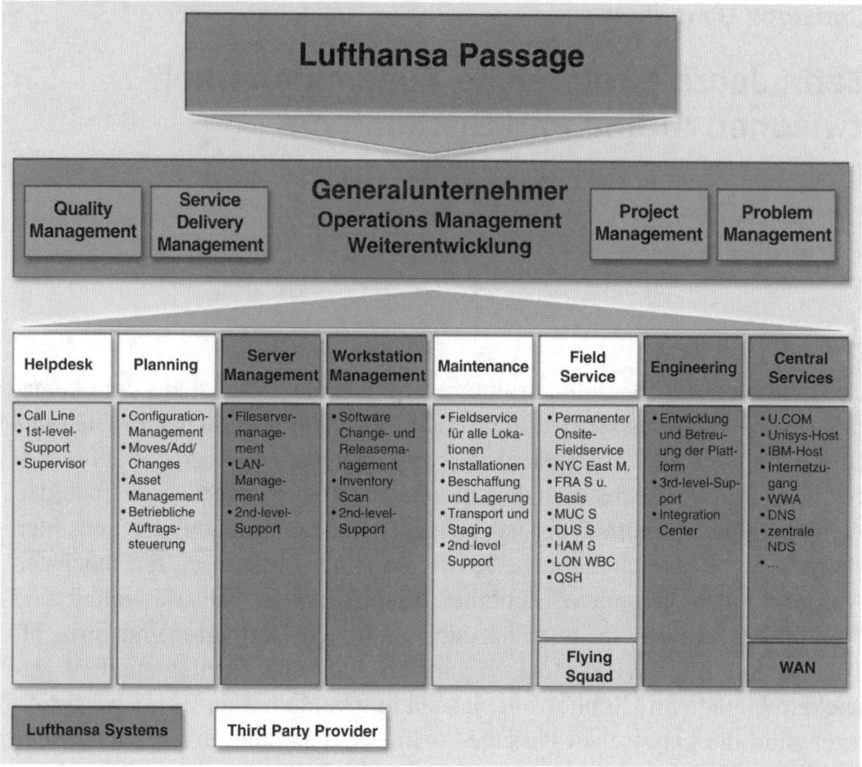

Abbildung 1: Die Komponenten und Providerstruktur von CAMPUS eXPperience

Im Rahmen des Nachfolgemodells CAMPUS eXPerience wurden weltweit an rund 350 Standorten circa 14.000 Arbeitsplätze der Lufthansa migriert. Nach der Aufstellung eines Konzeptes von Januar bis Juni 2002, der Ausschreibung und der Pilotphase erfolgte bis Ende Juni 2004 der Rollout an allen weltweiten Stationen. Die Generalunternehmerschaft vergab Lufthansa an ihre IT-Tochter. Ausschlaggebend dafür waren die guten Erfahrungen im Zusammenhang mit dem ersten Standardisierungsprojekt. Außerdem konnte Lufthansa Systems drei weitere Gewerke gewinnen. So zeichnet sich das Unternehmen für die Server-Umgebungen verantwortlich, welche die Verbindung zu den klassischen operativen Systeme wie Check-in oder Reservierung sicherstellen sowie für das Workstation-Management und das Engineering. Wesentliche Zielsetzung des neuen Betreibermodells war, die vorhandene Infrastruktur noch effizienter zu gestalten, die heute existierenden Technologien allen Lufthansa-Anwendern zur Verfügung zu stellen und die Kosten für IT-Leistungen zu senken und transparenter zu machen.

Die Mitarbeiter der Deutschen Lufthansa können mit der Einführung des neuen Arbeitsplatzmodells eine Reihe von Vorteilen nutzen. Es schließt die Arbeitsplätze der Mitarbeiter ein und bezieht sich auf die gesamte Hard- und Software, E-Mail und Internet-/Intranetzugriff sowie die dazugehörige Unterstützung (Helpdesk, Bestellabwicklung von IT-Leistungen). Bei CAMPUS eXPerience wurden die aus dem Vorgängerprojekt gesammelten Erfahrungen eingebracht. So konnte beispielsweise eine Reihe von Serviceleistungen (Lieferzeiten, Umzüge u. Ä.) optimiert werden.

Im Rahmen der Vertragsgestaltung zwischen Lufthansa und ihrer IT-Tochter wurden die Weichen für eine langfristige und partnerschaftliche Zusammenarbeit gestellt. Das Projekt ermöglicht der Lufthansa Passage, sich verstärkt auf ihr Kerngeschäft zu konzentrieren. Sie überträgt dabei die Verantwortung, die notwendigen Steuerungsmöglichkeiten und das unternehmerische Risiko für die IT-Leistungen im Rahmen der Generalunternehmerschaft an Lufthansa Systems. Bei den Arbeitsplätzen konnte eine Kostenreduktion von 30 Prozent erreicht werden.

Common Use Terminal Equipment (CUTE)

Die weltweiten Geschäftsprozesse einer Airline, gerade auch im Hinblick auf die Bedeutung von internationalen Allianzen und strategischen Partnerschaften im Luftverkehr, machen auch eine kontinuierliche Modernisierung der IT-Systeme im Check-in-Bereich notwendig: CUTE (Common Use Terminal Equipment) ist dabei ein weltweit einheitlicher Begriff, der die gemeinsame Nutzung einer Flughafen-eigenen Infrastruktur für die operativen Bereiche wie z. B. Check-in und Transfer für alle User beschreibt. CUTE ermöglicht verschiedenen Fluggesellschaften, sich an ein und demselben PC für die jeweils eigene Systemumgebung anzumelden und mit spezifischen Programmen auf alle notwendigen Kundendaten für Check-in, Boarding, Weight and Balance sowie andere Aufgaben zuzugreifen.

CUTE existiert seit 18 Jahren und wird bisher ohne größere Designveränderungen problemlos betrieben. An den über hundert weltweiten Lokationen der Lufthansa bieten derzeit vier CUTE-Provider Services an, welche sich jedoch in Details unterscheiden. Bei der Weiterentwicklung von Applikationen wurden hohe Anforderungen an das Wissen über die einzelnen CUTE-Provider gestellt. Hinzu kam die Anforderung, die alte WAN-Technologie auf moderne IP-Technologie umzustellen und ein neues Konzept der Sessionverwaltung umzusetzen.

Aufgrund der langjährigen Erfahrungen von Lufthansa Systems mit

Gemeinschaftssystemen fiel im Rahmen der Applikationsmodernisierung für die neuen Herausforderungen auch hier die Wahl der Lufthansa Passage auf ihre IT-Tochter. Gegenstand des Auftrags war die Entwicklung einer einheitlichen Plattform, die die Basis für die kommenden Generationen von Lufthansa-Applikationen sein soll, sodass diese unabhängig vom jeweiligen CUTE-Provider entwickelt werden können. Gleichzeitig soll damit auch der Grundstein für mögliche Erweiterungen in der Funktionalität gelegt werden, z. B. bei Intranet/Internet bzw. E-Mail.

Seit 2002 wurden 128 Lufthansa-Lokationen im Rahmen des Roll-outs der CUTE-Future-Plattform auf die zukunftsweisende IP-WAN-Infrastruktur umgestellt. Unter CUTE Future erhalten die Applikationen eine einheitliche Schnittstelle für alle CUTE-Systeme. Dies reduziert die bis dato notwendigen CUTE-Provider-Anpassungen in den Fachabteilungen. Kosten und Time-to-Market-Zeiten konnten somit erheblich gesenkt werden. Lufthansa Systems unterstützt hier auch in der kontinuierlichen Plattformentwicklung. In einem weltweit einzigartigen Testlabor können Entwicklungs- und Migrationstests durchgeführt werden, das WAN-Verhalten der Programme wird simuliert und netzwerktechnische Abnahmen werden durchgeführt. So konnten kostenaufwendige Vor-Ort-Tests oder Providerzertifizierungen minimiert werden. Seit 2004 werden diese Dienste ebenfalls von Star-Alliance-Partnern sowie anderen Kunden genutzt, was weitere Synergien und somit Kostensenkungen schafft.

Konsolidierung der Serverlandschaft

Gerade auch die heterogene Serverlandschaft einer international operierenden Airline muss immer wieder im Hinblick auf ihre Effizienz und Wettbewerbsfähigkeit überprüft werden. Hier kommt Lufthansa Systems ebenfalls eine sehr strategische Bedeutung zu. Mit der Vergabe der Konsolidierung der Serverlandschaft strebt die Lufthansa Passage an, die Transparenz von Betrieb und Prozessen zu erhöhen sowie die Qualität im Rahmen des Regelbetriebes zu steigern. Gegenstand dieser Konsolidierungsmaßnahmen, zusammengefasst in dem Projekt COPS&A (Consolidated Operation of Passage Servers & Applications), ist die gesamte von der Lufthansa Passage genutzte Serverlandschaft (500 physikalische Server, 220 Applikationen, Übernahme von Systemen, die bisher von Fremdprovidern betrieben werden).

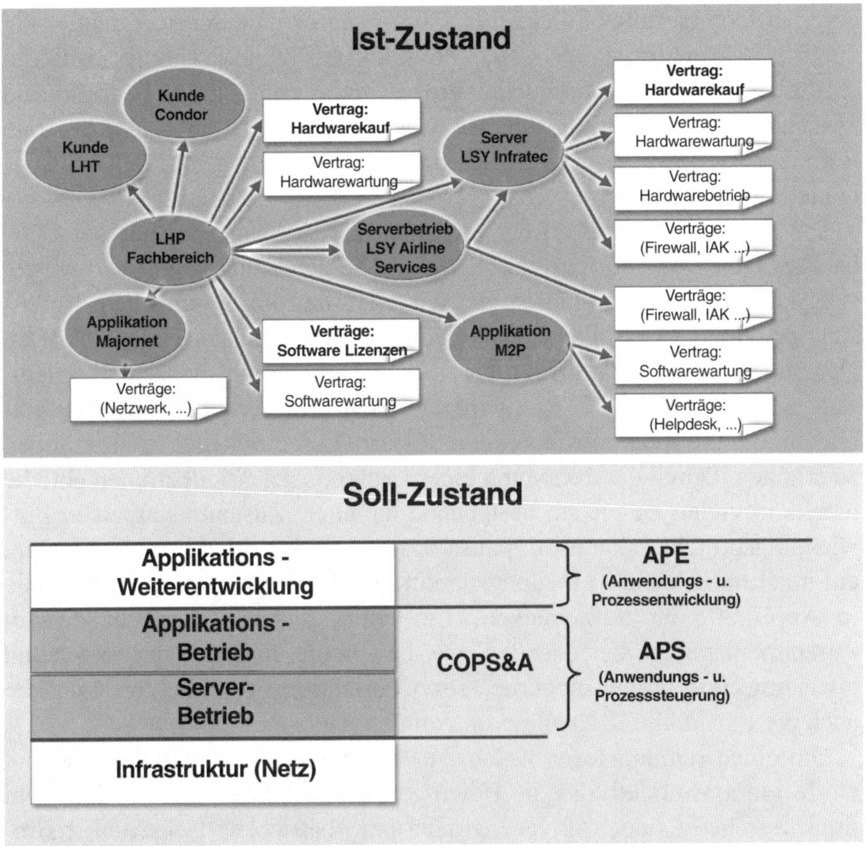

Abbildung 2: Die Serverlandschaft der Lufthansa Passage heute und zukünftig

Das Projekt bildet die Grundlage für die Realisierung einer Reihe von technischen, organisatorischen und betriebswirtschaftlichen Konsolidierungs- und Innovationspotenzialen. Im Rahmen dieses Projektes wurde ein Produktkatalog erarbeitet, mit dem Ziel standardisierter Leistungsbeschreibungen und Preise auf einer modularen Ebene. Ein Produktkatalog führt durch eine flexible Auswahl, Budgetierung, Bereitstellung, Erbringung und Abrechnung von Leistungen zu einer wesentlichen Vereinfachung des Leistungsbezugsprozesses.

Neben der Sicherstellung eines reibungslosen Routinebetriebs ist es Ziel, kontinuierlich moderne System- und Organisationskonzepte hinsichtlich ihrer Eignung zu bewerten und einzuführen. Vorrangig sind dabei Qualitätsverbesserungen, Kostenreduktion und Flexibilisierung (IT on Demand). Die Mittel dazu umfassen Bündelungseffekte durch Standardisierung und Konsolidierung der Systemlandschaft, eine gezielte Steuerung der Kosten durch differenzierteres Controlling, die fortschreitende Serviceorientierung durch z. B. Weiterentwicklung des Produktkataloges in Richtung abstrakterer Leistungen, die konsequente Prozessoptimierung im Leistungsbezug zwischen Lufthansa und Lufthansa Systems, gesteuert durch eine zentrale Betreiberorganisation, die Entwicklung und Umsetzung innovativer Preismodelle.

Die Standardisierung erfolgt in gemeinsamer Absprache mit der Lufthansa. IT on Demand wird durch technische Neuerungen wie Virtualisierungskonzepte und -verfahren zur schnellen und kostengünstigen Bereitstellung von IT-Ressourcen ermöglicht. Darüber hinaus bedeutet IT on Demand auch die Flexibilisierung auf betriebswirtschaftlicher und organisatorischer Ebene. COPS&A wird die dazu erforderlichen Prozesse etablieren, um die Reaktionsfähigkeit auf Business-getriebene Anforderungen zu erhöhen. Durch die Betreuung eines Großteils der Applikationen und die bereits in vielen Bereichen bestehende fachliche Zusammenarbeit in Entwicklungsprojekten kann Lufthansa Systems entscheidend dazu beitragen, auf inhaltlicher Ebene abteilungsübergreifende Konsolidierungspotenziale in Applikationen aufzudecken. Lufthansa Systems wird in diesem Zusammenhang das bestehende Know-how in diesen Bereichen nutzen und erweitern, um durch moderne, serviceorientierte Architektur-Konzepte auch die inhaltliche Konsolidierung zu unterstützen.

Um einen reibungslosen Ablauf sicherzustellen, umfasste das Angebot ein Migrationsmodell, das die Heterogenität der Systemlandschaft sowohl in technischer als auch in vertraglicher bzw. betriebswirtschaftlicher Hinsicht berücksichtigt. Durch das vorhandene Know-how in allen Bereichen des Projektes konnte sich Lufthansa Systems als zuverlässiger und kompetenter Partner für die Lufthansa Passage präsentieren. Das Unternehmen bietet damit eine Lösung an, welche die Basis für eine dauerhafte, schnelle und kosteneffektive Umsetzung der heutigen und zukünftigen Anforderungen der Lufthansa Passage schafft.

Konsolidierung von IT-Plattformen im Allianzverbund

Das Anfang der neunziger Jahre aufgekommene Phänomen der „No-frill"-Airlines führte dazu, dass diese Fluglinien Marktanteile in Kundensegmenten gewonnen haben, die bisher den klassischen Carriern wie Lufthansa, Air France oder British Airways vorbehalten waren. Hierdurch geraten die klassischen Fluggesellschaften, die sich in Allianzen zusammengeschlossen haben (Star Alliance, One World, Sky Team) zunehmend unter Kosten-

und Konkurrenzdruck. Somit müssen auch hier Prozesse optimiert und flexibler gestaltet werden.

Die Star-Alliance-Partner kommunizieren miteinander über unterschiedliche Schnittstellen und Systeme, die über unterschiedliche Technologien miteinander verbunden sind, was einerseits zu hohen Entwicklungs- und Betriebskosten und andererseits nicht zu einer einheitlichen Produktübersicht der Allianz-Partner führt.

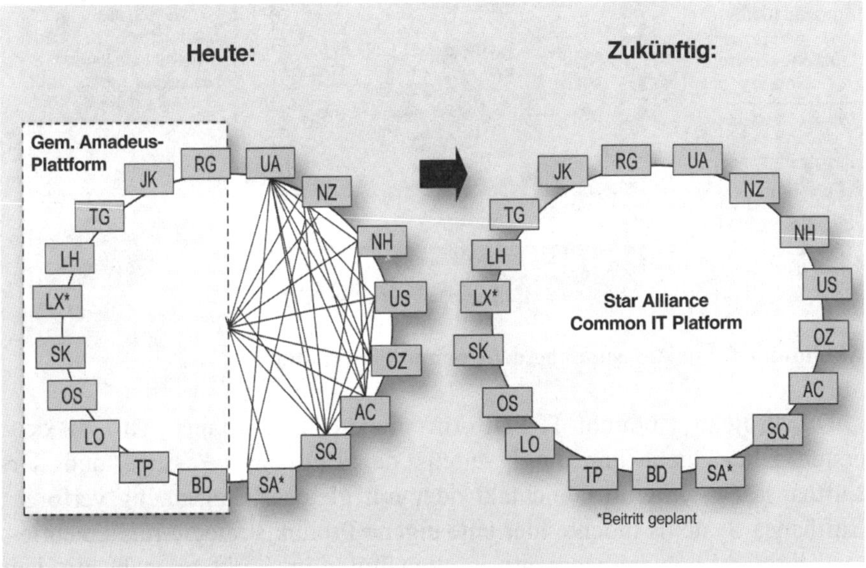

Abbildung 3: Schnittstellen bei der Kommunikation in der Star Alliance

Um die Systemumgebung weitgehend zu harmonisieren, hat Lufthansa bereits vor einigen Jahren mit ihren Partnern United Airlines und Air Canada eine Initiative gestartet, um die Systemlandschaften der verschiedenen Carrier zu harmonisieren. Diese so genannte „Common IT-Platform" bezieht sich in erster Linie auf die Prozesse Reservierung, Inventory- und Codeshare-Management, Ticket Management und Check-in/Flugabfertigung. Die angestrebte Systemarchitektur muss im Hinblick auf Zugriffssicherheit, Stabilität, Performance, heterogene Systemumfelder der beteiligten Fluggesellschaften und länderspezifische Daten und Prozesse höchsten Anforderungen genügen. Vorteile dieser Architektur ergeben sich durch die Migration der Fluggesellschaften auf eine modernste Technologie-Basis, die die heute noch betriebenen Systeme (die im Durchschnitt zwischen 15 und 30 Jahre alt sind) ablösen soll.

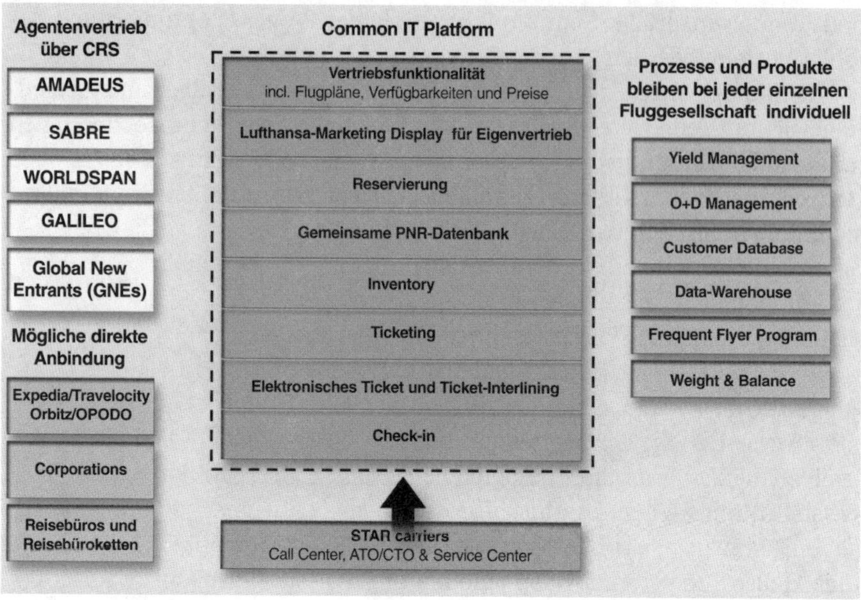

Abbildung 4: Funktionsumfang der Common IT- Platform

Das Projekt „Common IT-Platform" für die Star Alliance wird auf den ersten Blick nicht unbedingt seitens der Lufthansa Passage und der Lufthansa Systems im Gleichtakt oder mit gleicher Zielsetzung verfolgt. Lufthansa Systems möchte hier eine eigene Produktstrategie implementieren, die nicht notwendigerweise in allen Teilen im Einklang steht mit den Bedürfnissen der Lufthansa Passage und denen der Star Alliance. Dies heißt jedoch nicht, dass man hier gegeneinander antritt, sondern dass die Lufthansa Passage mit der Lufthansa Systems gemeinsam, wenn eine solche Plattform entwickelt wird, die entsprechende Integration durchführen wird.

Lufthansa muss hierbei auch weiterhin strategische Added-Value-Applikationen für Kernsysteme wie Reservierung, Check-in und Inventory mit Lufthansa Systems entwickeln. So wurde bereits vor einigen Jahren die Entwicklung einer neuen Check-in-Oberfläche bewusst an Lufthansa Systems vergeben, um die dort vorhandenen Kernkompetenzen in diesem Prozessbereich zu nutzen. Diese Oberfläche wird, unabhängig davon, welcher Hersteller die neue Plattform für die Lufthansa Passage und die Star-Alliance-Partner bereitstellen wird, auch weiterhin durch die Lufthansa Passage genutzt. Auch hier wird Lufthansa Systems wieder als strategischer Partner bei der Integration eine wesentliche Rolle spielen. Dies gilt auch weiterhin für eine Vielzahl von Spezialapplikationen.

Ein weiteres Thema in der strategischen Zusammenarbeit zwischen Lufthansa und Lufthansa Systems ist der CRM-Systemverbund. Hier hat Lufthansa Passage vor einigen Jahren damit begonnen, zusammen mit IBM ihre CRM-Systemlandschaft (kundenzentrierte Daten, Datenmanagement von Kundenkontakten) zu erneuern. Die Pflege und Wartung dieser Systeme, also auch die Weiterentwicklung, wurden seinerzeit bewusst an Lufthansa Systems vergeben.

Telefonie

Im Aviation-Konzern Lufthansa ist die Kommunikation und der Wissensaustausch von Funktionsträgern ein notwendiger Bestandteil der Betriebsprozesse. Daher besteht ein weiteres Projekt der Zusammenarbeit zwischen Lufthansa und Lufthansa Systems in der Modernisierung der Telefoniefunktionen. Hierbei steht die Kommunikation und Kooperation von Mitarbeitern des Unternehmens im Mittelpunkt. Um dies zu unterstreichen, verwendet Lufthansa den Begriff „Kollaborationsinfrastruktur". Gegenstand dieser Lösung ist neben der Zentralisierung der Telefonanlagen aller Lufthansa-Hauptstandorte in Deutschland vor allem der Technologiewechsel hin zur IP-Telefonie: Sprache und Daten werden in ein und dieselbe Architektur eingebunden. Als Nebeneffekt kommt hinzu, dass damit die Zeiten der separaten Telefonanlagen vorbei sind. Telefonie wird zu einer server-basierten Applikation, die in einem Rechenzentrum gehostet wird, und ist damit Bestandteil einer IT-Basisinfrastruktur.

Lufthansa Systems innerhalb der Provider-Strategie der Lufthansa Passage Airline

Lufthansa Systems managed für Lufthansa etwa 70 Prozent des Gesamt-IT-Portfolios. Dieser signifikante Wert unterstreicht den Stellenwert von Lufthansa Systems als IT-Dienstleister innerhalb des Lufthansa Konzerns. In einem solch sensiblen Bereich wie der Airline-Branche können schon kleinste Systemstörungen merkbare Auswirkungen auf die operativen Prozesse haben (wie z. B. Reservierung, Check-in etc.). Der Umgang mit solchen Störungen und die schnelle und effiziente Störungsbeseitigung machen letztlich die Qualität eines professionellen Providers aus.

Hier wird deutlich, welche Bedeutung Lufthansa Systems in den IT-Betriebsprozessen der Lufthansa zukommt. Lufthansa Systems ist bestens vertraut mit den kritischen Betriebsprozessen der Lufthansa und deren Anforderungen an Qualität, Verfügbarkeit und Performance der betriebenen Systeme.

Die Lufthansa Passage hat allerdings auch die Notwendigkeit erkannt, mit verschiedensten Anbietern eines Industriezweiges zusammenarbeiten zu müssen. Vor dem Hintergrund, dass die Lufthansa Passage ein sehr breit gefächertes Lösungsportfolio benötigt, kann sie sich nicht auf die Zusammenarbeit mit einem einzigen Systemhaus beschränken, es besteht daher zwangsläufig eine Multi-Provider-Strategie.

Die Lufthansa Passage kann ihre führende Rolle im Weltmarkt letztlich nur behaupten, wenn sie gerade in wettbewerbsunterscheidenden oder wettbewerbsdifferenzierenden Bereichen Best-Practice-Lösungen einsetzen kann. Hier gibt es im Weltmarkt immer wieder Firmen, die sehr viel kleiner und fokussierter sind als Lufthansa Systems, im Vergleich dazu aber sehr hoch spezialisiert. Diese Vorteile wird und muss die Lufthansa Passage auch weiterhin nutzen.

Zusammenfassung und Ausblick

Die Zusammenarbeit zwischen Airline und Systemhaus war in den letzten zehn Jahren von einem partnerschaftlichen, konstruktiven und fruchtbaren Geist geprägt. Die erfolgreiche Positionierung von Lufthansa Systems auf dem externen Markt, auch außerhalb der Airline- und Aviation-Branche, bringt einen Mehrwert für den gesamten Konzern und macht das Unternehmen damit auch für die Lufthansa Passage als strategischen Partner attraktiv. Die Notwendigkeit, dass sich Lufthansa Systems innerhalb und außerhalb des Konzerns (im Wettbewerb mit Konkurrenten) bewähren muss, stärkt letztlich ihre Innovationskraft.

Aus Anlass des zehnjährigen Bestehens möchte ich den Mitarbeiterinnen und Mitarbeitern herzlich gratulieren.

Andreas Dietrich

Kritische Erfolgsfaktoren für Outsourcing-Projekte

Abstract

„Erstens kommt es anders, und zweitens als man denkt!" Mit dieser Zusammenfassung würden sich viele CIOs identifizieren, die ein Outsourcing hinter sich haben. Oder nach einer Studie der Information Week Research: „In westeuropäischen Unternehmen wurden im Jahr 2002 insgesamt sechs Mrd. Euro verschwendet. Als Gründe gelten mangelhafte Vertragsstrukturen und schlechte Beziehungspflege zu dem Outsourcing-Unternehmen." Auch die Computerwoche (38/2004) zieht ein ähnliches Fazit: „Eine Vielzahl von Anwendern plagen Probleme mit laufenden Outsourcing-Projekten. Die Gründe dafür sind vielfach mangelnde Vorbereitung und dürftige Kontrollmöglichkeiten."

Ich werde in meinem Artikel der Frage nachgehen, woher diese Unzufriedenheit kommt und wie man ein Outsourcing zu einem erfolgreichen Projekt machen kann. In verschiedenen Referaten und Diskussionsforen habe ich festgestellt, dass trotz der jahrelangen Erfahrungen, die die Industrie in diesem Bereich bisher schon gesammelt hat, dieses Thema immer noch hochspannend ist.

Gründe für gescheiterte Outsourcing-Projekte

Zu häufig wird die Entscheidung für ein Outsourcing nicht aufgrund wohl überlegter Abwägung von Vor- und Nachteilen beschlossen, sondern ist getrieben aus dem Versprechen von 20 bis 30 Prozent Einsparungen – und dies sofort mit Vertragsunterzeichnung. Da die Outsourcing-Dienstleister dieses Versprechen gezielt an die Unternehmensleitung richten, ist dann häufig der CIO bereits in einer Verteidigungshaltung und wirkt mit seinen

Mahnungen eher als „Verhinderer“ solcher Maßnahmen.

Nun ist allerdings festzustellen, dass viele IT-Verantwortliche dieses Thema viel zu spät in ihre Agenda aufgenommen haben, in der Meinung, dies sei nur ein kurzfristiger Trend, der an ihnen vorbeigehe. Diese Fehleinschätzung kommt auch sicherlich daher, dass die meisten der IT-Leiter immer noch sehr technikgetrieben denken und sich nicht vorstellen können, dass ein anderer, also ein externer Dienstleister, ihr Kernthema besser managen kann als sie selbst.

Andere CIOs haben sich schon lange von der Unternehmensleitung abgekoppelt und fühlen sich unverstanden von ihren Kollegen. Für sehr viele Unternehmen ist die IT immer noch ein „notwendiges Übel“, aber in erster Linie ein Vehikel, das doch bitte funktionieren, aber nicht viel kosten soll. Aus dieser beiderseitigen Gesprächsverweigerung heraus findet dann auch nicht der notwendige Dialog über den Nutzen der IT für das Unternehmen statt. Dies führt dann ebenfalls dazu, dass strategische Weichenstellungen ohne den CIO getroffen werden.

In Summe bleibt dann die getroffene Entscheidung für ein Outsourcing, in Unkenntnis über die Konsequenzen und im Wunsch, es sehr schnell umzusetzen. Damit sind alle Voraussetzungen erfüllt, dass dieses Outsourcing sicherlich schief läuft.

Auf den folgenden Seiten will ich nun aufzeigen, wie man ein Outsourcing-Vorhaben zum Erfolg bringen kann.

Kritische Erfolgsfaktoren

Vorbereitung ist alles!

Das Wichtigste für ein erfolgreiches Outsourcing-Projekt ist die gute Vorbereitung der Entscheidung dafür. Wenn innerhalb der IT-Strategie keine klare Sourcing-Strategie definiert ist, fehlt bereits das Fundament für das Outsourcing. Da die IT-Strategie zudem als Teil der Unternehmensstrategie zu verstehen ist, ist eine Harmonie dieser beiden Teile unerlässlich.

Der CIO muss zunächst mit dem Vorstand die Bedeutung der IT für das Unternehmen festlegen. Um dabei erfolgreich zu sein, muss er in der Lage sein, dieses Thema so vorzubereiten, dass die Vorstände, die in der Regel wenig Affinität zur Technik haben, inhaltlich in die Auseinandersetzung einsteigen können. Dieser Prozess ist enorm wichtig, gibt es doch kein Patentrezept für den Grad eines Outsourcings. Für die eine Firma kann es richtig sein, ihre IT komplett extern zu vergeben. Für andere kann es sogar wichtig sein, weiterhin alle Teile der IT zu kontrollieren und mit internen

Mitarbeitern zu betreiben. Andere werden den Schnitt entsprechend der Kritikalität von Unternehmensprozessen ansetzen (z. B. Produktionsprozesse = Kernkompetenz = Kernsysteme und Finanz- und Rechnungswesen = Unterstützungsprozesse = Nicht-Kernsysteme). Die Diskussion über die richtige unternehmensspezifische Sourcing-Strategie ist für beide Parteien (Vorstand und CIO) enorm wichtig, gilt es dabei doch auch, die damit verbundenen Risiken zu kennen und zu akzeptieren. In diesem Prozess ist es außerdem wichtig, die Entscheidungsgrundlage nicht allein auf Kosten aufzubauen, sondern alle Aspekte auf ihre Vor- und Nachteile hin zu beleuchten.

Ist dieser Prozess einmal abgeschlossen, ist es wichtig, dies auch den Betroffenen entsprechend überzeugend nahe zu bringen. Den IT-Mitarbeitern muss klar sein, dass sich die Unternehmensführung verantwortungsvoll mit diesem Thema auseinander gesetzt und in Abwägung von Chancen und Risiken für eine bestimmte Richtung festgelegt hat.

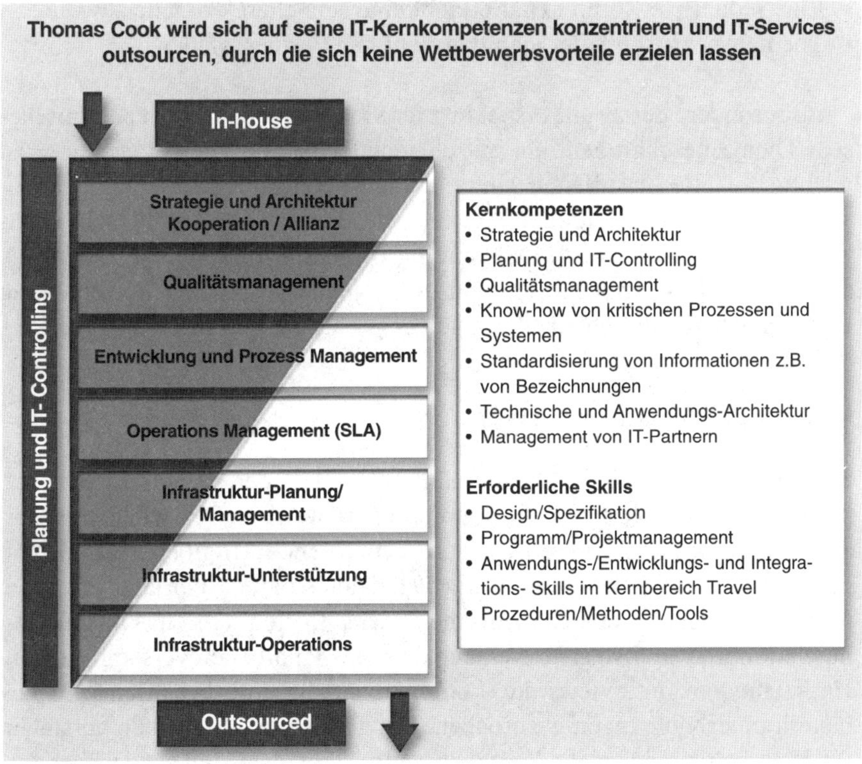

Abbildung 1: Sourcing-Strategie der IT bei Thomas Cook

Denken Sie selektiv!

In den wenigsten Fällen ist dies eine „Alles-oder-nichts"-Entscheidung. Vielmehr verhält es sich so, dass für bestimmte Leistungsteile eine klare „Make or Buy"-Entscheidung getroffen werden kann; für andere hingegen ist eine genauere Analyse notwendig. Das sind in der Regel diejenigen Teile, bei denen die kompetitiven Vorteile einer Inhouse-IT nicht offensichtlich sind oder aufgrund von aktuellen wettbewerbsverändernden Marktgegebenheiten sich die Spielregeln ändern – und damit auch die Stellung oder Bedeutung der IT. Dieses „selektive Outsourcing" hat verschiedenste Vorteile:

- Ein allfälliger Fehlschlag ist in seiner Auswirkung begrenzbar.
- Es besteht die Chance, sich sukzessive mit dem Outsourcing vertraut zu machen.
- Eine reduzierte Komplexität erlaubt eine schnellere Vorgehensweise.
- Themenspezifisch kann man den richtigen Partner wählen.

Insbesondere der zweite Aspekt ist für viele Firmen, die sich neu mit diesem Thema beschäftigen, ein entscheidender Faktor. Diese Lernkurve ist wichtig für alle betroffenen Unternehmensbereiche: IT-Abteilung, Personalabteilung, Rechtsabteilung, Vertreter des Betriebsrates etc. Umso wichtiger ist es, dass das erste Outsourcing-Projekt erfolgreich ist. Selbstverständlich gibt es genügend Kritiker gegen jede Outsourcing-Entscheidung und nichts käme diesen Kritikern gelegener als ein gescheitertes Projekt.

Kommunizieren Sie offensiv!

Sobald man sich für ein Outsourcing eines Teils der IT entschieden hat, muss dies in alle Richtungen kommuniziert werden. Der wichtigste und zugleich schwierigste Weg ist der zu den eigenen Mitarbeitern und man muss darauf vorbereitet sein, wenig Verständnis dafür zu ernten. Ich habe, nachdem Thomas Cook die Entscheidung getroffen hat, ein Outsourcing durchzuführen und dies in verschiedensten Mitarbeiter-Versammlungen, Hauszeitungen, Interviews etc. kommuniziert hat, mit betroffenen Mitarbeitern unter vier Augen gesprochen. Der Tenor war: Im Prinzip verstehen die Mitarbeiter eine solche Vorgehensweise. Trotzdem sind sie darüber enttäuscht, weil diese Entscheidung so „fremdbestimmt" ist. Die meisten Mitarbeiter sind im Grunde sehr loyal und sind aus bestimmten Beweggründen zu einem Unternehmen gekommen. Und nun kommt ein CIO und entscheidet letztendlich über ihre Köpfe hinweg, dass es anderswo „besser" sein soll.

Diese Kommunikationsoffensive ist dann sehr schwierig beziehungsweise sogar zum Scheitern verurteilt, wenn als Argument nur das Kostenthema angeführt wird. Es ist nicht zu schaffen, ein Outsourcing-Projekt erfolgreich zu starten, wenn es nicht in ein ausgewogenes Zielsystem eingebettet ist.

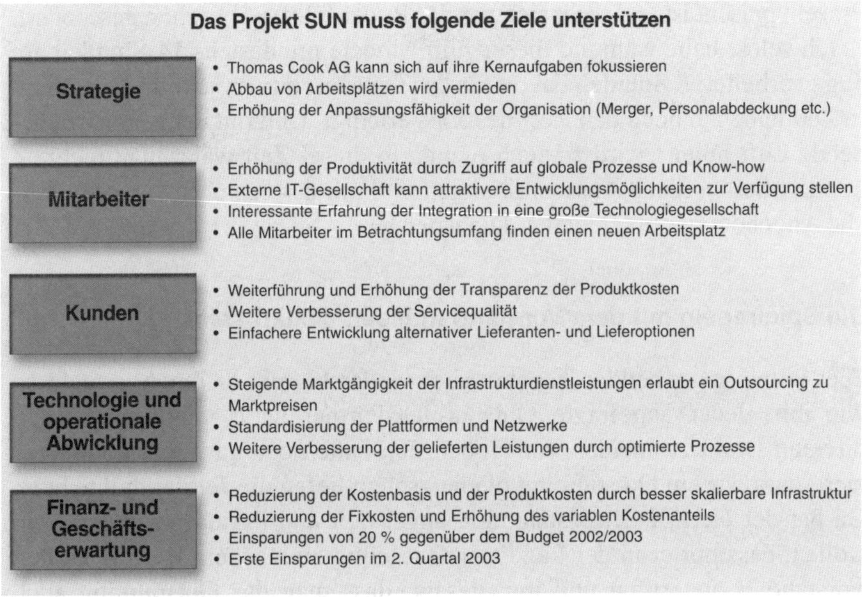

Das Projekt SUN muss folgende Ziele unterstützen
Strategie
• Thomas Cook AG kann sich auf ihre Kernaufgaben fokussieren
• Abbau von Arbeitsplätzen wird vermieden
• Erhöhung der Anpassungsfähigkeit der Organisation (Merger, Personalabdeckung etc.)
Mitarbeiter
• Erhöhung der Produktivität durch Zugriff auf globale Prozesse und Know-how
• Externe IT-Gesellschaft kann attraktivere Entwicklungsmöglichkeiten zur Verfügung stellen
• Interessante Erfahrung der Integration in eine große Technologiegesellschaft
• Alle Mitarbeiter im Betrachtungsumfang finden einen neuen Arbeitsplatz
Kunden
• Weiterführung und Erhöhung der Transparenz der Produktkosten
• Weitere Verbesserung der Servicequalität
• Einfachere Entwicklung alternativer Lieferanten- und Lieferoptionen
Technologie und operationale Abwicklung
• Steigende Marktgängigkeit der Infrastrukturdienstleistungen erlaubt ein Outsourcing zu Marktpreisen
• Standardisierung der Plattformen und Netzwerke
• Weitere Verbesserung der gelieferten Leistungen durch optimierte Prozesse
Finanz- und Geschäfts-erwartung
• Reduzierung der Kostenbasis und der Produktkosten durch besser skalierbare Infrastruktur
• Reduzierung der Fixkosten und Erhöhung des variablen Kostenanteils
• Einsparungen von 20 % gegenüber dem Budget 2002/2003
• Erste Einsparungen im 2. Quartal 2003

Abbildung 2: Zielsystem

Outsourcing ist Chefsache!

Glauben sie bloß nicht, dass Sie dieses Thema delegieren können! Viele gestartete Outsourcing-Projekte gelangen nicht zur Umsetzung, weil der CIO sie an die nächste Führungsebene delegiert hat und davon ausgeht, dass sie nun umgesetzt werden. Es ist mindestens genauso schwer, die Mitarbeiter von der Sinnhaftigkeit zu überzeugen, wie das eigene Management dazu zu bewegen, hinter dem Vorhaben zu stehen. Ich habe diesen Fehler vor mehreren Jahren selbst gemacht und war ganz erstaunt, dass sich einige Monate nach meiner Ansage herausgestellt hat, dass es angeblich gar nicht möglich ist, den geplanten Bereich auszulagern.

Das heißt aber gleichzeitig auch, dass ein CIO neben einem solchen Projekt keine anderen weiteren großen Projekte betreuen darf, die ebenfalls seine volle Management-Attention erfordern würden. Beim Outsourcing muss der Chef die Zügel ganz eng führen. Sobald Sie mit dem Projekt begonnen haben, wird es an allen Enden und Ecken brennen: Benutzer beklagen sich, dass die Qualität der IT-Arbeit abnimmt, Schlüsselmitarbeiter beschäftigen sich mit Absprunggedanken, Führungskräfte möchten wissen, welche zukünftigen Arbeiten für sie vorgesehen sind, Betriebsrat und Wirtschaftsausschuss möchten über den Status informiert werden und vieles andere mehr. Wenn der Verantwortliche in dieser Situation nicht zu 200 Prozent präsent ist und nicht sichtbar das Ruder führt, ist er schon gescheitert.

Ich selbst habe während dieser fünf Monate mindestens 14 Stunden am Tag gearbeitet; 8 Stunden davon für das Outsourcing-Projekt und die andere Zeit habe ich noch den Rest des Jobs erledigt. Und mit dem „am Wochenende Luft holen" wird es auch nichts. In dieser Zeit wälzt man mehrere hundert Seiten dicke Ausschreibungen und mindestens ebenso umfangreiche Angebote der potenziellen Dienstleister.

Die Spielregeln mit dem Vorstand müssen geklärt sein!

Dies ist ein ganz heikles Thema. Aber vielleicht geht es Ihnen ja nicht so wie mir: Jeder angefragte Outsourcing-Partner hatte mindestens einen direkten Draht zu meinen Vorständen. Ich hatte noch gar nicht kommuniziert, dass wir ein Outsourcing planen, schon liefen die Telefondrähte heiß. Da hat der Herr X den Vorstand A angerufen und ihn davon überzeugen wollen, dass nur er in der Lage sei, das richtig zu machen; Herr Y hat den Vorstand B angerufen und ihm gesagt, dass man das Outsourcing auch ohne Ausschreibung machen und sofort 20 Prozent Einsparungen zusagen könne.

Ich habe durch einen Vorstandsbeschluss sofort mit Projektstart die Spielregeln festgelegt:

- Den Vorständen war „untersagt", während der Projektdurchführung Aussagen über das Projekt zu machen.
- Das Projektteam war vorbehaltlos für alle Entscheidungen rund um das Projekt verantwortlich und musste auskunftsfähig sein.
- Das Steering Board mit dem Vorstand Finanzen als Vorsitzenden entschied schlussendlich über alle wichtigen Teilbereiche des Projekts.
- Die Vorstände sollten angebotene Abendessen oder Golfrunden mit angefragten Outsourcing-Partnern wenn möglich meiden.

Selbstverständlich braucht es Mut, dies schriftlich zu kommunizieren, aber der Vorstand wird dafür letztendlich Verständnis haben (und hatte es auch in unserem Fall) und die Dienstleister wissen diese Spielregeln in der Regel ebenso zu schätzen.

Sie müssen die Absprungbasis kennen!

In der Nachbetrachtung von Outsourcing-Deals wird zumeist bemängelt, dass die ursprünglich geplanten und zugesicherten Einsparungen nicht eintreffen. Woran liegt das? Liegt es darin begründet, dass der Outsourcing-Partner gelogen hat oder liegt es daran, dass von Seiten des Kunden beim Outsourcing-Prozess einige Fakten verschwiegen wurden?

Es liegt an beidem, aber in beiden Fällen nicht böswillig oder absichtlich. Leider ist in den wenigsten Fällen bekannt, wie hoch die tatsächlichen Kosten vor dem Outsourcing sind. Wie sollte es auch. In den meisten Unternehmen hat die IT eine über die Jahre gewachsene Struktur – ein wenig IT in den Fachbereichen, ein Großteil in der IT selbst – und dabei ist ein wesentlicher Teil über externe Verträge abgesichert. Insbesondere die versteckten Kosten in den Fachbereichen kommen leider erst in der Migrationsphase des Outsourcings hervor; nämlich dann, wenn überall die Server aus den Büros in ein Rechenzentrum zentralisiert und im Zuge dieses Prozesses auch Netzwerk-Berechtigungen angepasst werden. Die Absprungbasis zu kennen ist auch deshalb unerlässlich, weil im Umgang mit Interessenvertretern die Vorteile des Outsourcings erläutert und auch belegt werden müssen. Bei Thomas Cook haben wir uns, nachdem wir die Sourcing-Strategie definiert und festgelegt haben, dafür entschieden, eine TCO-Studie (Total Cost of Ownership) durchzuführen. Dabei wollten wir folgende Dinge herausfinden:

- Wie hoch sind die tatsächlichen IT-Kosten für bestimmte Dienstleistungen, unabhängig vom IT-Budget (z. B. Desktop-Betreuung)?
- Wie sehen die Benchmarks für diese Dienstleistungen aus?
- Mit welchen Maßnahmen können wir ohne Outsourcing die Lücke zum Benchmark schließen?

Obwohl wir in erster Linie wissen wollten, welches Kosteneinsparungspotenzial durch ein Outsourcing möglich ist, war vor allem die Antwort auf den dritten Punkt sehr wichtig. Der Outsourcer macht ja im Wesentlichen nichts anderes, als die interne IT zu übernehmen und durch marktübliche Veränderungen die Kostenbasis zu verändern. Das kann eine interne IT auch selbst! Aber leider nur mit erheblichen Schmerzen und sicherlich nicht in dem Zeitrahmen, in dem es ein „geübter" Outsourcer durchführen kann.

Aus unserer TCO-Studie ist beispielsweise hervorgegangen, dass wir ungefähr 30 Prozent Personal abbauen und erhebliche Investitionen in die Infrastruktur tätigen müssten, um sie auf einen neuen Stand der Technik zu bringen und somit auch günstigere Wartungs- und Lizenzkosten zu erzielen. Insbesondere der zweite Punkt wäre genau gegenläufig zur IT-Strategie gewesen, da wir uns entschieden hatten, dass das Betreiben von „Blech" nicht zu unseren Kernkompetenzen gehört und damit der Vorstand auch nicht bereit wäre, knappe Investitionsgelder für genau diese Themen freizugeben.

Ein weiteres wichtiges Ergebnis aus dieser Studie war, dass wir genau wussten, wo und wie viel Geld wir investieren müssten beziehungsweise welche Projekte wir starten müssten, um eine bessere TCO zu erreichen. Diese Erkenntnisse können Sic in das Outsourcing einbringen und die Projekte zu Beistellleistungen ihres Partners machen.

Sie müssen ihren Laden aufgeräumt haben!

Hätte ich dies doch früher gewusst! Wer verfügt schon über eine aktuelle Asset-Datenbank, wo jedes einzelne Endgerät (PC, Drucker, Scanner, Laptop etc.) eingepflegt wird? Wird darin auch festgehalten, wo dieses Gerät steht und somit auch jede Veränderung wie Mitarbeiterwechsel, Umzüge etc.? Wer hat einen Überblick über alle Lizenz- Wartungs- und sonstigen IT-Verträge? Wer weiß genau, ob die Lizenzen, die beschafft wurden, auch ungefähr die sind, die eingesetzt beziehungsweise „maximal eingesetzt sind"? Wer kann auf all diese Fragen auch eine Antwort für die dezentralen Standorte geben?

Wer auf all diese Fragen mit einem klaren „Ja" antwortet, kann nun ganz entspannt dieses Kapitel überspringen und das nächste ansteuern. Für alle anderen (oder doch alle?) könnte dies das „pièce de résistance" für das Outsourcing sein, und zwar dann, wenn man es vernachlässigt.

Leider haben wir zu spät erkannt, dass wir dieses Thema absolut nicht im Griff hatten. Wir waren schon mitten in der Due Diligence beziehungsweise in der Vorbereitung des Aufbaus des „Data rooms" (der Ort, an dem alle wichtigen Informationen für die Shortlist-Teilnehmer liegen), als wir feststellten, dass unsere Asset- und Vertragslisten beziehungsweise die physischen Verträge nicht à jour oder unvollständig waren. In einer „Nacht-und-Nebel-Aktion" haben wir versucht, dies zu korrigieren, was wir an den großen Standorten im Wesentlichen auch erreicht haben. Die Daten und Informationen der Außenstandorte blieben allerdings unvollständig.

Damit ist für jeden Outsourcer Tür und Tor offen für langwierige Nachverhandlungen nach Abschluss des Outsourcing-Vertrages. Mit viel Glück kommt man mit einem blauen Auge davon, häufig führen solche Scope-Diskussionen allerdings zum vorzeitigen Abbruch und damit zum Scheitern des Outsourcings, weil sich dadurch sehr schnell die versprochenen Einsparungen nicht mehr einstellen.

Aufgrund des sehr guten Verhältnisses zu unserem dann ausgewählten Dienstleister haben wir nach Abschluss der Transition und Migration den Vertrag nachverhandelt und es geschafft, die mit dem Outsourcing verbundenen Ziele dennoch zu erreichen.

Holen Sie sich einen erfahrenen Berater!

Für alles gibt es ein erstes Mal und für ein derart wichtiges Vorhaben wäre es falscher Ehrgeiz eines CIO, dies selbst umsetzen zu wollen. Es gibt genügend Gelegenheiten, um z. B. durch eine vorschnelle Information an die Mitarbeiter oder durch zu frühe Versprechungen an Beteiligte, das Gesamtprojekt rechtlich zu stoppen oder auszubremsen und es gibt auch tatsächlich genügend Leute, die das gerne tun würden.

Ein erfahrender Berater kennt jedes „Fettnäpfchen", weiß genau, was eine Ausschreibungsunterlage enthalten muss, kennt genau die Anforderungen des Outsourcers an einen Data Room und ist bestens mit Fristen- und Informationspflichten vertraut. Zudem hilft er Ihnen dabei, interne Widerstände zu meistern. Da ein externer Partner mit Erfahrung in Outsourcing-Projekten auch die Erwartungshaltung der beteiligten Firmen kennt, gibt Ihnen dies auch die Sicherheit, einen stringenten und erprobten Prozess zu durchlaufen.

Meine Erfahrung dabei war folgende: Als die externen Firmen erfuhren, dass der Gesamtprozess von einem erfahrenen externen Berater begleitet wird, haben viele erst gar nicht die typischen „Spielchen" versucht (wie z. B. das gezielte Ansprechen von Entscheidungsträgern, um Einfluss auf den Prozess zu nehmen etc.). Die größte Hilfe waren die Berater allerdings für mich im Umgang mit den verschiedensten Interessenvertretern. Sie haben immer genau „gewusst", wann ich was im Betriebsrat oder im Wirtschaftsausschuss sagen musste, wann es notwendig war, eine Mitarbeiterversammlung einzuberufen, in welchem Moment der Vorstand welche Entscheidung zu treffen hatte und vieles mehr.

Beschreiben Sie die Service Level!

Als wir das Outsourcing-Projekt starteten, wussten wir, dass wir im Verlauf des Projekts, vor Vertragsabschluss, die Service Levels zu beschreiben hatten. Leider hatten wir, wie viele andere Firmen auch, im Innenverhältnis zu unseren Kunden nie wirkliche SLAs (Service Level Agreements) festgelegt. Bereits für die Ausschreibungsunterlagen ist es unerlässlich, bestimmte Leistungsmerkmale zu definieren, wie Verfügbarkeiten, Reaktionszeiten, maximale Ausfallzeiten, Entstörungszeiten und vieles andere mehr. Um dies aber niederschreiben zu können, muss zunächst intern festgelegt werden, wie überhaupt die Anforderungen des zuständigen Fachbereiches aussehen. Dabei tendiert dieser dazu, seine Service Levels zu hoch zu bewerten, in Unkenntnis der Kosten, die dafür anfallen. Die Quittung für dieses Hochschrauben der SLAs folgt auf dem Fuße: Die Angebote sind teurer als die bisherige IT! Es gilt somit, genügend Zeit zu investieren und dieses Thema im Verlaufe des Projekts sauber zu definieren und gemeinsam mit Kunden und Outsourcer zu erarbeiten.

Wir haben zur Zeit der Ausschreibung für alle Anwendungen so genannte „Grob-SLAs“ definiert, in denen wir auf ungefähr einer DIN-A-4-Seite die Leistungsparameter aufgeführt haben. Im Verlauf der Transitionsphase wurden diese dann immer detaillierter. So ist z. B. aus der einen Seite für den SAP-Betrieb ein 27-seitiger SLA (siehe Abbildung) geworden. In dieser Vorgehensweise liegt natürlich auch das Risiko, dass sich die Kosten der Dienstleistungen nach Vertragsabschluss noch verändern. Aber für alle, die vor dem Outsourcing diese Feinarbeit nicht gemacht haben, bleibt während des Outsourcing-Projekts keine Zeit.

Ziehen Sie das Thema zügig durch!

Auch wenn dies im Widerspruch zur „guten Vorbereitung“ steht: Sobald man sich für einen Outsourcing-Prozess entschieden hat, muss es zügig vorwärts gehen. Deshalb zähle ich die Vorbereitungsphase eigentlich noch gar nicht dazu, denn die Hausaufgaben müssen vorher gemacht werden. Ein schnelles Verfahren ist vor allem deshalb notwendig, weil die interne IT mit Beschlussfassung für ein Outsourcing-Projekt praktisch stillsteht. Der Produktivitäts- und Qualitätsverlust ist unmittelbar nach Ankündigung zu spüren.

Durch diese Entschlossenheit wird auch klar dokumentiert, dass es kein „Zurück“ gibt. Selbstverständlich werden nach Bekanntgabe des Outsourcing-Projekts „die Messer gewetzt“. Verschiedene Interessengruppen werden genügend Material sammeln, um das Ziel und die Richtigkeit des

Projekts in Frage zu stellen. Da es auch genügend Fallbeispiele für gescheiterte Outsourcing-Vorhaben gibt, ist es für die Kritiker auch einfach, die IT-Verantwortlichen in langwierige Diskussionen zu verstricken. Ohne die Entschlossenheit des CIO und sein Bestreben, das Projekt zum Erfolg zu bringen, zieht sich solch ein großes Vorhaben schnell in die Länge und jedes „Schwächezeichen" der Projektverantwortlichen kann das gesamte Projekt sehr schnell gefährden oder gar zum Stillstand bringen.

Letztendlich sind auch die Mitarbeiter daran interessiert, aus dem ungewissen Blick in die Zukunft so schnell wie möglich herauszukommen. In unserem Fall ging es wie ein Ruck durch die betroffene Mitarbeitergruppe, als wir nach Eingang der Angebote feststellten, dass wir unsere Ziele mit dem Outsourcing erreichen könnten und wir den Mitarbeitern offen kommunizierten, dass wir in die zweite Projektphase, die Due-Diligence-Phase, gehen.

Mit dieser Ankündigung war auch dem letzten Mitarbeiter klar, dass das Vorhaben umgesetzt wird und die Hoffnung, dass wir das Projekt abbrechen, vergeblich ist. Von diesem Moment an haben die Mitarbeiter nicht in erster Linie die Nachteile eines Outsourcings in den Vordergrund gestellt, sondern haben sich intensiv damit beschäftigt, was ihnen der neue Arbeitgeber bieten könnte. Sie haben sich auf einmal Gedanken darüber gemacht, wie sie sich am besten verkaufen können und wie sie ihre Leistungen und Fähigkeiten Gewinn bringend für einen neuen Arbeitgeber einsetzen können. Das war auch der Moment, ab dem sie den Vertretern des möglichen neuen Arbeitgebers nicht mehr „feindselig" gegenüberstanden, sondern wissen wollten, was dieser ihnen zu bieten hat.

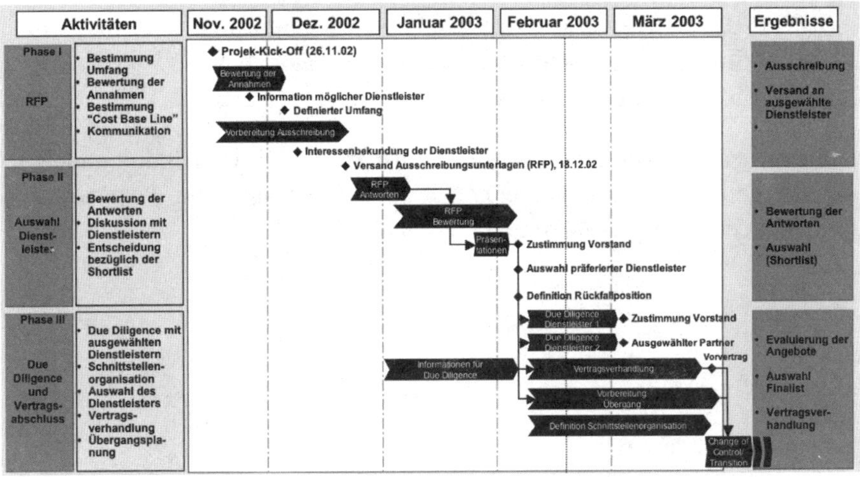

Abbildung 3: Projektplan

Die Chemie muss stimmen!

Natürlich ist der Preis wichtig, natürlich muss der Outsourcer die Fähigkeiten und Erfahrungen mitbringen, natürlich müssen die vertraglichen Details zufrieden stellend sein, aber letzten Endes muss auch die „Chemie" stimmen! Der Vergleich mit einer Ehe wird häufig angeführt und ist zumindest teilweise zutreffend: So schnell trennt man sich nicht mehr vom Partner und ohne gesunde Basis wird man keine schwierigen Phasen durchstehen.

Es wird genügend Situationen und Momente im Rahmen der Transition und Migration geben, wo es richtig knallt. Wenn dann jeder nur nach dem Wort des Vertrages handelt und diesen immer als Erstes zitiert, wird aus der geplanten langjährigen Partnerschaft nichts. Aus dieser Überlegung heraus haben wir uns auch entschieden, diesen Geist in die Präambel des Vertrages aufzunehmen (Auszug aus dem Vertrag zwischen der Thomas Cook AG und Lufthansa Systems beim Outsourcing des Bereiches Infrastructure & Operations aus dem Jahre 2003):

> „Thomas Cook und Lufthansa Systems werden auf der Basis differenzierter strategischer Planungen die künftige Zusammenarbeit präzisieren. Beide Parteien profitieren von frühen Entscheidungen und davon, dass sie von Anfang an einen offenen Informationsaustausch pflegen und von einer unternehmensübergreifenden Informationsinfrastruktur her unterstützen.
>
> Die insgesamt auf Fairplay und Vertrauen gegründete und langfristig orientierte Zusammenarbeit basiert auf Regeln mit transparenten Service Level Agreements (SLAs) mit Regelungsmechanismen im Beschaffungsmanagement und im Servicemanagement."

Damit haben sich beide Vertragspartner darauf verständigt, auch in schwierigen Situationen in erster Linie in offenen und konstruktiven Gesprächen Lösungen zu finden.

Zusammenfassung

Die Umsetzung eines Outsourcings ist ein hoch komplexes, stark emotionales und inhaltlich äußerst anspruchsvolles Vorhaben, das jeden CIO an seine Grenzen bringt. Und leider ist es wie bei vielen anderen Dingen im Leben auch: Das erste Mal wird nicht ganz ohne Pannen und Rückschläge verlaufen. Im Nachhinein ist es immer einfach festzustellen, was man hätte besser machen können. Man ärgert sich darüber, dass man dem einen oder anderen Punkt nicht das notwendige Gewicht gegeben oder bestimmte Vorgänge unterschätzt hat oder dass man noch mehr Zeit hätte investieren müssen.

Die Thomas Cook AG hat im Mai 2003 den Outsourcing-Vertrag mit Lufthansa Systems über die Laufzeit von zehn Jahren für den IT-Bereich „Infrastruktur" abgeschlossen. Mit diesem wichtigen Schritt hat die IT einen wesentlichen Beitrag zu den Sanierungsbemühungen von Thomas Cook beigetragen. In den ersten zwei Jahren haben beide Partner tiefe Täler durchschritten, aber immer wieder, im Bestreben Lösungen zu finden, diese Tiefpunkte überwunden und dadurch eine sehr gut funktionierende Partnerschaft geschlossen, die auf gegenseitiger Achtung, Respekt und Vertrauen basiert.

Heute wird dieses Outsourcing von den meisten Mitarbeitern im Rückblick ebenfalls positiv bewertet. Der Betrieb des Rechenzentrums bei Thomas Cook war eine reine „Support-Funktion" und damit von der Bedeutung nie weit oben. Bei der Lufthansa Systems gehört dies zum Kerngeschäft, womit der individuelle Beitrag jedes einzelnen Mitarbeiters eine ganz andere Bedeutung erhält.

Die Entscheidung für Lufthansa Systems als Outsourcing-Partner für die Thomas Cook AG ist somit insgesamt als großer Erfolg zu werten und beide Partner sind bestrebt, die Zusammenarbeit auch über die Laufzeit des Vertrages hinaus weiter aufrechtzuerhalten.

Gero von Götz

Komplexe Betriebsprozesse klassischer Passage Airlines oder: „Wie funktioniert eigentlich das Hirn einer Fluggesellschaft?“

Airlines im Wandel: Flexibilität durch IT als entscheidender Wettbewerbsfaktor

Längst ist die Beherrschung komplexer Betriebsprozesse größerer Airlines einer der entscheidenden Wettbewerbsfaktoren geworden. Dabei ist der Faktor Wissen – vom Erwerb über Weiterentwicklung und Verteilung bis zur Nutzung und Umsetzung – ohne geeignete Abbildung im Unternehmen und eine deutliche Unterstützung durch die IT kaum noch beherrschbar.

Airlines sind dadurch gekennzeichnet, dass ihre besondere Verwundbarkeit in der hohen Volatilität ihres Geschäftes liegt: Zu den hohen Fixkostenanteilen (in der Regel sind 60 Prozent der Kosten mittelfristig kaum zu variabilisieren) und den Anpassungskosten bei Umweltveränderungen kommt hinzu, dass die Absicherung der Auftragslage nur beschränkt vertraglich zu beeinflussen ist.

Dabei bestimmt der Anpassungsdruck permanent das Handeln der Airlines, ausgelöst durch Faktoren wie die zunehmende Globalisierung im internationalen Luftverkehr oder bestimmte strukturelle Veränderungen in der Weltwirtschaft. In kaum einer anderen Industrie spitzt sich die Wettbewerbssituation so schnell zu (etwa durch Investitionen in neue Geschäftsmodelle, deren Tragfähigkeit nicht regelmäßig bewiesen worden ist, wie die so genannten „Low Cost Carrier“), wobei gleichzeitig die Nachfrage sehr empfindlich reagiert, etwa auf die latente Bedrohung durch internationalen Terrorismus oder andere Tagesereignisse (SARS, Naturkatastrophen, politische Unruhen), die erhebliche Auswirkungen auf die Verkehrsströme haben.

Zentrale Fragestellungen sind deshalb, was die wesentlichen Wettbewerbsfaktoren- und Unterscheidungsmerkmale sind und wie sich die großen, international operierenden Fluggesellschaften unter diesen Rahmenbedingungen im Wettbewerb erfolgreich positionieren können. Dies kann zum einen durch abstrakte bzw. immaterielle Identifikationsmerkmale wie die Marke oder den Namen („Lufthansa", „British Airways", „Air France"), zum anderen aber auch durch eine möglichst optimale und flexible Ausgestaltung der Betriebs- und Geschäftsprozesse und der sie unterstützenden Applikationen erfolgen.

Insbesondere hier ist es Lufthansa Systems gelungen, ihre Kunden substanziell zu unterstützen. Dabei mag man sich vielleicht von der Überlegung leiten lassen, dass heute über 90 Prozent der Arbeitsplätze, wenn wir einmal vom Kabinenpersonal absehen, in ihren Prozessen von Arbeitsanweisungen geleitet werden, die sich nicht mehr in Handbüchern oder Rundschreiben abbilden lassen, sondern durch das, was ihnen ein EDV-Endgerät an Handlungsspielräumen überlässt. Klassische und offensichtliche Beispiele mögen die Arbeitsplätze in Reservierung, Check-in oder Buchhaltung sein, aber auch die Flugwegeführung des Piloten sowie die Flugplanung selbst machen deutlich, welche Verantwortung in der Erstellung von Software liegt. Dabei sind die Gründe für den Einsatz der IT regelmäßig die gleichen: Standardisierung, insbesondere repetitiver Prozesse (eben wie eine Airline zum Beispiel Sicherheit oder Serviceabläufe garantiert), Fehlervermeidung, Datenmengenbeherrschung, Kosten und natürlich die Beherrschung von Komplexität. Ein Beispiel mag dies illustrieren: Mit der Einführung der elektronischen Sitzplatzreservierungen vor über 35 Jahren wurden kurzfristig über 90 Prozent der Prozessfehler reduziert und die Kosten parallel um etwa 30 Prozent gesenkt. Nun ist dies ein Beispiel, das sich weitgehend auf Prozesse bezieht, die zwar dem Kerngeschäft der Airline zuzuordnen, aber im Hinblick auf die vergleichsweise einfachen Funktionen und die eher statischen Ansprüche den Commodities zuzurechnen sind. Entsprechend sind hier auch neben Lufthansa Systems viele Wettbewerber in diesem Feld aktiv.

Spannender mögen jedoch unsere Werkzeuge sein, die für die Airlines unternehmenskritisch sind, etwa weil sie komplexe Entscheidungssituationen betreffen oder die Anforderungen laufenden Änderungen unterzogen sind. Hier ist Lufthansa Systems einer der wenigen Anbieter, die ihren Kunden integrierte Lösungssuiten und damit ein hohes Potenzial zur Marktdifferenzierung bieten.

Die Leistungsanforderungen an die Integration von tausenden von Einzelentscheidungen erleben die Passagiere bei jedem Abflug eines Flugzeuges erneut. Der Flug wurde lange vorher theoretisch geplant und vorbereitet. Um einen Linienflug optimal produzieren zu können, müssen viele verschiedene Komponenten im richtigen Augenblick zusammengefügt werden. Dies beginnt bei der Beschaffungsplanung, dem Erstellen des Flugplans, der Abstimmung mit den betroffenen Behörden, reicht über die Beplanung der Crew, der Technik und der Bordverpflegung bis hin zur Steuerung des Vertriebs und endet mit der Passagier- bzw. Flugzeugabfertigung und schließlich mit der Überwachung der Flugdurchführung.

NetLine und ProfitLine: Das Hirn einer Airline ist digitalisiert

Betrachtet man die Stellgrößen des Airline-Managements im Hinblick auf die geforderte Flexibilität, so wird deutlich, dass einige operationelle (Kosten-)Größen mehr oder weniger gut (dazu gehören insbesondere Vertriebskosten, Servicekosten, Marketing, also circa 35 Prozent der gesamten Kosten), andere dagegen nur beschränkt (Technikaufwand, Löhne- und Gehälter, circa 40 Prozent) und wieder andere kaum steuerbar sind (Treibstoff, Gebühren, circa 25 Prozent). Daraus lässt sich schnell erkennen, an welchen Stellgrößen die Werkzeuge der IT-Unterstützung weitgehend ansetzen, um das Ergebnis einer Airline zu beeinflussen.

Auf der Ertragsseite:
- Netzplanung (Optimierung des Flugplans auf Basis von Marktmodellen im Hinblick auf Zeitenlagen)
- Pricing-Werkzeuge (Preissetzung unter Berücksichtigung der Preiselastizität der Nachfrage sowie des Wettbewerbs)
- Ertragsmanagement (Steuerung der Nachfrage) und
- Vertriebssteuerungswerkzeuge

Auf der Kostenseite:
- Flottenoptimierung (Auswahl und Einsatz von nachfragegerechten Flugzeugtypen)
- Erhöhung der Produktivität der Crew (Crew Management) und
- Prozessoptimierung

Insbesondere die Lösungen, die sich mit den hier dargestellten Fragestellungen befassen, machen das eigentliche „Hirn“ einer Airline aus. Lufthansa Systems hat in den vergangenen Jahren erheblich investiert, um hier konsistente Modelle für eine integrierte Suite von Werkzeugen zur Verfügung zu stellen, die weitgehend optimale Entscheidungsunterstützung bieten. Diese Suite ist unter dem Namen NetLine bzw. ProfitLine auf dem Markt bekannt. Die folgende Abbildung verdeutlicht die Vorstellung der Prozessabläufe des „Hirns“, geordnet nach der Fristigkeit des Entscheidungshorizontes.

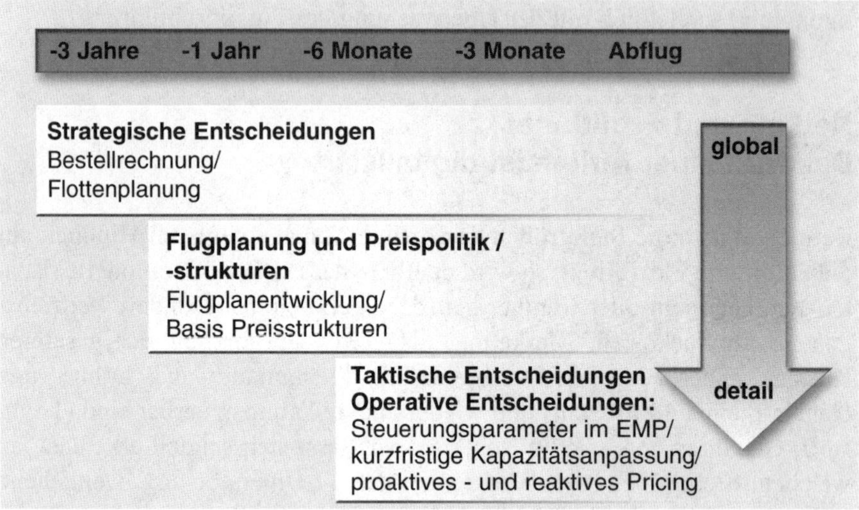

Abbildung 1: Der Planungshorizont einer Netzairline

Die Komponenten des Werkzeugkastens

Einstieg in jedes Planmodell ist zunächst ein möglichst genaues Bild von der zukünftig zu erwartenden Marktnachfrage (Marktmodell). Hierzu stehen heute mächtige Datenbanken zur Verfügung, die eine Vielzahl von Informationsquellen verarbeiten. Dies sind zum einen Reservierungsinformationen (also aktuelle und historische Buchungen von Passagieren auf der eigenen oder auch auf konkurrierenden Airlines), Informationen aus dem Vertrieb (Ticketdaten) sowie weitergehende Datenquellen von Flughäfen und Behörden. Mit entsprechend hohem Aufwand können diese Daten durch geeignete Kalibrierung ein qualitativ hochwertiges Modell der zu erwartenden Nachfrage auf möglichen Märkten (nach Quell- und Zielmärkten geordnete so genannte „Origin&Destination-Cluster“) erstellen.

Der nächste Schritt ist die Generierung der Abbildung der erwarteten Positionierung der Konkurrenten durch die Auswertung von Flugplänen und Kapazitäten an Flughäfen (Slots). Durch die Bewertung von möglichen Szenarien lassen sich so unter Berücksichtigung der Konkurrenz Flugpläne erstellen, die eine möglichst ergebnisoptimale Ausschöpfung aller relevanten Märkte ermöglichen. Dabei wird versucht, ein hohes Maß an Umsteigeverkehr auf den eigenen Drehkreuzen (Hubs) zu generieren, sofern der Bedarf oder die verkehrsrechtlichen Rahmenbedingungen Direktflüge nicht sinnvoll erscheinen lassen.

Wichtig für die Bewertung der Szenarien ist dabei das geeignete Modell für die eigene Ergebnisrechnung, insbesondere die schnelle Berechnung und die umfassende Analyse der Auswirkungen von Flugplanveränderungen im Hinblick auf das Netzergebnis (Erlöse, Kosten) und andere relevante Plankennzahlen (angebotene und nachgefragte Sitzkilometer).

Ein nächster Schritt ist die nachfrageangepasste Zuordnung der Flottenkapazitäten auf die im Marktmodell integrierten Flugereignisse. Die hierbei zu berücksichtigenden operationellen Restriktionen führen häufig zu einer Vielzahl von Lösungsvarianten, die erneut durch das Marktmodell bewertet werden. Die zugrunde liegende Rotationsplanung wird mit Hilfe von Optimierungswerkzeugen weitestgehend automatisiert erstellt und die Optimierungsergebnisse in so genannten GANTT-Charts visualisiert. Ein solches GANTT-Chart ermöglicht die graphische Darstellung und Manipulation des Produktionsplans einer Airline in Form von detaillierten Einsatzplänen für die einzelnen Flugzeuge. Liegezeiten für technische Anforderungen (Wartungsereignisse) werden erkennbar, Bodenzeiten und Flottenauslastung zeigen die Produktivität des Kapitaleinsatzes auf. Unter Berücksichtigung der Auswirkungen auf das Netzergebnis werden die Flugpläne aus dem Vorläuferprozess überprüft und laufend überarbeitet. Jede erhebliche Veränderung des Marktes gegenüber dem Ausgangsplan kann somit schnell bewertet werden und zu entsprechenden Planveränderungen führen. Steht der Plan, wird wiederum eine ergebnisoptimale Zuordnung von Flugzeugmustern auf die einzelnen Teilstrecken vorgenommen.

Über zwei Drittel der Flüge unterliegen Restriktionen, die sich auf Grund der knappen Start-/Landezeitenkontingente (Slots) von kapazitätskritischen Großflughäfen ergeben. Diese Slots sind für die Airlines wichtige (ererbte) Rechte, die sie entsprechend in ihren Planungen berücksichtigen müssen. Die Verwaltung der Slots und die Nutzungsoptimierung der der Rechte (die ggfs. auch verfallen können, wenn die zugeteilten Slots in einer Flugplanperiode nicht wenigstens zu 80 Prozent genutzt werden) werden durch eine entsprechende Verfolgung sichergestellt.

Parallel zur Planung des Faktors Kapital (Fluggerät) wird auch die Ressource Arbeit (Cockpit und Kabinencrew) geplant. Wenn auch die Kosten für Arbeit nur beschränkt anpassbar sind, so ist doch die maximale Ausschöpfung der Produktivitätspotenziale eine der hohen Prioritäten des

Crewmanagements. Große Airlines verfügen über weit mehr als 10.000 Crewmitarbeiter, die auf über 2.500 täglichen Flügen optimal einzusetzen sind. Die Optimierung berücksichtigt Positionierungsflüge der Crews, Aufenthaltszeiten, Übernachtungs- und Transferkosten, Gehälter und Überstunden, Flugzeiten, Krankheit, Urlaub, Trainingstage und viele andere Kostenfaktoren und Nebenbedingungen, etwa Lizenzen und Sprachen. Aus den Verhandlungen mit den Gewerkschaften und Personalvertretungen und aus den behördlichen Auflagen sind teilweise komplexe Regelwerke zu berücksichtigen. Dazu gehören beispielsweise verbriefte Rechte wie die so genannten „Requestverfahren“ (Verfahren, die die Interessen der Crews an Freizeit oder für bestimmte Flüge einbeziehen – sind von Airline zu Airline teilweise sehr unterschiedlich).

Eines ist im Luftverkehr sicher: Ein Plan wird selten so geflogen wie ursprünglich geplant. Über 70 Prozent der Ereignisse unterliegen in den letzten vier Wochen noch mehr oder weniger gravierenden Änderungen. Auslöser können Technik, Wetter, Ressourcenverschiebungen oder weitere Optimierungen von Flugplan und Ressourcen, ausgelöst z. B. durch eine veränderte Marktnachfrage, sein. Auf Grund dieser Erfahrungen werden in großen Inlandsmärkten (wie den Vereinigten Staaten) zum Teil Flugpläne „just in time“ an die Nachfrage angepasst. Dies ist eine Möglichkeit, die in Europa allerdings so vielen Einschränkungen unterliegen würde (insbesondere bezogen auf die Slots und Verkehrsrechte), dass das Modell nicht ohne weiteres übertragbar ist. Entsprechend mächtig muss das Werkzeug des Operation Control Centers, des operativen Hirns einer Airline, sein. Hier ist der Anspruch an eine gute Visualisierung der Veränderungen besonders hoch, sodass entscheidungskritische Situationen schon im Entstehen für die Mitarbeiter der Verkehrszentrale sichtbar werden. In diesem Zeitfenster ist der Anspruch an das komplexe Zusammenspiel zwischen Fluggerät, Crew und Flughafenressourcen besonders kritisch, ein integriertes Cockpit, das alle erforderlichen Informationen zusammenführt, ist mit den Werkzeugen der Lufthansa Systems die Lösung für die Regisseure der Airline-„Inszenierung“.

An keinem anderen Arbeitsplatz ist das Zusammenspiel aller Ressourcen besser zu verstehen als in diesem Räderwerk, das ständigen Störungen ausgesetzt ist und mit schnellen Szenarienwechseln auf die zu erwartenden Änderungen reagieren muss. Auch Systeme, die den Flugzeugführern aktuelle Informationen zur Wegstrecke bieten, sind inzwischen integraler Bestandteil eines solchen „IOC“ (Integrated Operation Center). Im IOC werden letztendlich die Planinformationen aus den relevanten Bereichen miteinander vernetzt. Nur so ist eine integrierte Steuerung aller Ressourcen

(Fluggerät, Technik, Flughafenkapazitäten, Crew) unter Beachtung von Planabweichungen, die in allen Bereichen auftreten können, möglich. Die wirkliche Stärke eines IOCs kommt jedoch erst dann zum Tragen, wenn sich die Umwelt (zum Beispiel das Wetter) nicht nach „Plan" verhält. In solchen Fällen erstellen so genannte „Solver" vollautomatisch effektive und effiziente Lösungsszenarien, die zudem im Hinblick auf die Wirtschaftlichkeit optimiert sind und somit einen erheblichen Wettbewerbsvorteil bieten.

Netzsteuerung und Vertriebssteuerung

Im Rahmen der produktpolitischen Entscheidung muss eine Airline im Vorfeld festlegen, welche Produktelemente der Servicekette sie anbieten möchte (z. B. Anzahl der Beförderungsklassen), auf welchem Leistungsniveau dies geschieht (z. B. Ausgestaltung der Bordverpflegung) oder welches Marktsegment (z. B. Passagiergruppe) zentraler Adressat sein soll.

Kernprodukt einer klassischen Passage-Airline ist eine lange Servicekette von Einzelleistungen (Reiseplanung, Wege zu und Aufenthalte in den Flughäfen, Check-in und Gepäck, Boarding, Inflight und Disembarcation, gegebenenfalls Umsteigevorgänge, auch auf Partnerfluggesellschaften, daneben eine Vielzahl von Sonderdienstleistungen), die im Idealfall eine geschlossene Prozesskette – von der ersten Beratung des Kunden über den eigentlichen Flug bis hin zur Kontaktpflege, z. B. im Rahmen von Kundenbindungsprogrammen – darstellt.

Eine ähnlich hohe Anforderung besteht deshalb für die Airline in der optimalen Abstimmung der Nachfrage auf das geplante Angebot. Das betrifft das koordinierte Zusammenspiel von Vertriebssteuerung, Vertriebskanalsteuerung (Mittler, Reisebüros, elektronische Vertriebspartner), Pricing und Ertragsmanagement.

Airline-Kunden stellen hohe Anforderungen an Service, Qualität und Sicherheit, sie sind informations- und preisorientiert. Sie erwarten neben Pünktlichkeit und Flugkomfort zahlreiche Dienstleistungen, die über das eigentliche Produkt, nämlich die Beförderung von A nach B, hinausgehen. Der Entscheidungszeitpunkt der Kunden liegt dabei erheblich näher am Abflugtag, als die Zeitpunkte, zu denen die Airlines disponieren. Deshalb ist der Anspruch an die Steuerungswerkzeuge für Airlines entsprechend hoch und der Werkzeugkoffer, den Lufthansa Systems hierzu liefert (ProfitLine), entsprechend ausgefeilt.

Neben den skizzierten Endkunden- und Vertriebsprozessen kommt den

Produktionsplanungs- und Steuerungsprozessen eine zentrale Bedeutung im Airline-Geschäft zu. Besonders sind die Netzsteuerungsprozesse als Herzstück sämtlicher taktischer Stellgrößen für Produktion und Absatz einer Fluggesellschaft hervorzuheben. Hier werden Entscheidungen über Sitzplatzangebote, Verfügbarkeit von Preisen sowie Provisionen nach Märkten und Flugwegen für die kommenden Flugplanperioden getroffen. Diese Prozesse finden bei Lufthansa auch ihre Äquivalente in anderen Unternehmensbereichen, wie z. B. im Rahmen der Strategie- und Planungsprozesse, der HR-Prozesse und der Entwicklung von Allianzen und Kooperationen.

Dabei haben sich auf der kommerziellen Seite drei Regelkreise bewährt: Der erste Regelkreis betrifft die Flottenplanung. Die Beschaffung und Ausmusterung sowie die Auswahl der geeigneten Flugzeugtypen und -mengen sind wesentliche Investitionsentscheidungen, die unter Zuhilfenahme von Werkzeugen getroffen werden, die in der Lage sind, auf der Basis von Marktmodellen die erwartete Nachfrage abzubilden und Szenarien für ganze Flugplanperioden zu bewerten. Diese Szenarien können mit Hilfe des in NetLine/Plan abgebildeten Marktmodells inklusive der relevanten Nebenbedingungen (z. B. Verkehrsrechte, Flughafenengpässe, Performance der Fluggeräte) erstellt und bewertet werden. Der erste Regelkreis liefert demnach Kauf- und Verkaufsentscheidungen und den langfristigen Geschäftsplan der Airline.

Der zweite Regelkreis formt dann auf der Basis von grundsätzlichen Kapazitätsentscheidungen den Planungsprozess der Airline. Auch hier basiert die Unterstützung der Airline auf Werkzeugen wie NetLine/Plan, das erwartete Verkehrsströme (Origin-Destination) mit verschiedenen Flugplanszenarien abgleicht. Dies geschieht sowohl mit Zero-Base-Methoden – quasi Aufbau des Flugplans auf der grünen Wiese – als auch mit iterativen Optimierungsschritten, meist ausgehend von bereits erprobten Flugplänen vorangegangener Perioden. Dabei werden Daten aus vergangenen und erwarteten Verkehrsströmen mit voraussichtlichen Durchschnittserträgen für unterschiedliche Produkte bewertet (wieder mit Hilfe geeigneter Marktmodelle). Zusätzlich berücksichtigen die Modelle die Auswirkungen bereits bekannter oder erwarteter Flugpläne der Konkurrenz. Das Programm kann sich mit Zusatzwerkzeugen, z. B. einem Slotmanager, darüber hinaus explizit mit bestimmten Engpassgrößen (knappe Slots, also Lande-/Abflugszeiten an Verkehrsflughäfen) auseinander setzen. Das Ergebnis des Regelkreises sind dann Flugplanvorgaben, die für alle Arbeitsbereiche (Vertrieb/Distribution, Flotte, Crew, Technik/Wartung, Flughäfen) verbindliche Vorgaben für die Geschäftsperiode bilden.

Mit Hilfe von NetLine/Sched wird diese Grobplanung dann in einen Arbeitsflugplan umgewandelt, der das Rückgrat für die Detailplanung bildet (z. B. Zuordnung der Fluggeräte auf Umläufe, Information an Distributionskanäle/Vertrieb über das Angebot der Airline an die Kunden). Maßstab ist im Planungsprozess wie auch im langfristigen Investitionsprozess die Bewertung im Hinblick auf das Betriebsergebnis (je nach Airline heruntergebrochen auf Strecken oder Teilnetze).

Der dritte Regelkreis betrifft die taktische Steuerung auf kommerzieller Basis (der Steuerungszyklus der operativen Steuerung im Verkehrsbetrieb wurde oben unter dem Begriff „Integrated Operation Center“ beschrieben). Dabei geht es um zwei Bereiche: die Preissteuerung und das Ertragsmanagement.

Beide Bereiche nutzen intensiv das Wissen über die voraussichtliche Nachfrage unter Berücksichtigung der eigenen und der Flugplanangebote der Konkurrenz. Hierzu stehen der Airlineindustrie ungewöhnlich genaue Informationen über die Vertriebskanäle und das Buchungsverhalten auf eigenen und auf Diensten der Konkurrenz zur Verfügung. Diese Daten werden von GDS, den marktbeherrschenden Distributionssystemen, gesammelt und sind gegen Entgelt für alle Marktteilnehmer verfügbar. GDS sind so genannte Global Distribution Systems, sie haben heute ein faktisches Monopol in der Anbindung der Reisbüros an international agierende Airlines. Der Vertrieb über GDS dominiert auch heute noch den Airlinemarkt, auch wenn der Direktvertrieb im Hinblick auf die sehr hohen GDS-Gebühren, insbesondere über Internet, eine zunehmend wichtigere Rolle übernimmt. Diese Daten sowie weitere Marktdaten lassen gute Rückschlüsse auf Preis- und Kreuzpreiselastizität zu und dienen als Basis für die Festlegung der Preise. Mit ProfitLine/Price steht hierfür eine systematische Prozessunterstützung zur Verfügung, die Bewertungen verschiedener Preise unter unterschiedlichen Marktbedingungen (Monopol/Oligopol) vornimmt. Der „Pricing-Manager“ wird automatisiert auf Preisveränderungen von Wettbewerbern aufmerksam gemacht. Im nächsten Schritt werden die Ergebnisauswirkungen unterschiedlicher Reaktionsmuster (z. B. Matching) bewertet und entsprechende Handlungsempfehlungen gegeben, bzw. automatisierte Preisveränderungen auf Basis vorgegebener Regeln vorgenommen. Dabei wird heute nicht nur die eigene verfügbare Kapazität, sondern werkzeugunterstützt auch die berechnete Kapazität der Konkurrenz berücksichtigt. Neben den Methoden der direkten Preissteuerung (meist regelbasiert, insb. bei Low Cost Carriern), spielt das Ertragsmanagement als indirekte Preissteuerung eine elementare Rolle. Ebenfalls auf der Basis von Nachfragemodellen, Buchungsprofilen und insbesondere Aussagen über die zukünftige Nachfrage (Forecast) ordnet das System unterschiedlichen Preisen (automatisiert) je nach erwarteter Nachfrage unterschiedliche Sitzplatzkontingente zu. Gute Werkzeuge wie ProfitLine/Yield sind dabei in der Lage, bis zu 8 Prozent mehr Ertrag gegenüber einer „First-come-first-serve-Steuerung" zu generieren. Die hohe Schule dieser Werkzeugfamilie ist heute in der Lage, komplexe Verkehrsströme über Airlinedrehkreuze (Hubs) so zu priorisieren, dass je nach Nachfragesituation auf das Netz der Airline die richtigen Verkehrsströme „Vorfahrt" vor ertragsseitig schwächerer Nachfrage haben. Bekannteste Nebenfunktion der Ausnutzung der Forecast-Informationen in ProfitLine (neben dem kurzfristigen Ausblick auf das Airlineergebnis) ist aber die Identifikation von Überbuchungspotenzialen für Sitzplätze, die auf Grund von NoShows alternativ unverkauft bleiben.

Mit NetAdvance und SalesAdvance stellt die Advance-Produktlinie dem Vertrieb ein taktisches Instrumentarium zur effizienten Verkaufssteuerung zur Verfügung. Der einzelne Verkäufer, aber auch die zentrale Verkaufssteuerung, erhält mit SalesAdvance ein mächtiges Analysewerkzeug zur Identifikation und Steuerung der Produktivität der verschiedenen Vertriebskanäle. Entsprechend können die Auswirkungen von Vertriebspolitik und Aktionsplanung strukturiert bewertet werden. In Kombination mit klassischen Vertriebswerkzeugen erlebt so die Vertriebsarbeit heute eine deutliche Professionalisierung. Neben der Vertriebskanalsteuerung steht den Airlines mit FrequentLine auch ein systematisches Kundenbindungsprogramm zur Verfügung, das sich neben dem Endkunden (dem Reisenden) auch um die Bereiche Firmen und Reisebüros kümmert. Zusätzlich zur originären Bindungswirkung ermöglicht FrequentLine auch eine gezielte Aktionsplanung und dient als wertvolle Datenquelle für Flugplanung, Steuerung und Marketing.

Fazit: Wissensmanagement als zentrale Herausforderung für die Zukunft

Wie wir gesehen haben, steht hinter den institutionalisierten Abläufen in einer Airline eine Reihe komplexer, IT-gestützter Betriebs- und Geschäftsprozesse, deren einzelne Komponenten die Funktionsfähigkeit der Gesamtarchitektur gewährleisten. Die serviceorientierte IT-Architektur soll dabei die einzelnen Prozessabläufe beschleunigen.

Schlussendlich sollte dieser Beitrag die Bedeutung der Mitarbeiter und das Management von Wissen im Hinblick auf die Funktionsfähigkeit der

Geschäftsprozesse nicht vernachlässigen. Im Wesentlichen geht es hierbei um Bildung und Nutzung von Wissen durch die Mitarbeiter sowie die Bedeutung des Wissens für das laufende Geschäft. Für Airlines ab einer gewissen Komplexitätsstufe ist es heute wettbewerbskritisch, Prozesse und Wissen mittels intelligenter Werkzeuge zu verwalten. Letztendlich führt aber kein Weg daran vorbei, die Skills der Mitarbeiter auf das spezifische „Gesamtkunstwerk" Airline-IT-Management abzustimmen – denn am Ende des Tages gilt auch hier: „A fool with a tool is still a fool."

Reinhold Huber/Bernhardt Seiter

FlyNet oder: Wie das Internet ins Flugzeug kam

Nach gut vier Jahren Entwicklungsphase ist der Internetzugang für Passagiere im Flug nun serienreif und steht mitten im Roll-out auf die gesamte Interkontinentalflotte der Lufthansa. Ein interdisziplinäres Projekt der Spitzenklasse hat verschiedene Sparten des deutschen Luftfahrtkonzerns mit Boeing und weiteren multimedialen Dienstleistern zusammengeführt.

Das IT-Systemhaus der Lufthansa nahm dabei eine wichtige Funktion bei der Planung, dem Design und der Implementierung von mobilen IT-Plattformen wahr. Lufthansa Systems stellte sicher, dass die IT-Bedürfnisse der Kranichlinie in detailgenauen Spezifikationen ausgearbeitet wurden und zusammen mit Boeing und anderen Projektpartnern auch umsetzbar und vertretbar waren. Besonders wichtige Teilfunktionen der Gesamtlösung wurden im Lufthansa Konzernbereich für IT in eigenen Entwicklungen realisiert und sind inzwischen erfolgreich erprobt und im Einsatz. Eine Rückschau auf die ersten Tests mit Prototypen liefert Impressionen zu den Zusammenhängen und Leistungen, die schließlich zum Highspeed Access am Sitzplatz und einer Produktinnovation der Lufthansa führen.

Abbildung 1: D-ABTE, kurz „Tango Echo", das erste Flugzeug mit Breitband-Internet

Ein Erlebnis der Extraklasse: Internet an Bord feiert Premiere bei Lufthansa

15. Januar 2003, 9.30 Uhr, Frankfurt Airport Center – auf einer Pressekonferenz finden sich hochrangige Vertreter von Lufthansa und Boeing zur Verkündung einer Weltpremiere ein: Wir stehen kurz vor dem ersten Passagierflug mit High Speed Internet Access für die Fluggäste in der Geschichte der Luftfahrt. Wolfgang Mayrhuber, der damals noch designierte und heute aktive Nachfolger im Amt von Jürgen Weber für den Vorstandsvorsitz des Lufthansa Konzerns, präsentiert zusammen mit dem CEO von Connexion by Boeing, Scott Carson. Es werden die Möglichkeiten und die Funktionsweise der absolut neuen Technologie an Bord des Fluges LH 418 von Frankfurt nach Washington erläutert.

Alle Passagiere (unabhängig von der Klasse, in der sie fliegen) sollen auf diesem Flug in der Lage sein, mit Leihgeräten oder eigenen Laptops einen Zugang zum Internet aus dem Flugzeug zu nutzen. Der Empfang und das Senden von E-Mails, ob mit oder ohne Anhang, soll genauso möglich sein wie der Zugriff auf Firmennetzwerke von Geschäftsreisenden, die dafür in der Regel eine speziell verschlüsselte Verbindung verwenden.

Wie selbstverständlich klingt da beinahe schon die Möglichkeit, die gesamte Palette aller verfügbaren Websites und deren Services online und in „real time“ auf dem Browser am Sitz abrufen zu können. Hinter den Kulissen dieser Pressekonferenz absolvieren eine Hand voll Experten aus verschiedenen Teilen des Konzerns zusammen mit Spezialisten von Boeing ein paar letzte Checks, stellen sicher, dass all jene Systeme, die von Mayrhuber und Carson einer breiten Öffentlichkeit soeben präsentiert werden, auch zuverlässig laufen werden, wenn das Flugzeug mit der offiziellen Kennung D-ABTE (eine Boeing 747-400) im Dienste des Kranichs den Frankfurter Flughafen Richtung Washington verlassen wird.

Unter den Spezialisten ist als Bezeichnung für das Prototyp-Flugzeug nur noch die Rede von „Tango Echo“ (so das gängige Kürzel für alle Eingeweihten), den Systemzuständen, den verschiedenen gemessenen Parametern, die Auskunft über die Funktionen und deren Status geben, und der Verfügbarkeit des Satellitensystems, welches letztendlich die Kommunikation zum Boden und damit ins Internet ermöglicht.

Die Teams sind nach gut zwei Jahren Projektarbeit voll aufeinander abgestimmt, jeder Handgriff sitzt und die Kommunikation zwischen Flugzeugexperten, IT-Cracks, Kabinencrew, Piloten und Bodenpersonal funktioniert reibungslos – in kleinen Task Forces hat man innerhalb der letzten 24 Monate jede Menge interdisziplinäres Wissen um das Zusammenspiel zwischen Avionik, Informations- und Kommunikationstechnologie sowie den Betrieb einer Airline gesammelt. Man hat sich auf bestimmte Sprachkodizes geeinigt, man hat gelernt, wo jeweils die Möglichkeiten, aber auch die Grenzen der Innovation in allen fachspezifischen Grenzen der beteiligten Bereiche liegen. Alles für diesen Moment – just für den Augenblick, in dem die ersten Passagiere ihre E-Mails über den Wolken versenden, erstmals Websites online browsen, knapp unterhalb der Schallgeschwindigkeit, an einem Ort, an dem der Kontakt zur Außenwelt jahrzehntelang nur über teure Verbindungen durch Satellitentelefone existierte.

Abbildung 2: Die „Tango Echo" beim Umbau, hinter der Kanzel die Aufbauten für die Antennen

Während des Fluges selbst werden nur wenige Experten an Bord sein, einer für die Flugzeugtechnologie und ein weiterer für die IT-Systeme. Zusätzlich werden die Experten von technisch geschulten Promotern begleitet, drei an der Zahl. Diese „FlyNet-Assistants" wurden speziell für die Unterstützung der Service Professionals in der Kabine ausgebildet, um den Passagieren bei allerlei technischen und funktionalen Fragestellungen stets mit Rat und Tat zur Seite stehen zu können. Der Rest der involvierten Experten hat bereits eine Serie von mehr als 100 Testflügen mit der Prototypmaschine absolviert.

In dieser Phase wurden alle Systeme so weit unter den echten Bedingungen im Flugzeug getestet, justiert, optimiert und auf die Bedürfnisse im

Flug abgestimmt, um beim echten Einsatz mit Passagieren mit dem absoluten Minimum an Interaktion auszukommen. Das war vor allem deshalb ein Muss, weil es undenkbar wäre, in einem Flugzeug rein zur Wartung eines elektronischen Systems eine zusätzliche Service Crew zu etablieren. Was in dieser Hinsicht für die Flugzeugtechniker längst ein Routinezustand ist, stellt sich für die IT-Experten zunächst als wirkliche Herausforderung dar. Eine vollkommen automatisierte Netzwerk- und Applikationsumgebung in der Größenordnung von bis zu 400 Usern – das entspricht einem mittelgroßen Bürogebäude – ist nicht ohne erheblichen Aufwand in Planung und Design der Systemlandschaft verbunden und zudem alles andere als selbstverständlich für die Denkmuster von IT-Systemarchitekten.

All jene Passagiere, die als geladene Gäste bekannt sind, werden bereits bei der Pressekonferenz mit allen Informationen zum bevorstehenden Flug versorgt. Die Passagiere, die regulär den Flug nach Washington nutzen, werden am entsprechenden Abfluggate oder in den jeweiligen Lounges am Premieretag nochmals speziell über den Internet-Jungfernflug informiert.

Alle weiteren Vorbereitungen für den Flug LH 418, geplante Abflugzeit in Frankfurt um 11.20 Uhr Ortszeit, sind für alle Beteiligten „business as usual".

Und dennoch ist bereits gut eine Stunde vor dem eigentlichen Abflug, zu Beginn des Einsteigevorgangs, eine durchweg euphorische Stimmung am Gate zu spüren: Die meisten Passagiere sind mit einer Broschüre zum Service dieses speziellen Fluges ausgestattet, jene Promoter, die eine Liste zur Vergabe der Leihlaptops mit sich führen, sind heiß begehrt und können nach kurzer Zeit eine volle Liste mit Interessenten an die mitfliegenden Promoter übergeben, die an Bord später dafür verantwortlich sein werden, dass alle Interessenten ein Leihgerät bekommen und während des Fluges online gehen können.

Die fünf verbleibenden Experten für den Flug, darunter die drei Promoter, bereiten sich für das so genannte Briefing mit der Bordservicecrew vor. Zusammen mit Piloten und Flugbegleitern werden die technisch versierten Flieger noch vor den Passagieren an Bord gehen, um alle Informationen über den Flug zu bekommen. Die Servicecrew ist bereits seit Wochen über diesen „Spezialeinsatz" informiert und bringt ebenso viel Begeisterung für das technische Novum „Internet an Bord" mit ein, wie sie die Cracks aus dem Projekt an den Tag legen. Der Kapitän begrüßt die gesamte Crew, erläutert kurz die geplante Flugroute und wünscht gutes Gelingen, bevor er dem Purser das Wort erteilt.

Auch der Purser dieses Fluges ist Mitglied des FlyNet-Projektteams und kümmert sich neben der internen Kommunikation um alle Kabinenbelange, um die technischen Neuerungen in Einklang mit den Serviceprozessen an Bord zu bringen. Was der Fluggast an Bord mit gewohnter Professionalität erlebt, bedarf der sorgfältigen Planung und muss rechtzeitig mittels Dokumentation und Training den etwa 14.000 Kabinenmitarbeitern vermittelt werden. Nachdem der Purser sein heutiges Team über die Serviceabläufe unter Berücksichtigung der technischen Services wie dem Austeilen der Leihgeräte für die Passagiere informiert hat, gibt es noch ein paar zusätzliche Erläuterungen zu den technischen Systemen, die später einmal von der Kabinencrew zu bedienen sind.

Kurz vor Beginn des Einsteigevorgangs sind alle Crewmitglieder mit Informationen aus erster Hand versorgt, es herrscht Lampenfieber vor der Weltpremiere, man kann es kaum mehr erwarten, die Passagiere surfen zu sehen – es kann losgehen!

Beim so genannten Preboarding, dem vorgezogenen Einsteigevorgang, sind an diesem Tag nicht nur Kinder und Menschen mit Behinderungen mit von der Partie, sondern auch die zahlreichen Journalisten und Kamerateams, die diesen Flug begleiten. Blitzlichter erfüllen den Rumpf der „Tango Echo" schon beim Einsteigen, Stative und Kameras werden mit größter Sorgfalt verstaut, um die Gerätschaften bei Erreichen der Reiseflughöhe möglichst schnell wieder griff- und einsatzbereit zu haben. Ansonsten herrscht nach dem Preboarding die übliche Suche nach den Sitzplätzen, binnen gut einer Stunde sitzen alle Passagiere in der restlos ausgebuchten Maschine – nach der Ansage „Boarding completed" werden die Türen geschlossen und das Flugzeug wird mit dem Schlepper vom Gate weggezogen.

Auf dem Rollfeld muss nicht lange gewartet werden, eine kurze Ansage vom Purser und nach wenigen Minuten wird das Flugzeug von den Piloten auf Startgeschwindigkeit beschleunigt, die voll beladene 747-400 hebt ab. Kurz nach dem Abflug meldet sich der Purser auf Deutsch und Englisch wieder zu Wort – diesmal mit der Ankündigung der lange ersehnten Weltpremiere:

„Meine Damen und Herren,
auf Ihrem heutigen Flug haben Sie die Möglichkeit, als Internetnutzer eine Pionierleistung zu vollbringen. Diese Weltpremiere mit Lufthansa ist auch für die Luftfahrt von besonderer Bedeutung. Wie Sie sicherlich schon von unseren FlyNet-Assistenten erfahren haben, verfügt dieses Flugzeug – als erstes Linienflugzeug der Welt – über einen Breitband-Internet-Anschluss via Satellit, der die Benutzung des Internets ermöglicht. Dies umfasst das Versenden und Empfangen von E-Mails – auch

mit Anhängen – und sogar den Zugang zu Ihrem Firmen-Intranet.

Wir sind stolz, Ihnen nun an Bord erstmals den Zugang zum Internet anbieten zu können, den wir in Zusammenarbeit mit unserem Partner Connexion by Boeing ausschließlich auf dieser Strecke erproben und Ihnen während der gesamten Testphase bis Mitte April kostenlos zur Verfügung stellen.

In wenigen Minuten werden wir Ihnen hierzu einen kurzen Film zeigen, der Sie mit den Besonderheiten von FlyNet vertraut macht und Ihnen schrittweise die einfache Nutzung erläutert.

Unseren Gästen in First und Business Class bieten wir darüber hinaus eine bestimmte Anzahl von Leihgeräten an, die durch unsere FlyNet-Assistenten ausgehändigt werden. Mit diesen Geräten können Sie ebenfalls unseren innovativen Wireless-LAN-Zugang nutzen. Wir wünschen Ihnen nun viel Freude bei der Erprobung dieses weltweit einmaligen Service. Vielen Dank."

Kaum verstummt die Ansage, ist lauter Beifall in der gesamten Kabine zu vernehmen. Die Euphorie der Kabinencrew hat sich voll auf die Passagiere übertragen – die Fluggäste können es nun kaum mehr erwarten, bis das Abschalten der Anschnallzeichen endlich das Auspacken der mitgebrachten oder das Anfragen der Leihgeräte an Bord zulässt. Zuvor ist über die Kabinenmonitore ein stimmungsvoller und humoriger Kurzfilm zu sehen, der mit historischen Schwarz-Weiß-Aufnahmen aus den Anfangstagen der Fliegerei die Brücke zu den revolutionär neuen Möglichkeiten der Nutzung des Cyberspace an Bord schlägt. Die Botschaft: „1894: Der Mensch lernt fliegen – 1926: Airmail geht in die Luft – 2003: Eine neue Ära beginnt – Internet an Bord hebt ab" wird zum eingelösten Serviceversprechen!

Jene drei Promoter, die für das Austeilen der Leihgeräte sowie weiterführende Erklärungen rund um den Webservice im Fluge zuständig sind, werden sofort von den Passagieren in Beschlag genommen – die knapp 100 Leihlaptops an Bord sind binnen 15 Minuten vergriffen.

Die Zeit bis zum Erreichen der Reiseflughöhe nutzen die technischen Experten zum Aktivieren des Internetsystems. Die Antenne und die zugehörige Steuereinheit werden angeschaltet, kurzer Systemcheck – alles o. k. Nachdem die Verbindung zur Bodenstation aufgebaut ist, wird das Bordnetz angeschaltet – alle Netzwerkports stehen auf Grün – das System ist in technisch einwandfreiem Zustand: Es kann jetzt gesurft werden. Die beiden Experten wenden sich jeweils mit „Thumbs up" an die Projekt- und Crewmitglieder, um die fliegende Internetparty zu eröffnen.

Die Anschnallzeichen sind inzwischen erloschen und es herrscht rege Aktivität an allen vorhandenen Laptops an Bord. Niemand, der einen tragbaren Computer bei sich hat oder bereits eines der heiß begehrten Leihgeräte ergattern konnte, hält jetzt still. Geschäftige Finger huschen hastig über die Tastaturen, hier ein Browser, dort ein E-Mail-Client.

Nachdem sich auch die Vertreter von Presse, Funk und Fernsehen von der tatsächlichen Funktion des Web-Access im Flugzeug überzeugen konnten, werden all jene, die als Repräsentanten von Lufthansa und Boeing auszumachen sind, von den Journalisten und Kamerateams in Beschlag genommen. Von höchster Bedeutung sind Fragen zu den technischen Details und zum Angebot für die Passagiere. Natürlich sollen diese Informationen aus erster Hand sein. So werden vor allem immer wieder Wolfgang Mayrhuber, Scott Carson und Burkard Wigger von verschiedenen Journalisten umringt.

Auf die Frage nach einer kurzen Zusammenfassung aller Besonderheiten des neuen Dienstes antwortet Burkard Wigger, Gesamtprojektleiter von FlyNet auf Lufthansa-Seite:

„Die Nachricht, dass Lufthansa als erste Airline im Frühjahr 2003 einen Breitband-Internetzugang an Bord ihrer Langstreckenflotte während einer Testphase betreibt, kündigt eine Weltneuheit an. Neben dem in der Testphase zunächst kostenlosen Internetzugang inklusive der Abfrage von E-Mails samt Anhängen, dem Zugriff auf Firmennetzwerke via VPN sowie einem uneingeschränkten Zugang auf alle weiteren Web-Services, bietet Lufthansa das FlyNet-Portal kostenfrei an und offeriert ihren Kunden damit internationale Nachrichten, umfassende Reiseinformationen auch zu den Zielgebieten, Miles-&-More-Inhalte und Shoppingmöglichkeiten.

Damit das mobile Portal stündlich während des Fluges mit aktuellen Daten bestückt werden kann, sorgen die Spezialisten von Lufthansa und Boeing durch spezielle Verteilungs- und Priorisierungsapplikationen für eine reibungslose Versorgung des Portals mit Inhalten sowie für die ordnungsgemäße Synchronisation jeglicher Inhalte zwischen Boden und Bord und den Betrieb der Server, Netzwerke und Antennen in den Flugzeugen.“

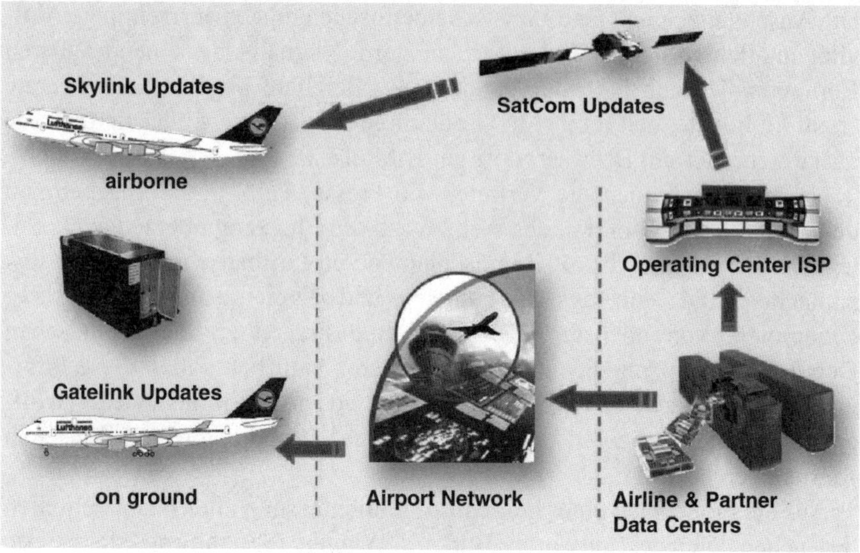

Abbildung 3: FlyNet: Wie kommen die Daten in das Flugzeug?

Die Journalisten notieren eifrig die erfragten Details und Hintergründe zum Projekt FlyNet, erweitern diese um ihre eigenen Eindrücke oder zitieren Passagiere, die ebenso befragt werden wie die Vertreter von Lufthansa und Boeing. Nachdem die ersten Artikel verfasst sind, werden diese prompt und brandaktuell sogar aus dem Flugzeug via Redaktionswebsites oder E-Mail direkt in die Onlineversionen der Printausgaben namhafter Medien eingespielt und von den ersten Passagieren an Bord während des Fluges wieder im World Wide Web gelesen. Die News aus dem Flugzeug sind schließlich nur einen Klick weit weg.

Ein Familienvater, der sich allein auf seiner Rückreise von Europa in die Vereinigten Staaten befindet, macht Bilder mit seiner Digitalkamera, versendet diese per E-Mail als Anhang an seine Familie zu Hause und bekommt tatsächlich nach wenigen Minuten eine Antwort. Freudestrahlend führt er seine Mitreisenden auf seine private Homepage und stellt seine Familie vor.

Ein Mann mit grauem Bart aus dem Jemen ist so fasziniert und beeindruckt zugleich, dass er ganz überschwänglich den Purser zu sich zitiert und diesen mit folgenden Worten des Dankes belegt: *„Vor über 30 Jahren habe ich meine ersten Reisen auf dem Rücken eines Esels begonnen, jetzt fliege ich über den Ozean und kann sogar an meine Familie zu Hause E-Mails verschicken – es ist unglaublich, wie innovativ man heutzutage reisen kann!“*

Ein IT-Profi, unterwegs für ein Unternehmen mit Weltruf, versucht sich gar mit einer Internet-Telefonie-Lösung von seinem Laptop aus. Auch diese Applikation bereitet keine Probleme über das Breitbandnetzwerk im Flugzeug – der Crack verkündet lediglich, dass er leichte Verzögerungen bei der Sprachübertragung bemerkt. Die Experten an Bord verwundert das wenig, denn die Signale und Daten müssen auf dem Weg zur Erde über den Satelliten über 70.000 km zurücklegen. Diese lange Signallaufzeit macht sich dann gerade bei Anwendungen zur Telefonie bemerkbar – jeder allerdings, der schon mal ein Satellitentelefon benutzt hat, kennt diesen Effekt.

Rege Aufmerksamkeit kommt auch dem kostenfreien Onboard-Portal zu. Auf diese speziell für Lufthansa gestaltete Seite wird zunächst jeder Passagier geleitet, der später ins weltweite Netz der Netze einsteigen will. Eine Menge Informationen wie zum Beispiel Börsenkurse, Infos rund um Lufthansa und die Services der Kranichlinie stehen dort zum Abruf bereit. Für spezielle Events sind besonders wichtige Informationen wie Lifeticker zu Sportergebnissen oder anderen wichtigen Ereignissen ein fester Bestandteil des Onboard-Portals. Wer jedoch uneingeschränkt lieber seine angestammten Websites browsen möchten, kann sich mit ein paar Klicks und einer Registrierung bei dem eigentlichen Internet Service Provider – Connexion by Boeing – ins weltweite Netz hangeln.

Die Weltpremiere ist ein gelungener Event an Bord von „Tange Echo" und die Zeit von knapp 9 Stunden an Bord auf dem Weg nach Washington vergeht im wahrsten Sinne des Wortes wie im Fluge. Den Promotern und Experten an Bord bleibt gerade genug Zeit, um die wichtigsten Fragen der Passagiere und Journalisten zu beantworten. Die an Bord ausgeliehenen Laptops können gerade rechtzeitig vor Beginn des Landeanfluges wieder eingesammelt werden, um sie bei der Landung an einem sicheren Platz im Flugzeug aufbewahren zu können. Noch einmal meldet sich der Purser zu Wort:

„Liebe Fluggäste, liebe Internetpioniere, wir danken Ihnen, dass Sie mit so viel Begeisterung und Freude an unserer Weltpremiere aktiv teilgenommen haben, und hoffen, Sie bald wieder einmal an Bord eines unserer Lufthansa-Flugzeuge – sei es mit oder ohne Laptop – begrüßen zu können."

Noch einmal geht eine schallende Welle des Applauses durch das Flugzeug und alle an Bord sind um ein wirkliches Erlebnis reicher – noch nie zuvor gab es einen Passagierflug mit freiem Internetzugang, der gleichzeitig von bis zu 150 Surfern an Bord genutzt wurde! Noch im Landeanflug unterhalten sich die Passagiere angeregt über diesen fantastischen Flug. Beim Aussteigen klopfen zufriedene Gäste dem ein oder anderen Crewmitglied auf die Schulter und kommentieren mit einem erfrischenden: „Weiter so!“

Nachdem der letzte Passagier das Flugzeug verlassen hat, atmen sämtliche Beteiligten seitens Lufthansa und Boeing tief auf – eine absolute Erfolgsgeschichte, die dieser Flug schreibt!

Nach Transfer und Erfrischung im Hotel gibt es in jener Nacht noch eine Party unter Journalisten und Airlinern – der Anlass für diese Feier wird allen Geladenen wohl stets in lebendiger Erinnerung bleiben.

Knapp zwei Jahre später: Ein interdisziplinäres Projekt ist der Schlüssel zum Erfolg der konsequenten Umsetzung

Nachdem es zur Testphase nicht nur einen Flug, sondern eine dreimonatige, intensive Testphase auf der Strecke von Frankfurt nach Washington gibt, steht nach dem Ende dieser Testphase fest, dass die eingesetzte Technologie reif für den Flotteneinbau ist, ebenso die gewählte Strategie, eine Kombination aus kostenlosem Onboard-Portal und später kostenpflichtigem vollwertigem Internetzugang. Auch das wichtigste Kriterium scheint erfüllt zu sein: Die Kunden von Lufthansa wünschen sich einen Zusatzdienst wie den des Internetzugangs an Bord.

Es stehen nach Ende der Testphase noch weitere 18 Monate Projektarbeit an, um die FlyNet-Funktion in den ersten Flugzeugen der Lufthansa-Langstreckenflotte im Frühjahr 2004 in Betrieb nehmen zu können.

Was auf einer Prototypmaschine funktioniert, soll jetzt auf nahezu 80 Flugzeuge ausgedehnt werden: vollautomatisierte Netzwerke im Umfang mittelgroßer Bürogebäude, serienmäßige Strukturaufbauten auf den Rümpfen von Airbussen und Boeings, ein Onboard-Portal, das auf 80 Flugzeugen synchronisiert werden muss – all das, ohne später Spezialisten an Bord mitfliegen zu lassen, die diese Systeme überwachen oder gar deren Betriebsroutine beeinflussen.

Während man bei Lufthansa selbst weiter an den Produktideen und den Anforderungen der Kunden an mobile Datendienste, wie sie FlyNet auch in der Zukunft bieten soll, aus Sicht der Marketingexperten arbeitet, herrscht bei Lufthansa Technik und Boeing reges Treiben zur optimalen Aus- und Umrüstung neuer und bestehender Teilflotten. Es müssen weitere Analysen zu Systemeinbauten und zur Serienzulassung der Roll-out-Systeme bewältigt werden. Allein die Pläne zur zeitlichen Koordinierung des Flottenausbaus füllen Bände. Jeder Handgriff bei der Installation muss sitzen, Spezialteile für die Antennen der neuen Generation müssen angefertigt werden, um diese Antennen auch auf anderen Flugzeugtypen wie einer Boeing 747 installieren zu können.

Bei Lufthansa Systems kümmert man sich indes um die professionelle Umsetzung – angefangen von der Entwicklung einer prototypischen Portalapplikation bis hin zu einer voll mobilen Portallösung eines Flottenverbandes. Wie auch schon beim Prototyp, so soll auch für das Roll-out ein professionelles Medienunternehmen für die Gestaltung und die Umsetzung des Onboard-Portals Pate stehen.

So entschließt man sich im Hause Lufthansa für Tomorrow Focus Technologies, eine hundertprozentige Tochter der Tomorrow Focus AG, als Generalunternehmer für die Umsetzung und den Betrieb des Onboard-Internet-Portals. Auf Basis des hauseigenen Content Management Systems der Tomorrow Focus AG liegt in dieser speziellen Sparte der Internettechnologie sehr viel Know-how und Kompetenz. Lufthansa Systems schließlich betreibt das Portal im Rechenzentrum in Kelsterbach.

Mit dieser Lösung werden die Informationen aus unterschiedlichen Quellen in den Portalserver am Boden eingestellt und über die jeweiligen Portalserver an Bord dargestellt. Doch wie gelangen nun die Portalinhalte vom Boden in die mobilen FlyNet-Portale der Flugzeuge der Langstreckenflotte?

Hierzu hat Lufthansa Systems eine komplexe Kommunikationslösung zwischen Flugzeug und Bodensystem entwickelt, die sowohl über Satelliten als auch über terrestrische Verbindungen die mobilen Portale mit den nötigen Informationen versorgt und die Service-Anfragen der Kunden weiterleitet. Die entscheidende Komponente hierbei ist eine komplette Unabhängigkeit von der Trägerlösung, wie etwa der Satellitenverbindung, die im speziellen Fall für den Flugverkehr bislang nur Connexion by Boeing mit hinreichender Übertragungsgeschwindigkeit und weltweit betreiben kann. Das von Lufthansa Systems entwickelte Logistikmodul für Content Management Systeme kann auf jeder beliebigen Trägerverbindung eingesetzt werden.

Volle Kontrolle über die Systeme und Datenströme für die mobilen Portale

Der Austausch von Daten zwischen Onboard- und Onground-Systemen bietet gleich mehrere Herausforderungen. Zum einen bestehen in der Luftfahrt besondere Sicherheitserfordernisse. Daher darf die gesamte Kommunikation nur vom Bordsystem gesteuert werden. Zusätzlich wurde für die Portal-Server an Bord ein speziell gesichertes Betriebssystem entwickelt.

Zum anderen überwacht und steuert Lufthansa Systems alle Datenströme zwischen Bord und Boden. Während der Passagier das FlyNet-Portal bequem über das bordeigene WLAN (Wireless LAN) nutzt, laufen im Hintergrund komplexe Prozesse des Datenmanagements ab.

Der Service für die Passagiere steht immer im Vordergrund und somit ist das oberste Ziel, die Stabilität und die schnelle Datenübertragung zur Verfügung zu stellen. Damit dies gewährleistet werden kann, entscheidet Lufthansa Systems im Rahmen des Data Volume Management (DVM), wann und wo welche Portalinformationen aktualisiert werden.

Große Datenpakete wie komplette Portal-Updates oder das Einspielen von neuen Software-Releases werden daher ausschließlich während der Zeiten am Gate über eine eigens entwickelte Gate-Link-Verbindung durchgeführt.

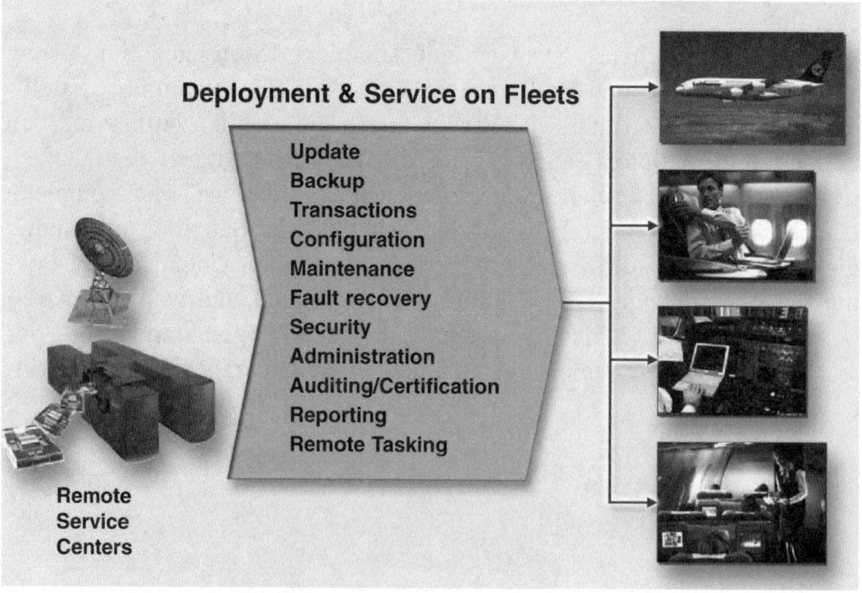

Abbildung 4: FlyNet-IT-Backoffice-Prozesse

Ein stets aktueller Datenpool ermöglicht die Verwaltung der Information, welches der mit FlyNet ausgerüsteten Flugzeuge welche Daten bereits hat und/oder gerade benötigt. Während die aktuelle Planung rund 80 Flugzeuge vorsieht, stehen für die späteren Erweiterungspläne Systeme zur Verfügung, die bis zu 500 mobile Portale verwalten können. Zusätzlich werden stetige Auswertungen über aufgerufene Seiten, Datenmengen und -ströme erstellt. Sie stellen wichtige Informationen über den Stand und die Nutzung der mobilen Portale dar und erleichtern den Experten zukünftige Anpassungen in den Systemen.

Die Wartung der Portal-Server an Bord ist eine weitere spezielle Herausforderung. Nicht nur dass der Zugriff von außen auf die Server in 10.000 Meter Höhe und bei 900 km/h Geschwindigkeit physisch nicht möglich ist, selbst wenn der Flieger am Boden ist, bleibt keine Zeit für eine aufwändige Analyse oder Fehlerbehebung.

Lufthansa Systems begegnet diesem Problem mit einer Dreifachstrategie. Die mobilen Server sind mit einem Self Healing System (SHS) ausgerüstet, welches selbstständig alle notwendigen Maßnahmen bei auftretenden Fehlern durchführt. Sollte das System dennoch fehlerhaft bleiben, können vom Bodensystem Softwareupdates bereitgestellt und automatisch installiert werden. Um auch im Falle von Hardwareschäden den Service schnell wieder aufnehmen zu können, werden parallel zu den Servern an Bord Austauschgeräte am Boden mit identischem Datenbestand bereitgehalten. Diese können dann gegen defekte Geräte an Bord ausgetauscht und ohne weitere Installation und Initialisierung in Betrieb genommen werden. Das Portal ist sofort wieder aktuell.

Nachdem im Frühjahr 2004 die entscheidende Entwicklung bei allen Projektpartnern abgeschlossen ist, können die ersten Flugzeuge vom Typ Airbus A340-600 als erste Teilflotte der Lufthansa bereits bei der Auslieferung ab Werk in Toulouse mit der neuen Internettechnologie an Bord in Betrieb genommen werden.

Um ein möglichst gleichmäßiges Servicemuster anbieten zu können, entscheidet sich das Lufthansa-Management zur gezielten Einführung des Service auf bestimmten Streckenabschnitten. München – Los Angeles bildet den Anfang einer Reihe von nordamerikanischen Destinationen, die mittlerweile komplett durch FlyNet-Flüge abgedeckt werden. Bis Ende des Jahres 2006 wird die gesamte Langstreckenflotte der Lufthansa erfolgreich mit dem neuen Internetservice an Bord ausgestattet sein.

Die Grundlage für diesen Produkterfolg bildete ein Projektmarathon über insgesamt vier Jahre, bei dem sich das Systemhaus der Kranichlinie – Lufthansa Systems – zusammen mit allen anderen Partnern durch Team-

und Pioniergeist, innovatives Denken und wichtige informationstechnologische Kernkompetenzen innerhalb eines Luftfahrtkonzerns verdient gemacht hat.

Karlheinz Natt

Management unseres Herzstücks: das Rechenzentrum

Abstract

Das von 1985 bis 1990 konzipierte Rechenzentrumsgebäude der Deutschen Lufthansa war eine der wesentlichen technischen Grundlagen für die Geschäftserfolge der 1995 gegründeten Lufthansa Systems. Mit dem großzügigen Raumkonzept und dem kompromisslosen Sicherheitssystem ist es noch heute für viele Kunden aus der Luftfahrt und aus anderen Branchen ein sehr geeigneter Gebäudekomplex, um dort die unternehmenseigene IT sicher und nonstop betreiben zu lassen. Auch das damalige Betriebskonzept und seine konsequente Weiterentwicklung bis zum heutigen Tag bilden die Grundlage für eine erfolgreiche Vermarktung von IT-Dienstleistungen.

Konzeption

Die Geschichte des Lufthansa-Rechenzentrums in Kelsterbach begann zehn Jahre vor der Gründung des Systemhauses Lufthansa Systems, 1985. Die Deutsche Lufthansa betrieb aus Platzgründen Rechenzentren an vier verschiedenen Standorten, die Nachfrage nach Gebäudeflächen für die Installation von IT-Systemen nahm jährlich teilweise um 50 Prozent zu. Ein Ende dieses Wachstums war nicht abzusehen. Die Anschläge der Rote Armee Fraktion (RAF) – auch am Flughafen Frankfurt 1985 – zeigten, dass für Rechenzentren der Luftfahrtindustrie eine weitaus höhere Objektsicherheit notwendig war, als sie zu dieser Zeit mit den vorhandenen Objekten dargestellt werden konnte. Die verschiedensten Standorte und Konzepte wurden untersucht und führten zu einer umfassenden Bedarfsanforderung und zu der Planung eines neuen Gebäudes. Die Überlegungen mündeten 1988 in der Grundsteinlegung am heutigen Standort auf einem Gelände, das Lufthansa bis dahin als Betriebssportgelände genutzt hatte. Nach kurzer Bauzeit wurde 1990 das Gebäude bezogen und damit das Konzept für einen sicheren Betrieb von Großrechnern konsequent umgesetzt.

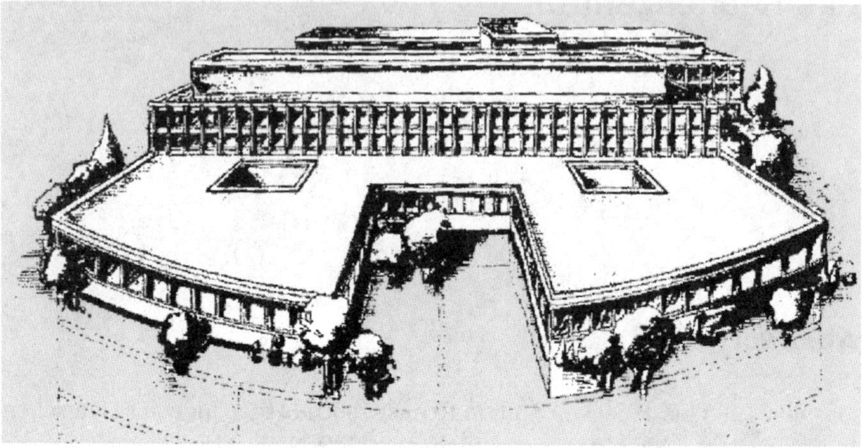

Abbildung 1: Rechenzentrumsgebäude der Lufthansa Systems in Kelsterbach

Gebäudekonzept

Das ganze Rechenzentrum besteht aus zwei bautechnisch unabhängigen Gebäuden, die sich spiegelbildlich gegenüberstehen. Jedes der beiden Gebäude ist in zwei autarke Rechenzentren aufgeteilt, insgesamt befinden sich also vier Rechenzentren rechts und links der Mittelachse.

Abbildung 2: Gebäudekonzept des Rechenzentrums von Lufthansa Systems in Kelsterbach

Aus der Erde ragt gleichsam nur die Spitze des Eisbergs, denn das Gebäude setzt sich nach unten um 16 Meter fort und bietet dort Platz für insgesamt vier unterirdische Geschosse. Beginnen wir mit dem Erdgeschoss.

Der *operational floor* dient der Unterbringung der gesamten durch das Operating bedienten peripheren Hardware. Dadurch ist sichergestellt, dass die im Rechenzentrum arbeitenden Menschen den Großteil ihrer Arbeitszeit unter Tageslichtbedingungen verbringen können.

Das *maintenance level* darunter ist der zum operational floor gehörende Doppelboden. Dieser ist, wie alle Doppelböden im Rechenzentrum, 2,30 Meter hoch und somit voll begehbar. Das computer level ist die unbediente Ebene. Hier befinden sich die Rechner und andere Hardware, die nicht ständig vor Ort bedient werden müssen. Darunter als maintenance level der dazugehörende Doppelboden.

Die Ebene *data safes and infrastructure* ist für die Versorgungstechnik, zentrale Klimaanlagen, Kältemaschinen und Einrichtungen zur Stromversorgung. Auch die beiden Datenschutzhäuser des Rechenzentrumskomplexes sind hier untergebracht. Die begehbaren Doppelböden (*maintenance level*) sind aus der Erfahrung geboren, dass die dicken und unflexiblen Computerkabel aus normalen Doppelböden nicht ohne die Abschaltung anderer Systeme entfernt werden konnten. Diese Art der Doppelböden – einzigartig im Bau von Rechenzentren – gewährleisten einen Nonstop-Betrieb der Anlagen auch in der Installations- und Deinstallationsphase von Nachbarsystemen. Durch diese Doppelbodenkonstruktion konnten in der Zeit der Großrechnersysteme Installations- und Deinstallationszeiten, die marktüblich in Tagen und Wochen gemessen wurden, auf Stunden verkürzt werden.

Betriebskonzept

Der Aufbau des Gebäudekomplexes unterstützte von Anfang an die unterschiedlichsten Betriebs- und Installationskonzepte. So gilt für alle Systeme, für die ein zweites System als Back-up installiert werden soll, zunächst die Installation in zwei verschiedenen Rechenzentren als Grundvoraussetzung. Die spezielle Gebäudeauslegung des Lufthansa-Rechenzentrums ermöglichte nicht nur diese grundsätzliche Möglichkeit, sondern darüber hinaus auch die Ansiedlung einer solchen Back-up-Installation in einem anderen Gebäude. Von dieser Möglichkeit wurde auf allen Gebäudeebenen Gebrauch gemacht.

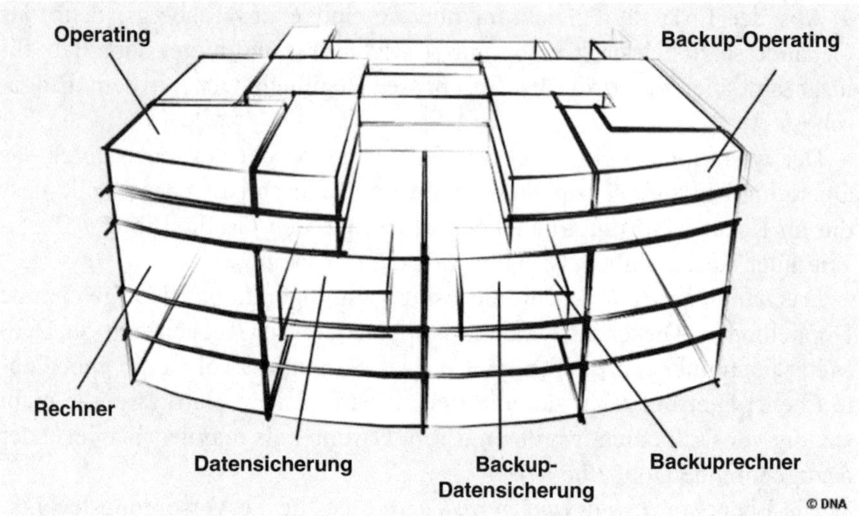

Abbildung 3: Betriebskonzept des Rechenzentrums von Lufthansa Systems in Kelsterbach

So befand sich in einem Gebäude im Erdgeschoss nicht nur das Operating, sondern auch ein Back-up-Leitstand, von dem aus die Rechner im Notfall bedient werden konnten. Das gleiche Prinzip wurde bei der Installation von Rechnern angewandt, das entsprechende Back-up wurde sowohl in einem anderen Rechenzentrum als auch in einem anderen Gebäude installiert. Auch die auf der untersten Ebene angesiedelten Datenschutzhäuser sind jeweils als „Haus im Haus" in zwei getrennten Gebäuden eingebaut.

Die in den letzten Jahren dynamisch vollzogenen technologischen Entwicklungen haben dieses Konzept im Wesentlichen beibehalten. Die zwischenzeitlich erfolgte Verlagerung des Back-up-Leitstandes an einen anderen Standort verändert das Betriebskonzept in keiner Weise.

Sicherheitskonzept

Die Zeit der akuten Bedrohung durch Anschläge von Terroristen wurde zwar am Ende der Bauzeit als weniger bedrohlich eingeschätzt, aber dort, wo Informationen verarbeitet werden, war und ist Sicherheit besonders gefragt. Die entsprechenden Überlegungen waren deshalb auch ein wesentlicher Teil der Konzeption des Rechenzentrums.

Der Sicherheitszaun, Überwachungskameras, Meldesysteme und weitere Einrichtungen gewährleisten eine hohe Objektsicherheit.

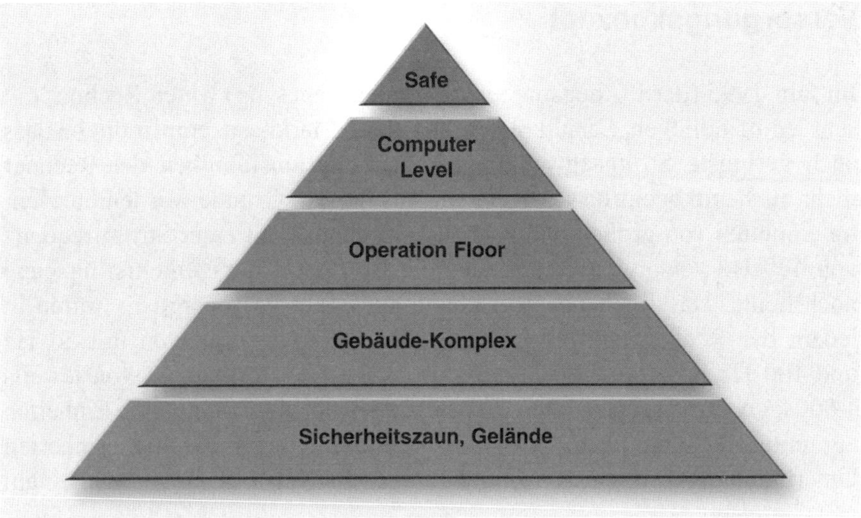

Abbildung 4: Mehrstufiges Sicherheitskonzept

Eine automatisierte Zugangskontrolle mit Schleusensystemen für Menschen und Material schützt das Betriebsgebäude. Die Aufteilung in Sicherheitszonen sowie die Trennung von Personen- und Materialverkehr sind umgesetzte Maßnahmen der organisatorischen Sicherheit. Spezielle Software prüft bei jedem Zugriff auf die Rechnersysteme die User-ID und das geheime Passwort; heute sind moderne biometrische Zugangs- und Zugriffssysteme in der Erprobung. Ein unbefugtes Eindringen in die Systeme soll damit verhindert werden. Auch der Zugang zu den ausgedruckten Daten wurde durch die Gebäudekonzeption geregelt und garantierte somit einen zuverlässigen Zugriffsschutz.

Viele unternehmenskritische Onlinedaten werden als Spiegeldateien auf getrennten Speichereinheiten doppelt geführt, in definierten Zyklen auf Magnetkassetten oder Tapes gesichert und in besonders geschützten Safes durch Roboter automatisch verarbeitet. Zusätzlich werden besonders wichtige Datenbestände in so genannten Katastrophen-Archiven an externe Standorte ausgelagert.

Alle diese Maßnahmen summieren sich zu einer sicheren Datenhaltung und waren zum Zeitpunkt der Gründung von Lufthansa Systems wegen der konsequenten Umsetzung der Konzepte ein wesentliches Verkaufsargument für potenzielle Kunden.

Versorgungskonzept

Im Jahr 1995 (der PC begann gerade seinen Siegeszug) waren Rechner mit sehr empfindlichen Schaltkreisen auf dem Markt, so empfindlich, dass auch geringste Stromschwankungen die Funktionsfähigkeit der Rechner mehr als heute beeinflussen konnten. Aus diesem Grunde wurden die Zentraleinheiten von großen und schnellen Rechnern mit einer Stromfrequenz von 400 Hz versorgt; wie übrigens die Bordnetze der Verkehrsflugzeuge noch heute. Das Rechenzentrum hatte auch hier vorgesorgt. Es waren in jedem der Rechenzentrumsgebäude zwei Stromversorgungen mit 50 Hz und 400 Hz installiert. Insgesamt gab es 21 Transformatoren von jeweils 1.000 kVA mit zwei separaten Einspeisungen aus dem Standnetz, Einheiten zur unterbrechungsfreien Stromversorgung mit einer batteriegesicherten Unterbrechungszeit von 10 Minuten und sechs Netzersatzanlagen in einem n+1-Konzept.

Schaltkreise brauchen Energie, sie verbrauchen keine – oder fast keine. Dies ist bei einem PC unter dem Schreibtisch kein großes Problem. Rechner, die auf einer Fläche von 6.000 m^2 installiert sind, brauchen eine Menge Energie und wandeln diese in Wärme um.

In der Konzeption des Rechenzentrums wurde eine Gesamtverbrauchsmenge von 12.000 kVA angenommen. Da diese geballte Leistungsmenge von den installierten Computersystemen in Wärme umgewandelt wird, benötigt man einen großen Teil dieser Leistung, um die erzeugte Wärme zu entsorgen. Die Leistungsaufnahme entspricht der von Haushalten einer Kleinstadt wie etwa Rüsselsheim. Der Kühlkreislauf ist als geschlossener Wasserkreislauf ausgelegt, d. h., das erwärmte Wasser wird in großen Wärmetauschern auf dem Dach des Gebäudes auf Normaltemperatur zurückgekühlt. Sollten diese Wärmetauscher ausfallen, muss der geschlossene Kreislauf unterbrochen werden und Leitungswasser aus dem Stadtnetz müsste die Gesamtkühlleistung übernehmen. Um das Stadtnetz zu entlasten – in Kelsterbach wäre dies ein sprunghafter Verbrauchsanstieg um 50 Prozent – hat das Rechenzentrum einen eigenen Brunnen, der im Notfall das notwendige Wasser bereitstellt.

1995 gab es zwei Arten, wie die nicht verbrauchte Energie in Form von Wärme aus den Rechnersystemen geleitet wurde. Zum einen mittels kühler Luft, die in die Doppelböden eingeführt wurde, durch die Rechner strömte und als Warmluft den Raum an der Decke wieder verließ. Eine andere Art war die direkte Kühlung der Systeme mit gekühltem Wasser, das sich beim Durchfluss durch die Rechner erwärmte und dann direkt in die Wärmetauscher zur Rückkühlung geleitet werden konnte, eine Art der „direkten Wasserkühlung“, die in modernen Systemen heute nicht mehr angewendet wird und in den derzeitigen technischen Entwicklungen nicht vorgesehen ist.

Druckzentrum

Ein Rechenzentrum ohne Papierproduktion war 1995 nicht vorstellbar. Es mussten Unmengen von Listen im Anschluss an die Verarbeitung von Daten in der Nacht jeweils am nächsten Morgen den Nutzern zur Verfügung stehen. Im Kelsterbacher Rechenzentrum waren deshalb zwei Laser-Druckstraßen installiert; auf jeder dieser Druckstraßen konnten bis zu 200 Seiten pro Minute ausgedruckt werden. Anschließend an den Druck wurden die Listen automatisch separiert und mit einem Kurierdienst an die Empfänger im Frankfurter Raum verteilt.

Auch für die Kunden in Hamburg war eine solche Druckstraße vor Ort installiert, die im Anschluss die Belege auch noch kuvertieren konnte. So wurden von dort z. B. die Lohnabrechnungsbelege weltweit versandt. Im Zeitalter von Online und Internet gehört die Produktion von Ergebnissen in Papierform direkt im Rechenzentrum der Vergangenheit an. Heute sind Spezialfirmen mit dem Papierversand beauftragt und das dazugehörende Drucken findet in den jeweiligen Räumen dieser Firmen statt. Die durch diese Auslagerung gewonnene Fläche wurde zwischenzeitlich in Fläche für Computer und Datenlagerung umgewandelt.

Netzwerk

Als das Rechenzentrum geplant und gebaut wurde, waren Netze in der Regel noch sehr strahlenförmige Gebilde, daran hatte sich auch bis zur Gründungszeit von Lufthansa Systems wenig geändert. So war das Rechenzentrum am Standort Kelsterbach für den Lufthansa Konzern „die Spinne im Netz“. Aber schon damals waren die installierten Rechner ständig mit fast allen Lufthansa-Stationen und -Verkaufsbüros verbunden. Außer den eigenen Einrichtungen waren auch damals schon Datenvermittlungssysteme wie START, SITA und Amadeus am weltweiten Datentransfer beteiligt.

Um die technische Anfälligkeit dieses zentralen Punktes abzusichern, verlaufen die Netze auf getrennten erdgebundenen Wegen zum Rechenzentrum und werden dort an mehreren Stellen in das Gebäude geführt. Das sternförmige Netzwerk ermöglichte durch Einsatz jeweils neuester Technologien optimale Übertragungsgeschwindigkeiten und damit kürzeste Antwortzeiten, die für alle Prozesse rund ums Fliegen und rund um das Flugzeug von hoher Bedeutung waren und auch heute noch sind. Diese zentrale Bedeutung, aus der Sicht des externen Netzwerkes, hat das Rechenzentrum im Zeitalter der heute vermaschten Netze verloren. Trotzdem oder gerade deshalb spielen auch noch heute die unterschiedlichsten Verbindungsmöglichkeiten, wie Kabel, Funk, Lasertechnik und Satelliten, eine entscheidende Rolle und sind in ihren vielfältigen Ausprägungen am Rechenzentrumsstandort installiert.

In der heutigen Konzeption spielen nicht nur Netzwerke zu und vom Rechenzentrum eine wichtige Rolle, sondern auch Netzwerke innerhalb des Zentrums, die zur Verbindung der vielfältigen Serversysteme untereinander dienen. So ist heute ein Hochgeschwindigkeitsnetzwerk installiert, das hilft, Server in ihrer Verarbeitungsleistung zu verbinden, und das die Datenspeicherung mittels eines SAN (Storage Area Network) unabhängig von den jeweiligen Servern macht.

Anwendungen

Das Rechenzentrum und seine Mitarbeiter unterstützen die Anwender aller Unternehmenszweige des Konzerns mit Informationstechnik. Fluggastbuchung und Flugabfertigung, zentrale Verkehrssteuerung, Flugdienstberatung, Frachtverkehr sowie Passage- und Fluginformation, Management- und Supportsysteme, Werftbetrieb und Materialwirtschaft, Rechnungswesen, technische Sicherheit sowie weitere Tochterunternehmen gehörten und gehören auch heute noch zu den Kunden des Rechenzentrums. Zur Gründungszeit von Lufthansa Systems starteten viele Automationsprozesse rund ums Fliegen. Mit Hilfe der Kundenkarte oder einer Kreditkarte konnte man zum ersten Mal an einem Automaten ein Flugticket erhalten und mit einem Automatenticket auch die Bordkarte für den Flug selbst anfordern – der Vorläufer von etix® (Electronic Ticketing System der Deutschen Lufthansa und ihrer Partner).

Auf der Basis des im Luftfahrtumfeld geforderten Wissens und den dafür etablierten Prozessen ist es nicht schwer gefallen, Anwendungen von anderen Kunden zu integrieren. So unterstützten die Anwendungen der ersten Kunden vor allem zeitkritische Anwendungen der jeweiligen Verkaufs- und Produktionsprozesse. Mit der Erweiterung des Kundenkreises auf weitere Branchen sind die Anwendungen im Laufe der Zeit noch vielfältiger geworden und stützen sich heute auch auf Standardanwendungen wie SAP und vergleichbare Produkte.

Benutzerbetreuung

Wo Informationen verarbeitet werden, gab und gibt es noch heute Unzulänglichkeiten und auch Fehler. Der Anwenderservice ließ schon in der Gründungszeit von Lufthansa Systems den Kunden nicht allein. Er sorgte für schnelle und unbürokratische Hilfe bei allen Problemen im Routinegeschäft. Das User Help Desk im Rechenzentrum war die zentrale Anlaufstelle für den Dialog zwischen „Produzenten“ und Anwendern. Mit breitem Know-how und Engagement für den Kunden garantierten auch diese Mitarbeiter, dass die Informationsverarbeitung sicher und zuverlässig funktionierte. Mit dem Anwachsen des Online-Datenverkehrs in den letzten zehn Jahren stieg das Volumen dieser Dienstleistung stetig an; neben Dienstleistern, die heute im Auftrag von Lufthansa Systems diese Benutzerbetreuung übernommen haben, gibt es auch eigene Betreuungszentren in Deutschland, Belgien und Indien.

Service Management

Eine wesentliche Änderung innerhalb der Organisation des Rechenzentrums wurde ausgelöst durch die große Verbreiterung der Kundenbasis und die Vielzahl der unterschiedlichen Kundenanforderungen. Eine einfache Zuordnung von Organisationseinheiten des Kunden zu Produktionseinheiten des Rechenzentrums war wegen der Vernetzung der Abläufe nicht mehr möglich oder wegen der Vielzahl der Kunden wirtschaftlich nicht mehr darstellbar.

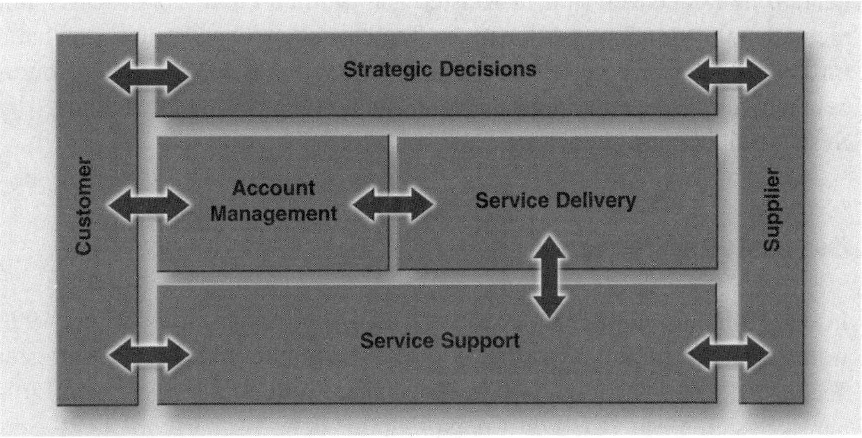

Abbildung 5: Service-Management-Konzept nach ITIL

Die im ITIL-Umfeld (IT-Infrastructure Library) beschriebenen Prozesse gaben einen guten Ansatz, die interne Rechenzentrumsorganisation mit Hilfe dieser Prozessbeschreibungen den neuen Bedürfnissen anzupassen. In mehreren Schritten wurde die Organisation auf die Unterstützung dieser Prozesse ausgerichtet. Sie ist heute als Organisationsform in der Lage, schnell auf Wachstum und geografische Veränderungen zu reagieren.

Daten und Fakten

Um die Leistung von Rechenzentren vergleichbar zu machen, gibt es die verschiedensten Ansätze, die je nach Zielsetzung der Aufzählung genutzt werden. Ein paar Zahlen mögen die Leistungsfähigkeit des Lufthansa-Rechenzentrums in Kelsterbach darstellen.

Mit einer Fläche von 6.000 m^2, auf denen Rechner und Speichersysteme aufgestellt werden konnten, war und ist das Zentrum in Kelsterbach eines der größten kommerziell genutzten Rechenzentren in Europa. Die 1995 installierte Plattenspeicherkapazität von 3,7 Terabyte war damals eine imponierende Größe; zehn Jahre später entspricht dies der Kapazität von 37 Aldi-Rechnern. Ein Großteil der Verarbeitung von Daten wurde in Abfragen gemessen, 1995 gab es auf allen Rechnersystemen zusammen mehr als 3 Mrd. solcher Transaktionen. Der Rest der Verarbeitung erreichte den Anwender als „Druckoutput“; so wurden im Jahr 1995 1,6 Mrd. Druckzeilen ausgegeben. Heute haben sich all diese Größen potenziert und entziehen sich durch die Geschwindigkeit des Wachstums einer exakten Zählung. Als Anhaltspunkt mögen die Zahlen zum Jahresende 2004 dienen: Ausgehend vom Rechenzentrum in Kelsterbach wurden circa 2.000 Server mit mehr als 200 Mio. Transaktionen pro Tag betrieben. Die Organisation hatte im Jahr 2004 circa 25.000 Änderungen (Changes) an den Systemen vorzunehmen, um die technologische und funktionale Weiterentwicklung der Systeme sicherzustellen.

Die ersten externen Kunden

In der Planungs- und Bauphase des Rechenzentrums von 1985 bis 1990 waren Datenverarbeitungsrechner große Schränke mit kompliziertester Technik, die so genannten Großrechner. In der Gründungsphase von Lufthansa Systems war *Personal Computing* auf dem Vormarsch, Client-/Server-Technologie mit der damit zusammenhängenden Miniaturisierung von

Rechnersystemen begann sich abzuzeichnen und die ersten Projekte zur Einführung von SAP/R3 wurden auch im Lufthansa Konzern gestartet.

Nicht nur der in anderen Beiträgen geschilderte Konzernauftrag, sondern auch die fortschreitende Miniaturisierung von Computersystemen zwangen uns alle, weitere Kunden für die immer leerer werdenden Säle des Rechenzentrums zu suchen. So begann die Akquisition von Kunden für das Rechenzentrum schon vor der Gründung von Lufthansa Systems und wurde dann auch schon bald nach der Gründung im Jahr 1995 mit dem Vertragsabschluss beim ersten Kunden, einem nordhessischen Industrieunternehmen, belohnt. Damit war der erste Schritt zum externen Markt getan, das Flächenproblem des Rechenzentrums aber nicht gelöst. Erst ein Vertrag mit einer Frankfurter Großbank im Jahr 1996, die ein Back-up-Rechenzentrum, das auf Großrechnertechnologie basierte, im Kelsterbacher Rechenzentrum einrichtete, führte wieder zu einer vollständigen Verwendung der großzügig geplanten Fläche und war gleichzeitig der Grundstein für weiteres Wachstum.

Heute ein Kontrollzentrum für mehrere Standorte

Längst hat sich das Unternehmen Lufthansa Systems zu einem Dienstleister für Kunden aus vielen Branchen an vielen Standorten entwickelt, sodass auch eines der größten kommerziellen Rechenzentren in Europa jetzt wieder zu klein geworden ist, um alle Kundenanforderungen zu erfüllen. Auch gibt es Kunden mit ganz speziellen regionalen Bedürfnissen, deren Rechner sich aus technischen oder auch emotionalen Gründen nicht an einem Standort konzentrieren lassen. So sind inzwischen mittelgroße Rechenzentren in Hamburg und München dazugekommen. Weitere kundenbezogene Rechnerräume befinden sich im Frankfurter Raum. Für spezielle Anwendungen sind kleinere Rechenzentren in Städten wie New York, Singapur, Danzig und Budapest entstanden.

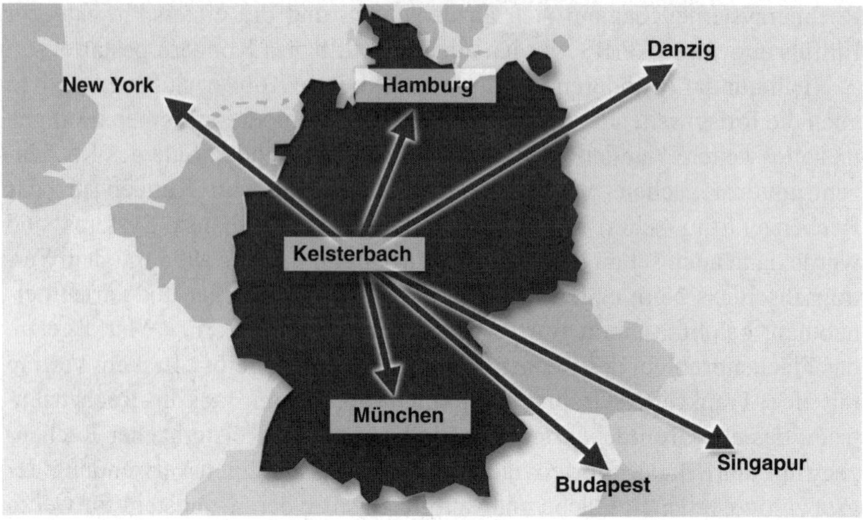

Abbildung 6: Verteilung der Rechenzentren der Lufthansa Systems Group

Die Rechner in vielen dieser Rechenzentren werden heute aus der Zentrale heraus in Kelsterbach gesteuert. Im *Enterprise Operation Center (EOC)* des zentralen Rechenzentrums arbeiten nun circa 70 Mitarbeiter rund um die Uhr, um die Rechner und Netze zu überwachen und um bei Problemen schnell und koordiniert eingreifen zu können.

Erweiterung des Sicherheitskonzeptes

Das in den Gründungsjahren entwickelte Sicherheitskonzept hat dank seiner konsequenten Auslegung auch heute noch Bestand. Die Auslegung des *Operation Centers*, nun EOC, als Leitstand für viele Standorte, bedingt, dass hier eine besondere Katastrophenvorsorge getroffen werden musste. Die zwischenzeitlich erfolgte Vernetzung vieler Standorte untereinander gibt die Möglichkeit, sowohl einen Standort nahe des Hauptstandortes als auch einen weiteren in großer Entfernung zu etablieren. Beide Möglichkeiten wurden genutzt. So gibt es heute einen Leitstand in „walking distance", den die betroffenen Mitarbeiter im Ernstfall zu Fuß erreichen können.

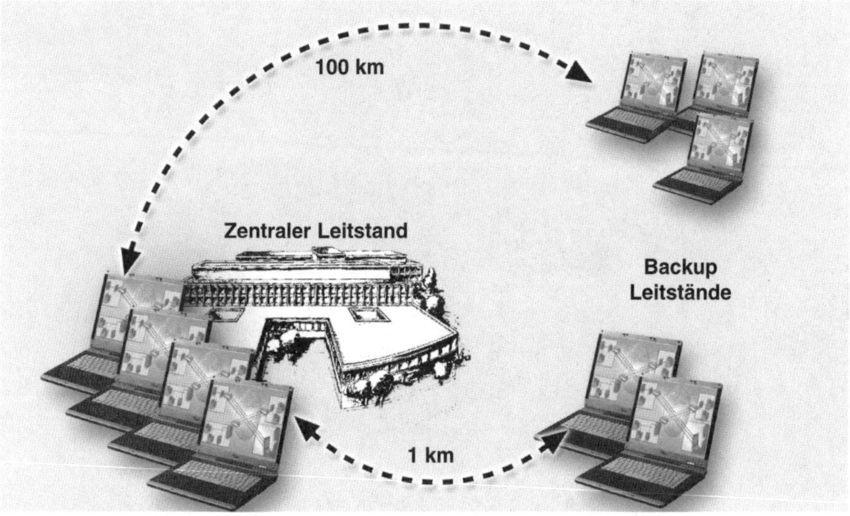

Abbildung 7: Geografische Verteilung der Leitstände

Ein weiteres *Operating Center* befindet sich für Notfallaufgaben in einer Entfernung von 100 km in eigenen Räumen von Lufthansa Systems und ist über gut ausgebaute Straßen oder mit einem Helikopterservice schnell zu erreichen.

Dienstleistungszentrum für viele Kunden

Die Auslegung des Rechenzentrums war zu Beginn von Lufthansa Systems sowohl in der Gebäudestruktur als auch in den Betriebskonzepten ganz auf die Bedürfnisse des Lufthansa Konzerns ausgerichtet. Diese Ausrichtung und die damit verbundene Konzeption haben sich allerdings bestens bewährt, um neben den Anforderungen von Luftfahrtgesellschaften auch wesentliche Bedürfnisse anderer Kunden zu decken. Mit der wachsenden Anzahl von Kunden und dem damit wachsenden Zwang zur Prozessharmonisierung wurden Organisationsformen, die auf den Grundprinzipien von ITIL basieren, etabliert.

Heute nutzen mehrere Banken und Dienstleister aus dem Bankenumfeld als Kunden von Lufthansa Systems diese Infrastruktur. Auch Produktionsfirmen, die auf sichere und rund um die Uhr betriebene IT-Infrastruktur angewiesen sind, zählen zu den nahezu 200 Kunden, die Lufthansa Systems betreut.

Andy Schweiger

Flight Fidelity: Verkehrsflugzeuge von morgen und IT-Prozesse

Die Zukunft von IT-Prozessen in Verkehrsflugzeugen in der Stunde voll digitalisierter Unterhaltung und Logistik an Bord

Im September 2007 findet der Jungfernflug der neuesten Transatlantikmaschine der Kranichlinie statt – der Airbus A380 wird feierlich in den Dienst der Lufthansa gestellt. Zwischen dem ersten Abflug im Dienst der Lufthansa und der Vision zum Einsatz des Superjumbos wird gut eine Dekade liegen. Das neue Fluggerät ist nicht nur in Sachen Größe, Beförderungskapazität oder Flugeigenschaften ein absolutes Novum.

Dieses Wunderwerk der Technik kann mit Fug und Recht ebenso von sich behaupten, es sei ein fliegendes Rechenzentrum. Modernste Kommunikations- und Informationstechnologien versorgen Passagiere, Service Crew, Piloten, aber auch das Bodenpersonal zur Wartung, Bestückung und Beladung des fliegenden Goliaths, mit Daten und Informationen in bislang noch nicht bekannter Menge und Qualität.

Vom modernen Münchner Flughafen hebt das Flugzeug in Richtung Zielflughafen New York/John F. Kennedy ab. Die Gäste, ein erlesenes Publikum, kommen nicht nur in den Genuss einer völlig neuen Kategorie von Flugzeug, sondern finden sich in einer gänzlich anderen Umgebung wieder. Eine neue Generation der integrierten Informations- und Servicelandschaft rund um den Mobilitätsdienst der Passagiere hebt zum ersten Mal ab.

Maßgeschneidert auf die jeweiligen Bedürfnisse der individuellsten Kunden ist das „Setting", in dem sich die Menschen auf dem Transport zum Flughafen über das Check-in, die Lounge und schließlich bis hin zum bequemen Transportsessel im Großraumflugzeug bewegen. Aktuelle, individualisierte Informationen online, News, Unterhaltungsprogramme auf Abruf? Selbstverständlich! Zu nahezu jedem beliebigen Zeitpunkt in der Obhut der Fluglinie lassen sich Informationen aus dem Internet abrufen, das Unterhaltungsprogramm mit „Special Interest Communities“ verknüpfen, Querverbindungen zu beliebig vielen persönlichen Interessengebieten herstellen. Die durchweg intuitiv und ergonomisch gehaltene Benutzerführung im browserbasierten Mobilitätsportal der Airline ist zudem kinderleicht zu bedienen und mit allen marktgängigen Endgeräten wie Laptops oder PDAs kompatibel.

Senator Burton, ein wohlhabender Börsenmakler der Wall Street, plant auf dem Rückweg nach New York bereits in der Münchner Lounge seinen nächsten Trip nach Europa. Seine Sekretärin hat ihm gerade im Travel-Management-Portal der Airline das letzte Update seines Reiseverlaufs mit allen Terminen und Reisedokumenten zum Download auf sein Laptop eingestellt. Burton wird bei seinem nächsten Trip zwei freie Abende haben und ist überzeugter Fan der Münchner Philharmoniker. Die Information zu den Tickets und ein spezielles Angebot für einen Konzertabend über das Bonusprogramm seiner bevorzugten Airline liefert das CRM-Modul des Carriers gleich passend zum Reiseverlauf. Ein paar Klicks noch, fertig – da wird es auch schon Zeit zum Boarding.

An Bord wird der Senator auf dem Bildschirm an seinem Sitzplatz mit aktuellen Informationen zur Flugroute, den Highlights für die Überflüge besonderer Lokationen und mit Menüvorschlägen versorgt. Über den Touchscreen an seinem Sitz wählt der Vielflieger sein Menü an Bord aus – je nach Lust und Laune auch den Zeitpunkt, zu dem er dieses serviert haben will. Bei einem Glas Champagner stimmt sich der Passagier auf den Flug ein.

Da Oliver Burton ein ganz besonderer Fluggast ist, bekommt er nach Erreichen der Reiseflughöhe noch eine speziell ihm gewidmete Ausgabe einer hochwertigen Konzertaufzeichnung der Münchner Philharmoniker in DVD-Qualität als Downloadoption im Portal angezeigt. Die Daten für den Download liegen bereits auf dem Flugzeugserver und sind kompatibel zur Vielfliegersoftware auf Burtons Laptop, für das er an seinem Sitz genügend Platz hat, um ganz nach Lust und Laune wie im Büro daran arbeiten zu können oder die zum Download/Downstream bereitgestellten Audiofiles mit seinem Multimedia-Laptop zu hören.

Die Service Crews sind ebenfalls mit modernster digitaler Kommunikationstechnologie ausgestattet, um den Passagieren mit allerhand Informationen rund um die ganz individuellen Bedürfnisse der einzelnen Fluggäste zur Seite zu stehen. Wurden bis vor kurzem noch jede Menge Informationen auf dem „konventionellen Papierweg“ zwischen bodenbasierten Dienstleistungseinheiten, Cockpit und Service Crew ausgetauscht, so lassen sich jetzt die jeweils benötigten Informationen maßgeschneidert und auf die jeweilige Situation abgestimmt über den „Lufthansa Digital Assistant“ abrufen. Das Gerät ist leicht, handlich und hat es in sich. Über verschiedene Verbindungswege, sei es GSM, GPRS, UMTS oder WLAN, lassen sich mit diesem digitalen Serviceassistenten zielgerichtet Informationen abrufen. So erleichtert eine digitale Kopie der Passagierliste eine Aktualisierung der oft recht kurzfristigen Platzierung der Passagiere, sodass auch nach dem Umsetzen der Passagiere ad hoc alle Namen und Sitzplätze korrekt zugeordnet werden können.

Zusatzinformationen wie besondere Essenswünsche, spezielle Transportanforderungen, Spezialgepäck oder andere Sonderwünsche lassen sich jederzeit im Service-Portal für die Crews abfragen, ergänzen und weiterverarbeiten. Bordeinkäufe können bequem vom Passagier per Onboard-Portal getätigt werden, die entsprechend zuständigen Servicekräfte sind sofort über die Wünsche der Passagiere im Bilde und können die verkauften Artikel direkt zuordnen.

Anschlussflüge und wichtige destinationsbezogene Informationen für die Abwicklung des Fluges am Zielflughafen werden bis kurz vor Landung an die Endgeräte der Crew via Internet übertragen und können so unmittelbar an die Passagiere weitergeleitet werden.

Alle weiteren für die Serviceabläufe bedeutsamen Informationen haben sich die Service-Crew-Mitglieder bereits beim Briefing auf der Abflugbasis über Download besorgt. Die Crew ist somit optimal über den Ladezustand, das Catering und mit Zusatzinformationen zu Passagieren versorgt.

Die Piloten erhalten ebenfalls bereits vorab alle wichtigen Planungs- und Wegeinformationen in digitalisierter Form. Die „Pilot Workpads“, die Laptops der Piloten, sind mit allen Applikationen für die Flugplanung bestückt und werden vor dem Briefing nochmals mit den zentralen Rechnern synchronisiert. Ladelisten, Trimmprogramme, die Kalkulation für den Treibstoff, aktualisierte Flugkarten und Wetterdaten unterstützen die Arbeit der Piloten in einem Applikationspaket namens Electronic Flight Bag. Ein übersichtliches und ergonomisch auf die Bedürfnisse der Piloten abgestimmtes Applikationsportfolio verbirgt sich hinter dem als EFB abgekürzten Softwarepaket. Auch die Laptops der Piloten können sowohl innerhalb als auch außerhalb des Flugzeugs über verschiedene Kommunikationskanäle aktualisiert und synchronisiert werden. Die Wetterdaten lassen sich sogar noch während des Fluges über einen gesicherten Internetzugang nachladen, um so auch bei kurzfristigen Wetterveränderungen angemessen und sicher reagieren zu können.

Die meist von den Passagieren gänzlich unbemerkte Hintergrundlogistik, die als unabdingbare Vorbereitung für jeden Flug zu leisten ist, wird bis zur Inbetriebnahme des Superjumbos lückenlos durch eine Informationskette abgedeckt. RFID-Tags machen Gepäckstücke identifizierbar, die Ladelisten sind mit denen der Piloten auf dem gleichen Stand und werden ohne Medienbrüche synchronisiert. Betankung, Beladung und weitere kritische Vorgänge in der Flugvorbereitung können von allen Beteiligten in Echtzeit verfolgt werden. Die zeitnahe Information bürgt dabei für erhöhte Effizienz einerseits und maximale Sicherheit andererseits.

Vision oder Realität in wenigen Jahren?

Sind die vorab beschriebenen Szenarien nun Zukunftsmusik oder nur Werbegag für die nächste Generation des Kundenbindungsprogramms einer Airline? Weder noch! Große Teile der entsprechenden Informationstechnologien sind bereits heute verfügbar und werden am Boden auch schon erfolgreich eingesetzt. Man denke nur an die inzwischen zahlreichen Möglichkeiten im Bereich des Home Entertainments. Voll digitalisierte Video- und DVD-Recorder sind bereits zu erschwinglichen Preisen zu haben. Die digitale Unterhaltung hat längst ihren Siegeszug durch die Wohnzimmer begonnen.

Gut möglich, dass diese Hightech-Entertainmentlandschaft im Wohnzimmer technophiler Vielflieger auch eine gewisse Erwartungshaltung gegenüber den Unterhaltungssystemen und der Verfügbarkeit von multimedialen Inhalten in Flugzeugen oder sogar entlang der ganzen Mobilitätskette generiert. In gleichem Maße werden auch heute schon in vielen Bereichen der Abfertigungslogistik moderne Verfahren zur elektronischen Identifizierung von Stückgut und Betriebsmitteln eingesetzt. RFID erfreut sich eines zunehmend breiteren Einsatzspektrums und ein großer Teil der Möglichkeiten dieser Technologie wird bereits gegenwärtig nutzbringend eingesetzt.

Es gilt für die Umgebung Flugzeug allerdings ein paar Rahmenfaktoren zu berücksichtigen, bei denen sich Unterhaltungssysteme für Einzelplatznutzer im Eigenheim oder Logistikplattformen in geschlossenen Systemen erheblich von Mehrplatzsystemen oder vernetzten Anwendungen mit mehreren hundert simultanen Nutzern unterscheiden. So ist es durchaus ein großer Sprung von der Home-Entertainment-Lösung für die mehrköpfige Familie (und ausschließlich diese) oder der Logistiklösung eines Spediteurs hin zum voll vernetzten und gesicherten Multimedianetz in einem Verkehrsflugzeug, in dem mehrere Nutzergruppen mit unterschiedlichen Nutzungsprofilen, Bedürfnissen und Motiven in vielen Fällen die identische Trägertechnologie zu ganz unterschiedlichen Zwecken nutzen.

Zur Implementierung in neuen Verkehrsflugzeugen ab Werk (im Fachjargon der Luftfahrt als „LineFit“ bezeichnet) und zu einem nachgelagerten „Retrofit“ (die Ausstattung bereits in der Flotte befindlicher Flugzeuge mit zusätzlichem Equipment jeder Art) auch älterer Verkehrsflugzeuge sind diverse Hürden zu nehmen. So sind zum Beispiel alle fest eingebauten Hardwarekomponenten nach den Richtlinien der internationalen Luftfahrtbehörden zertifizierungspflichtig. Ebenso unterliegt die Software je nach Einsatzbereich im Flugzeug entsprechenden Zulassungsbedingungen. In einer Werk-, Lager- oder Produktionshalle können auch nachträglich mit weniger Aufwand relativ komplexe Vernetzungssysteme implementiert werden.

Die Entwicklung solcher Systeme für Flugzeuge oder gar andere Transportmittel wie z. B. Schiffe oder Züge entspräche jedoch einer gezielten Fortschreibung der angewandten Innovation aus gegenwärtigen und vergangenen Projekten rund um die Luftfahrt sowie der Konsolidierung bereits vorhandener Kernkompetenzen aus Informationstechnologie, Avionik, Marketing, Produktmanagement und Logistik-Operation, die sich innerhalb eines breit aufgestellten Luftfahrtkonzerns sowie dessen Ökosystem aus Zulieferern und Industriepartnern finden lassen.

Sinnvoll ist dies jedoch nur, wenn dabei Technologiesprünge und für das Flugzeug neue Technologien als Wegbereiter von Mehrwertdiensten für Passagiere gelten, nicht jedoch als Selbstzweck initiiert werden. Eine konsequente Umsetzung der strategischen Devise Qualität, Innovation und Spitzenprodukt mit absolutem Mehrwert für die Reisenden und einem erheblichen Zuwachs an Effizienz für die Betreiber böte innerhalb der Airlines ein ausgezeichnetes Potenzial, um eine dauerhafte Marktführerschaft sowie die entsprechende Kundenbindung zu festigen. Ebenso könnten diese Differenzierungsfaktoren deutlich zur Abgrenzung gegen die ständig wachsenden Billigfluglinien dienen.

Bislang beispiellose Großprojekte wie etwa die Projektkooperation zwischen Boeing und Lufthansa für die Einführung des ersten Breitbandzugangs zum Internet für Passagiere während des Fluges haben gezeigt, dass gerade die Integration aktueller Informationstechnologien neue Möglichkeiten in der Produktdifferenzierung bietet. Bemerkenswert scheint hier vor allem, dass gerade Implementierungen von offenen IT-Standards, wie beispielsweise vollständig IP-basierte Netzwerke, wesentliche Erfolgsfaktoren für die breite Akzeptanz und Nutzung von Mehrwertdiensten bei Passagieren darstellen. In Zukunft haben diese Standards durchaus das Potenzial, vollständig in die Unterhaltungssysteme an Bord integriert zu werden. Denkbar wäre sogar, dass moderne, nach offenen Standards implementierte IP-Netzwerke eine ganze Palette von proprietären Unterhaltungssystemen ablösen und diesen bisher geschlossenen Markt neu ordnen.

Zunächst jedoch wollen wir die aktuellen Rahmenbedingungen und Paradigmen für den Einsatz von Informationstechnologie in Flugzeugen durchdringen und verschiedene Technologien auf deren Einsetzbarkeit und Verwendungszweck hin überprüfen sowie den nach unserer Ansicht bereits eingeläuteten Paradigmenwechsel der Digitalisierung von Flugzeugnetzwerken mit offenen Standards näher betrachten.

Aktuelle Paradigmen: Innovation versus langfristige Produktlebenszyklen

Die größten Herausforderungen waren und sind bei Systemimplementationen in Flugzeugen die unterschiedlichen Produktlebenszyklen zwischen den Informationssystemen in den Jets und den generell recht kurzen Produktlebenszyklen von IT-Systemen am Boden. Um diese Differenzen zu überbrücken, hat sich bislang vor allem das folgende Szenario innerhalb der Luftfahrtindustrie durchgesetzt:

Eine Fixierung von langlebigen Standards vor allem bei Hardwareformfaktoren und der Abschottung von Systemen (wenige Hard- und Softwareupdates über den Gesamtlebenszyklus eines Systems hinweg), die in der Luftfahrt vor allem durch diverse Gremien definiert werden, um in den Fluggeräten selbst möglichst ohne große Veränderungen zu überdauern und so die informationstechnologische Infrastruktur möglichst an die Produktlebenszyklen von Flugzeugen anzupassen.

Abbildung 1: Airbus A380 im „Rohzustand“: Zu diesem Zeitpunkt muss ein sehr großer Teil der verkabelten Infrastruktur bereits verlegt und verbunden sein, da der Produktionsprozess von Airbus hoch integriert aufgebaut ist (Quelle: http://www.airlinepictures.net)

Dieses Szenario ist verständlich und ergibt Sinn, wenn es sich bei den eingesetzten Systemen um geschlossene Systeme, also um Systeme ohne Interaktionsmöglichkeiten mit Geräten der Außenwelt (wie etwa das Laptop eines Passagiers, des Piloten oder der Service Crew) handelt.

Ein wichtiger wirtschaftlicher Hintergrund für die Anwendung dieses Szenarios ist vor allem die operative Notwendigkeit der Luftfahrtunternehmen, ihre einmal erworbenen, teuren Fluggeräte möglichst optimal auszulasten und nur für kurze Zeiten am Boden zu halten. So sind Wartungsintervalle auf ein Minimum reduziert, entsprechende Abläufe voll optimiert und kaum auf oft langwierige IT-Implementationen und Troubleshooting-Prozesse zugeschnitten. Eine mehrmalige Einrüstung eines komplett neuen IT-Systems oder eine komplette Migration einer IT-Plattform, wie es beispielsweise in Büro- oder Rechenzentrumsumgebungen des Öfteren vorkommt, ist kein etabliertes Wartungsverfahren oder gar Standardereignis für Fluggeräte im operativen Betrieb. Ähnliches gilt für das Troubleshooting. Zudem sind die IT-Systemlandschaften in Flugzeugen aufgrund von Gewichts-, Platz- und Kostenbeschränkungen ohnehin mit Ausnahme der flugkritischen Systeme meist nicht redundant ausgelegt. Das Mitfliegen von eigens geschultem Administrativpersonal für IT-Systeme an Bord der Flugzeuge ist wirtschaftlich nicht abbildbar. Und dennoch gleichen moderne Großraumflugzeuge immer mehr fliegenden Rechenzentren mit einem Nutzerkreis zwischen 300 und 600 Personen während eines Fluges. In Summe bedeutet dies für eine Airline mit knapp 100 Großraumflugzeugen, dass während durchschnittlich 18 Stunden am Tag eben diese Anzahl an Fluggeräten mit ihren fliegenden Netzwerken und den entsprechenden Nutzern rund um den Globus fliegt, die laufenden IT-Systeme neben anderen mechanischen und elektromechanischen Systemen aber nur während durchschnittlich ein bis zwei Stunden Bodenzeit täglich gewartet werden können.

Zusätzlich ist die Wartung von Flugzeugen bislang nicht darauf ausgelegt, die IT-Systeme, wie inzwischen an anderen Einsatzorten üblich, mit relativ kurzfristigen Updatezyklen zu versehen. Ebenso fehlen Möglichkeiten zur Fernwartung mit aktiven Eingriffen auf die Flugzeugsysteme aus der bestehenden Rechtslage heraus nahezu völlig. Dieser Umstand existiert in vielen Bereichen rund um die Luftfahrt auch aus gutem Grund. Man denke allein an dic Unmengen von Systemupdates, denen sich ein IT-System zu unterziehen hat, sobald es im operativen Bereich mit anderen Plattformen über offene Netzwerke interagiert (Beispiel Internet: Update von Antivirensoftware, Security Patches etc.). Wo es einerseits sinnvoll wäre, Systeme mittels Remote-Zugriff zu warten, muss gerade für Flugzeuge weiterhin gewährleistet sein, dass keine unbefugten Zugriffe auf Systeme stattfinden können.

Doch auch in Flugzeugnetzwerken ist die Interaktion mit externen Systemen spätestens seit der Einführung neuer Technologien, die einen breitbandigen Zugang zum Internet für Passagiere ermöglichen, Realität. So ist bei diesen Systemen zum Beispiel eine Netzwerkinfrastruktur basierend auf offenen Standards notwendig, um für die Passagiere die Anbindung der mitgebrachten Geräte zu ermöglichen. Bislang gibt es hier eine physikalisch getrennte Koexistenz zwischen den noch geschlossenen IFE-Systemen (kurz für Inflight Entertainment) und den Systemen zur Anbindung von Endgeräten der Passagiere oder der Service Crews. Flugkritische respektive flugsicherheitsrelevante Cockpitsysteme bleiben auch in Zukunft physikalisch getrennt von den Kabinensystemen. Die gängigen Webhoaxes über angeblich neue Endgeräte („Airbus A330 is installed and can be used …") an den Laptops der Passagiere bleiben auch weiterhin Hoaxes.

Für die nächste Generation der IFE-Systeme ist jedoch schon eine Integration der Internetzugangssysteme zu erwarten. Dies bedeutet schlicht und einfach, dass surfende Fluggäste den gleichen Zugangs-Backbone eines IP-Netzwerks für das Abrufen von E-Mails oder Webinhalten nutzen werden, den weitere Mitfliegende zum Aufruf ihres Lieblingsfilms auf dem im Sitz integrierten digitalen Bildschirm nutzen können. Vielerlei Nutzungsformen, ein Netzwerk, eine integrierte Systemlandschaft mit all ihren Notwendigkeiten für Upgrades, Sicherheitsmechanismen und einem grundlegend anderen Wartungsschema, als dies bisher der Fall war – ein technologiesprungbasierter Paradigmenwechsel steht ins Haus.

Integrierte Systemarchitekturen, offene Standards und konsolidierte Geschäftsprozesse als Wegbereiter für neue Mehrwertdienste

Ein höherer Integrationsgrad der Gesamtsystemarchitektur sowie der zugrunde liegenden Geschäftsprozesse ist vor allem über eine Adaption aktueller Aufbaulogiken von unterschiedlichen Systemkategorien innerhalb der Flugzeugkabine zu erreichen und sollte aus folgenden Gründen angestrebt werden:

- Komplexitätsreduzierung durch Integration verschiedener Basistechnologien zu einer standardbasierten Technologieplattform für Informations- und Unterhaltungssysteme (Beispiel: Wechsel von HF-basierten, koaxial verkabelten Systemen und IP-Netzen in Koexistenz zu voll IP-basierten Streaming- und Internetlösungen),
- Kostensenkung durch Verringerung der einzurüstenden Infrastrukturkomponenten (Beispiel: Reduzierung der Komponenten durch Verlagerung der Funktionen in einzelnen Komponenten und Schaffung von Redundanzen zur Steigerung der Systemverfügbarkeit),
- Optimierung der Wartungsabläufe durch Reduzierung der Komplexität und Homogenisierung der Technologiebasis (Beispiel: Reduzierung der Betriebssystemvielfalt in einzelnen Systemen zur Vereinheitlichung der nachgelagerten Entwicklungsprozesse für Systemupdates – Know-how-Pools),
- Übersichtlichkeit und Bündelung der zu leistenden Service Level und Effizienzsteigerung bei deren Einhaltung durch die Zulieferer in den einzelnen Systemen durch die Konsolidierung der Basisarchitektur (Beispiel: IFE-Hersteller wird in Zukunft Generalunternehmer zur Systemintegration und liefert dafür das Komplettsystem mit zugelieferten Produkten im modularen Aufbau),
- klare und geordnete Abgrenzungen der Systemverantwortlichkeiten durch Modularität der Informationssysteme und deren Basisarchitektur

(Beispiel: Multi-Tier Architecture beim Aufbau der integrierten Applikationen),

- verstärkte Umsetzung eines Automatisierungspotenzials zur interventionsarmen Administration der eingesetzten Plattformen,
- Aufbau, Visualisierung, planerische Konsolidierung sowie Digitalisierung und konsequente Umsetzung der zugrunde liegenden Geschäftsprozesse zur Identifikation von Effizienzsteigerungen und neuen Mehrwerten durch die Digitalisierung der Wertschöpfungskette rund um das Flugzeug.

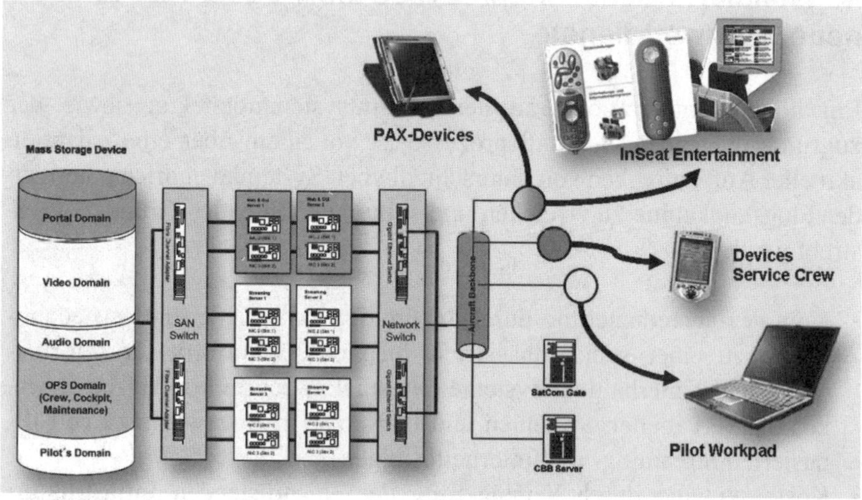

Abbildung 2: Beispielschema für eine voll integrierte IP-basierte IFE-/Internetplattform

Diese Forderung nach Integration impliziert im Wesentlichen auch eine Homogenisierung der Standards bzw. eine Ausrichtung nach marktgängigen und offenen Standards, da die digitalen Informationsdienste in zunehmendem Maße an den Fluggästen mit der Option der Anbindung von deren individuellen Endgeräten auszurichten sind und diese sich in großer Mehrheit nach marktgängigen Standards der Endkonsumenten in den jeweiligen Technologiesegmenten orientieren müssen. Als eher unwahrscheinlich kann angenommen werden, dass Passagiere auf ihren mitgebrachten Endgeräten über die Installation von bestimmten Keys, Zertifikaten oder Kodizes hinaus weitere Software installieren werden, um in den Genuss der Unterhaltungsinhalte an Bord eines Flugzeuges zu kommen.

Entsprechende Anbindungen von Endgeräten der Service-, Wartungs- und Cockpitcrews können nach den zugrunde liegenden marktbasierten Standards adaptiv gestaltet werden. Dies würde in Zukunft bedeuten, dass außer den Passagieren auch die Mitarbeiter der Airlines mit standardbasierten Geräten das Basisnetzwerk der Flugzeugkabine und dennoch mit abgesicherten Kommunikationskanälen ganz andere Dienste auf der gleichen Infrastruktur wie Passagiere nutzen könnten.

Diese Homogenisierung unterscheidet sich in zwei wesentlichen Merkmalen von den heute bekannten Flugzeugsystemen. Zum einen in der Beschaffenheit der physikalischen und logischen Netzwerkdienste und zum anderen im Aufbau der jeweiligen Komponenten, die durch das Basisnetzwerk mit Daten, Funktionen und Applikationen versorgt werden.

Integrale Geschäftsprozessplanung

Viele der Wertschöpfungselemente rund um die Gestaltung von Arbeitsabläufen, die direkt mit der Abwicklung oder Durchführung von Flügen als primärer Umsatzträger von Airlines zu tun haben, waren bislang durch klar abgesteckte Zuordnungen und deren analoge Abarbeitung bestimmt. Dieser Umstand wird sich rund um alle informationsbezogenen Wertschöpfungselemente und die technologischen Möglichkeiten einer integrierten Systemarchitektur radikal ändern: Alle involvierten Nutzergruppen können eine einheitliche Technologiebasis für die unterschiedlichsten Zwecke nutzen. Das bedeutet, dass unterschiedlichste Abläufe, die in direkter Abhängigkeit zu den damit verbundenen Informationen stehen, über ein physikalisch vernetztes System mit integrierter Kommunikationslogistik und den dazu kompatiblen, modular aufgebauten Applikationen laufen – ausgenommen bleiben auch weiterhin die wirklich flugkritischen Systeme wie Steuerkomponenten und Sicherheitssysteme des Flugzeuges selbst.

Die o. g. Feststellung führt zu der Notwendigkeit, bereits lange vor dem Einsatz einer solchen Technologie die zugrunde liegenden Geschäftsvorfälle oder Geschäftsprozesse einer genauen Analyse zu unterziehen und diese nach den neuen Gegebenheiten und Möglichkeiten zu gestalten. Für die Airline ergibt sich dank des Technologiesprungs und der bevorstehenden Innovation das Potenzial in zwei Dimensionen der Prozessbetrachtung:

- Schaffung neuer Geschäftsprozesse mit dem Potenzial, zusätzliche Umsätze zu generieren oder indirekt die Kalkulation der Flugpreise in einem günstigeren Verhältnis zwischen eingesetztem Kapital und erzielter Kapitalrendite zu gestalten. Dieses Potenzial könnte sich aus der erhöhten Konsumbereitschaft der Passagiere, geschaffen durch neue Mehrwertdienste, ergeben.

- Umsetzung von Effizienzsteigerungen oder Kostensparpotenzialen durch die Straffung und Automatisierung bereits vorhandener, analoger Verfahren in Wartung, Informationsfluss und Logistik rund um die Flugabfertigung. Dabei werden die vorhandenen Potenziale durch die Digitalisierung der Betriebsabläufe realisiert.

Anders als bislang bedingt die Realisierung dieser vorhandenen Mehrwertpotenziale jedoch die integrale Planung über verschiedene Fachkompetenzen innerhalb einer Airline hinweg. Noch nie zuvor traten z. B. rein mechanisch-technische Wartungsabläufe in Kombination mit komplexen IT-Systemen auf, die am Flugzeug selbst durch entsprechend qualifiziertes Personal gehandhabt werden müssen.In Zukunft müssen hier die Abläufe der Servicetechniker mit jenen der nicht vorhandenen IT-Experten am Flugzeug harmonisieren – entsprechende Systematiken für die jeweiligen Abläufe sowie deren Anforderungen sind ebenso erst im Begriff zu entstehen wie die danach auszurichtenden Applikationen und Tools.

Integrierte, homogenisierte IT-Plattformen

Um der prinzipiellen Forderung zu Beginn dieses Kapitels gerecht zu werden, sind weiterhin auch die nachstehenden Punkte von besonderer Bedeutung:

- durchgängige Verwendung einer physikalischen Transportschicht (z. B. Ethernet) mit verschiedenen Bandbreitenkaskadierungen und garantierter Mindestbandbreite bis zu jedem Passagiersitz sowie zu den Endgeräten von Einsatzcrews (Cockpit, Wartung, Service Crews), zur Erfüllung von Anforderungen der jeweils bandbreitenträchtigsten Applikationen, wie beispielsweise Audio-/Video-on-Demand, oder minimalen Qualitätsanforderungen und deren eindeutigen Regeln (z. B. hat die Übertragung von bestimmten Passagierdaten für die Service Crews eine maximale Priorität gegenüber anderen Diensten),
- Verwendung ausschließlich standardbasierter Internetprotokolle,
- entsprechende Sicherheitsmechanismen und Konzepte zum Schutz der Inhalte (vorwiegend Filme und Audiodateien sowie Daten der Einsatzcrews) einerseits und dem Paralleldatenverkehr (Internetzugänge, Mailservertraffic der Nutzer etc.) andererseits.

Beim Aufbau der Komponenten, die durch das Netzwerk untereinander verbunden werden, ist auf eine logisch-funktionale Gliederung nach folgendem Modell zu achten: *Hardware* mit marktüblichen Standards vor allem bei Netzwerkschnittstellen (ausgenommen flugzeugspezifische Formfaktoren zum Schutz vor elektromagnetischer Abstrahlung und der entsprechenden Robustheit für die Einsatztauglichkeit im Flugbetrieb), *Abgrenzung logischer Ebenen,* um eine möglichst flexible Anpassung der eingesetzten Technologien auf mehreren Ebenen vornehmen zu können, die sich wie folgt gliedern:

- Betriebssystem inklusive Verwaltung der Netzwerkdienste,
- modulare und intermodale Applikationslogik,
- grafische Benutzeroberflächen (Bedienergonomie),
- redaktionelle Workflows für Inhalte (Beispiel Portal oder Logbooks),
- Corporate Design von Anwendungen,
- nutzergruppenabhängige Rechte- und Zugriffsverwaltung,
- Verwaltung und Sicherung der Inhalte auf dem System zur Prävention unsachgemäßer und unzulässiger Nutzung (Digital Rights Management),
- unabhängige Instanzen zur Überwachung der Systemsicherheit.

Der modulare Aufbau hat für alle eingesetzten Applikationen und Netzwerkdienste eine übergeordnete Bedeutung. Das Beispiel mit den für Passagierdienste härtesten Anforderungen in Sachen Performance und Nutzungsmissbrauch ist gegenwärtig das Audio-/Videostreaming auf Abruf. Im übertragenen Sinn bedeutet Modularität für diese Applikation eine Trennung von Inhalten, redaktionellen Prozessen, dem Abspielalgorithmus für die Passagiere, dem Design für die Ansteuerung bestimmter Inhalte und der administrativen Applikation zur Verwaltung der zuerst angeführten Applikationsbestandteile. Entsprechende Netzwerkfunktionen wie Verteilung der Inhalte, Kommandoprotokolle und Monitoring-Applikationen sind ebenso für sich getrennte und einzeln modifizierbare Bestandteile dieser Systemlandschaft. Diese können jeweils unabhängig voneinander und ohne Auswirkungen auf die anderen Ebenen modifiziert und nach Bedarf gestaltet werden.

Aber auch andere Daten wie zum Beispiel Passagierlisten und Informationen für die Cockpitbesatzung sind mindestens genauso schutzwürdig wie die aktuellste Digitalversion eines Hollywood-Blockbusters.

Zur Vermeidung unzulässiger Nutzung und unzulässiger Verbreitung der schutzwürdigen Inhalte könnten diverse so genannte DRM-Ansätze (kurz für Digital Rights Management) zu einer wesentlichen Erleichterung der Handhabung von Infrastrukturen und deren immateriellen Bestückungsgütern (Software, digitale Inhalte und Codes) beitragen.

Nur wenn es gelingt, eine vollwertig integrierte Plattform mit den vorab genannten Modulen in der noch verbleibenden Zeit bis zur Einführung des Airbus A380 zu schaffen, sind jene Mehrwerte zur Realisierung der vorgestellten Potenziale auch realistisch umsetzbar. Die Homogenisierung der Plattformen hängt dabei nicht zuletzt von einem einflussreichen Zuliefereroligopol der Avionikindustrie ab, das bislang eine Produktionsphilosophie verfolgte, die größtenteils diametral zu den hier vorgestellten Technologieeinsätzen ausgerichtet war. Dennoch gibt es bereits erste Umdenkprozesse und neue Systemplattformen, die auf eine baldige Umsetzung einer sehr viel homogeneren und nach den offenen Standards ausgerichteten Technologiebasis für IT im Flugzeug hoffen lassen.

Fazit

Es handelt sich auch bei den vorab dargestellten Verfahren und Lösungsansätzen nicht um ein Allheilmittel, das uns zu den oft zitierten „zero transactions costs" führen wird oder urplötzlich die branchentypische Gesamtkapitalrendite im Airline-Umfeld in noch nie da gewesene Höhen katapultieren wird. Denn auch im digitalen Zeitalter der breitbandigen Verbindungen zwischen fast allen netzwerkfähigen Infrastrukturen bleibt weiterhin ein Grundsatz bestehen, der auch direkt oder indirekt ein Treiber der Transaktionskosten bleibt:

In Abhängigkeit der Nähe zu sicherheitsrelevanten Infrastrukturen ist der Einsatz medialer Komponenten innerhalb dieser Infrastrukturen mit erhöhtem Aufwand zur Zulassung, Zertifizierung und zum Betrieb dieser Infrastrukturen unabdingbar zu gewährleisten, um zu keinem Zeitpunkt ein Sicherheitsrisiko für die körperliche Unversehrtheit der beteiligten Personen darzustellen.

Doch umso mehr scheint es in diesem Zusammenhang unerlässlich, ein interdisziplinäres Modell zur Planung, Implementierung und Umsetzung von konsolidierten Prozessen auf einer homogenisierten und daher maximal kosteneffizienten Plattform zu betreiben.

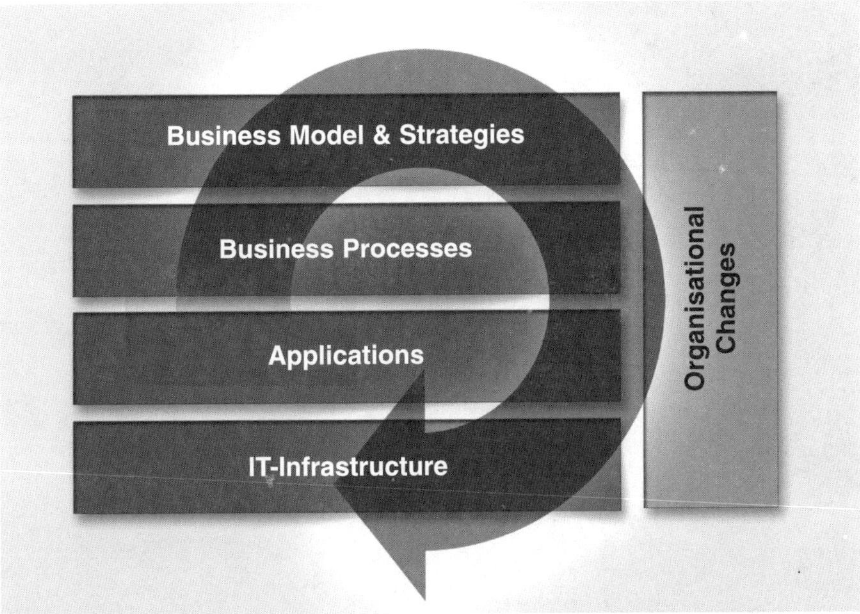

Abbildung 3: Das Competence Center mobile Technologies der Lufthansa Systems richtet sich nach dem Business-Engineering-Modell der Universität St. Gallen als Leitfaden zum integralen Innovations- und Technologiemanagement

Lufthansa Systems hat aus der Erfahrung vergangener Projekte mit technologischen Innovationen in der IT rund um das Flugzeug ein Competence Center geschaffen, das sich auch im Zuge der A380-Einführung innerhalb des Lufthansa Konzerns zusammen mit anderen Fachbereichen darum bemüht, die oben genannten Aspekte der Informationstechnologie maximalen Nutzen stiftend zu implementieren und zu integrieren.

Durch das Zusammenwirken vieler verschiedener Know-how-Träger im Aviation-Konzern wird es so auch mit dem A380 gelingen, Innovation konsequent zu leben und Mehrwerte für die Kunden einer Airline zu schaffen.

IV. Menschen bei Lufthansa Systems

Barbara Kirchberg-Lennartz

Anforderungen an das Human Resources Management bei Lufthansa Systems

Abstract

Zwischen dem Ausspruch „Without the right people in place, strategies can´t get implemented" (Jaques Welch, CEO GE) und dem Zitat „It´s time to fire the HR department" (Dr. John Sullivan, Professor für Management, San Francisco State University) liegt ein breites Spektrum der Wahrnehmung und der Wertschätzung des Human Resources (HR) Managements.

Welche Rollen und Aufgaben muss das HR Management in einem Unternehmen wie Lufthansa Systems ausfüllen, das sich angesichts enormer Anforderungen an die Wettbewerbsfähigkeit beständig organisatorisch und technologisch weiterentwickeln muss? Die theoretischen Möglichkeiten sind zahlreich. Einige praktische Perspektiven für ein nachhaltig wertschöpfendes HR Management sollen dazu beitragen, den Zusammenhang zwischen Geschäftserfolg und HR Management aufzuzeigen.

Zeitgemäßes Rollenverständnis für das Human Resources Management

Bereits Mitte der neunziger Jahre veränderte sich die Sicht auf die Rollen und Aufgaben des HR Managements in Wissenschaft und Praxis. In den hoch entwickelten Industrieländern stellt der globale Wettbewerb völlig veränderte Anforderungen an die Unternehmen und die Mitarbeiter, wie z. B. permanentes Lernen und eigenverantwortliche Entwicklung, Flexibilität hinsichtlich Arbeitszeit, Arbeitsort, Arbeitsinhalten, Arbeitsbeziehung und Organisation. Die HR-Funktionen müssen sich angesichts veränderter Rahmenbedingungen mehr und mehr in die Lage versetzen, rechtzeitig zu erkennen, welche wirtschaftlich optimalen personellen Voraussetzungen für eine erfolgreiche und effiziente Umsetzung der Unternehmensziele und -strategien entwickelt werden müssen.

Die Aufgabe der HR Manager beschränkt sich damit nicht mehr allein auf das Management der Personalfunktionen, sondern besteht vielmehr in der strategischen Aufgabe, gemeinsam mit den Führungskräften einer Organisation für einen optimalen Einsatz und Nutzen der Arbeit zu sorgen. Die Führungskräfte nehmen in diesem Zusammenspiel eine zentrale Rolle gegenüber den Mitarbeitern ein. HR Management muss die Führungskräfte in die Lage versetzen, diese Rolle auszufüllen.

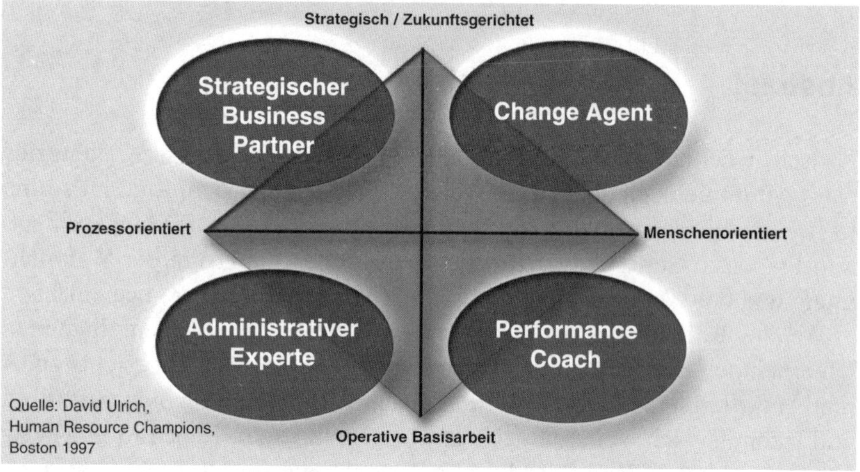

Abbildung 1: Modernes Rollenverständnis des HR Managements

Das Schaubild verdeutlicht die unterschiedlichen Dimensionen und die Erweiterung des Rollenspektrums eines unternehmerischen Human Resources Managements. Es zeigt gleichzeitig einen möglichen Entwicklungspfad der HR-Funktionen auf. Ohne Zweifel steht fachlich fundiertes und erfahrenes Human Resources Management für die Bereitstellung einer funktionsfähigen HR-Infrastruktur und die effiziente Erbringung von HR-Dienstleistungen. Human Resources Management wird häufig noch vorrangig oder sogar ausschließlich in der Rolle des administrativen Experten wahrgenommen.

Mit der Einführung leistungsorientierter Vergütungssysteme und der Tendenz, Mitarbeiter nach ihrer Leistung und ihren Potenzialen zu entwickeln, wächst das HR Management in die Rolle des Performance Coach hinein. Der HR Manager wird damit zum Berater und Steuernden für Laufbahnen, Lernen und Leistung. Er steuert die Leistungs- und Potenzialmanagementsysteme. Mit der steigenden Dynamik von Veränderungen in den Unternehmen wächst auch der Steuerungsbedarf von Veränderungsprozessen im Sinne der Förderung einer Lernkultur, der Vermittlung zwischen gegensätzlichen Interessengruppen, der Pflege des Dialogs mit den Betroffenen und der klaren und eindeutigen Kommunikation in der Organisation. Der HR Manager kann in der Rolle des Change Agents diese Steuerungsaufgaben wahrnehmen. Er erhöht dadurch seine Nähe zum operativen Geschäft wesentlich und hilft, Reibungsverluste bei Transformation und Wandel im Unternehmen aktiv zu mindern.

Einmal in die Rolle des Change Agents hineingewachsen, ist der Weg zum strategischen Business Partner für das HR Management nicht mehr weit. In dieser Rolle entwickelt sich das HR Management zu einer strategischen und unternehmerischen Aufgabe. Der Business Partner hat gute Kenntnisse des Geschäfts seines Unternehmens. Er entwickelt gemeinsam mit dem operativen Management die Geschäftsstrategien und stellt die Ziele und Aktivitäten der HR-Funktionen darauf ab, die Zielerreichung in wirtschaftlich optimaler Form zu unterstützen.

Die eingangs zitierte Kritik am HR Management von J. Sullivan[1] zielt darauf ab, HR-Abteilungen, welche die Rolle des Business Partners zwar propagieren, aber nicht wirklich einnehmen, doch lieber abzuschaffen. Welche Gründe führen zu dieser pointierten Meinung?

Allesamt von Sullivan beobachtete Defizite: HR Management sei nicht ausreichend ergebnisorientiert und spreche nicht die fakten- und zahlenorientierte Sprache, die es für Senior-Manager attraktiv erscheinen lässt. Das HR Management erbringe keinen geschäftsorientierten und akzeptierten Nachweis für seine eigene Berechtigung. Die Bereitstellung von Konzepten und Instrumenten genüge nicht, der Nachweis des Nutzens müsse nachvollziehbar erbracht werden. Ein Teil der HR-Dienstleistungen sei ohnehin durch neue Technologien ersetzbar und/oder könne ohne negative Konsequenzen nach außen verlagert werden. Manche Unternehmen benötigten keine HR-Bereiche, weil die Linienmanager diese Aufgaben sogar besser erledigen.

[1]Sullivan, J.: „It's time to ‚fire' the human resources department" (The case against HR), 2002

Entwicklung und Einflussfaktoren des HR Managements bei Lufthansa Systems

Zum Zeitpunkt der Gründung 1994/95 hatte Lufthansa Systems rund 1.200 Mitarbeiter. Die Unternehmensleitung entschied sich für einen zentralen HR-Bereich, der die Auswahl und Einstellung, die Betreuung und die Administration der Mitarbeiter sämtlicher Bereiche zur Aufgabe hatte.

Die HR-Arbeit der Lufthansa Systems war damals und ist bis heute eingebettet in die Personalarbeit des Lufthansa Konzerns. Die Personal- und Sozialpolitik, die Gestaltung der Tarifverträge, andere Vergütungsfragen und Nebenleistungsprogramme für Mitarbeiter und Führungskräfte sowie die Betreuung und Entwicklung der oberen Führungskräfte bilden eine Klammer für den Konzern. Diese Klammer sorgt dafür, dass die Voraussetzungen für die Mobilität der Mitarbeiter innerhalb des Konzerns bestehen bleiben. Bereits seit den sechziger Jahren hat Lufthansa operative Personalaufgaben, wie z. B. die Personalabrechnung, das Personalmarketing, die Personalauswahl sowie die Mitarbeiterqualifizierung, als zentrale Dienstleistungen für alle Konzernbereiche zur Verfügung gestellt. Ebenso stellt eine zentral betriebene IT-Systemlandschaft sämtliche Funktionen zur Verwaltung der Mitarbeiterdaten und der Abrechnung bereit.

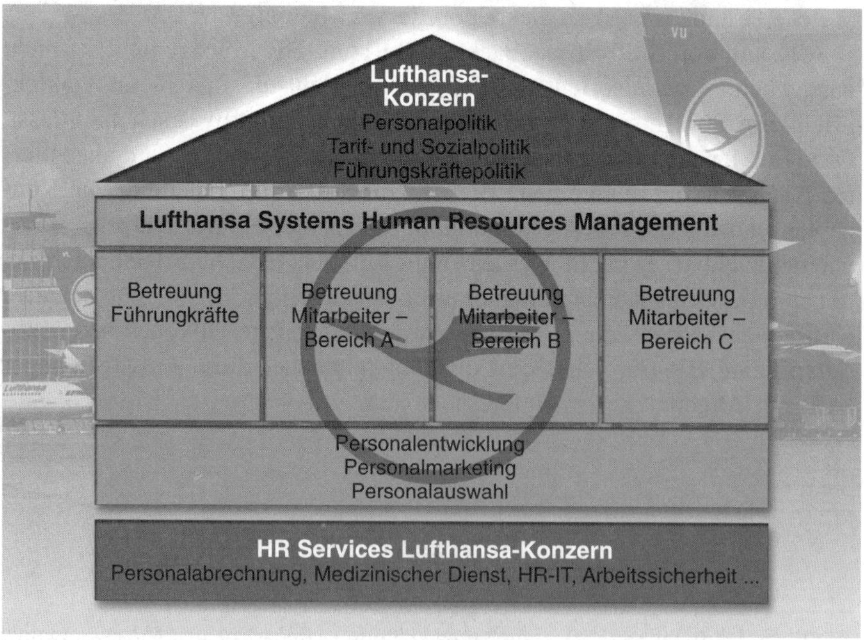

Abbildung 2: HR-Organisation im Lufthansa Konzern

Die Jahre 1995 bis 2000 waren bei Lufthansa Systems von Wachstum und Personalaufbau geprägt. Ende des Jahres 2000 hatte das Unternehmen einschließlich konsolidierter Tochtergesellschaften nahezu 2.900 Mitarbeiter. Die Tochtergesellschaften der Lufthansa Systems fielen nicht unter den Haustarifvertrag des Lufthansa Konzerns. Sie hatten eigenständige Personalbereiche und prägten ihre Personalarbeit nach den jeweiligen Bedürfnissen der Unternehmen. Eine Anbindung an die Personalpolitik des Konzerns bestand seinerzeit nicht.

Mit Beginn des Jahres 2001 wurde Lufthansa Systems in fünf eigenständige Gesellschaften aufgeteilt, davon eine Vertriebsgesellschaft in USA. Gleichzeitig wurden sämtliche IT-Gesellschaften des Lufthansa Konzerns unter der neu geschaffenen Holding Lufthansa Systems Group GmbH gebündelt. Der Teilkonzern IT umfasste nun insgesamt 17 Unternehmen ganz unterschiedlicher Größe (von 80 bis 1.200 Mitarbeitern) mit unterschiedlichen Geschäftsmodellen sowie Produkt- und Leistungsspektren.

Die Personalarbeit wurde weitestgehend dezentralisiert und differenzierte sich inhaltlich aufgrund der unterschiedlichen Geschäftsmodelle und Tätigkeitsschwerpunkte sowie nach den unterschiedlichen Rahmenbedingungen der Lufthansa-Tarifwelt oder Tariffreiheit. Die rechtlich selbstständigen Unternehmen bildeten rasch eigene Identitäten heraus, an denen sich die Schwerpunkte und Inhalte der Personalarbeit ausrichteten. In nahezu allen Unternehmen bildeten sich Betriebsräte, ein Teilkonzern-Betriebsrat wurde zur gemeinsamen Interessenvertretung gewählt.

Die Personalfunktion der Holding beschränkte sich im Wesentlichen auf die Auswahl, Entwicklung und Betreuung der Führungskräfte aller Gesellschaften. Andere übergreifende Themen wurden an die dezentralen Personalbereiche delegiert. Dadurch konnte die Personalfunktion in der Holding sehr schlank gestaltet werden.

Neben den organisatorischen Veränderungen des Unternehmens haben starke äußere Einflüsse und innere Impulse für Veränderungen in der Ausrichtung des HR Managements in den Lufthansa Systems-Gesellschaften geführt.

Mitte bis Ende der neunziger Jahre bestand der Schwerpunkt der Personalarbeit hauptsächlich in der Einstellung neuer Mitarbeiter. So wurde neben dem zentralen Personalbereich eine HR-Einheit etabliert, die sich mit internem und externem Personalmarketing, der Integration neuer Mitarbeiter und der Personal- und Kompetenzentwicklung insbesondere für IT-Projektleiter und Experten befasste. In dieser Phase bestand der Gradmesser für den Erfolg des HR-Bereichs hauptsächlich darin, gut qualifizierte und engagierte IT- Mitarbeiter für das Unternehmen in ausreichender Zahl zu gewinnen, zu integrieren und zu halten. Es war große Kreativität im Personalmarketing hinsichtlich der Bewerbermärkte (z. B. Green Card) und der Ansprache der Bewerber gefordert, um sich von der Konkurrenz positiv abzuheben. Ebenso zählte die Geschwindigkeit im Bewerbungsprozess zu den anerkannten Erfolgsfaktoren der Lufthansa Systems im „war of talents".

Nach der erfolgreichen Jahr-2000-Umstellung war der Zenit des Booms für die IT-Branche überschritten: Der „eCommerce-Hype" ebbte im Jahr 2001 ab. Weiter verstärkt von dem wirtschaftlichen Einbruch nach dem 11. September 2001 schlug das Pendel von der Hauptaufgabe Personalmarketing und Einstellung von Mitarbeitern um zum Einstellungsstopp und Krisenmanagement.

Abbau von externen Mitarbeitern, möglichst hohe Auslastung der vorhandenen Mitarbeiter, Personalkostenflexibilisierung und Kostensenkung waren die Gebote der Stunde. Zahlreiche Projekte zur Erhöhung der Produktivität wurden ins Leben gerufen.

Neue Herausforderungen ergeben sich auch aus der Verlagerung von Tätigkeiten zu kostengünstigeren Standorten im In- und Ausland (Near- bzw. Offshore genannt), bei Lufthansa Systems vorwiegend in eigene Tochtergesellschaften. Damit einher gehen zum Teil auch die Einführung neuer Produktionsprozesse, organisatorische Veränderungen und folglich erhöhter Qualifizierungsbedarf der Mitarbeiter.

Das HR Management muss in diesen tief greifenden Veränderungsprozessen zahlreiche Voraussetzungen schaffen und die Veränderungen aktiv unterstützen:

- Internationalisierung der HR-Arbeit, z. B. ausländisches Recht, Personalauswahlstandards und -prozesse für die Auslandstöchter,
- Kooperationsfähigkeit der Führungskräfte und der Mitarbeiter über Unternehmens- und Landesgrenzen hinweg,
- Abschluss notwendiger Vereinbarungen mit den Mitbestimmungsgremien bei Betriebsänderungen,
- Identifizierung von Qualifikationsbedarf,
- Qualifikationskonzepte und Qualifizierungspläne,
- personalseitige Umsetzung von Reorganisationen.

Bei Lufthansa Systems stellt auch das operative Geschäft zum Teil neuartige Anforderungen an das HR Management. Charakteristisch für das Outsourcing von IT-Infrastrukturdienstleistungen ist häufig die Übernahme der Mitarbeiter der Kundenorganisation durch den Outsourcing-Anbieter.

Ein reibungsloser Prozess zur Übernahme und Integration der Mitarbeiter ist kritischer Erfolgsfaktor jeder Kundenakquisition. Der Aufbau von Fähigkeiten und Prozessen zum „Insourcing“ von Mitarbeitern mündet unmittelbar in strategischen Wettbewerbsvorteilen des Unternehmens durch das HR Management.

Lufthansa Systems ist wie der Lufthansa Konzern insgesamt geprägt von langfristig orientierten Arbeitsbeziehungen. Die Personalpolitik war in der Vergangenheit auf die Absicherung der Beschäftigungsverhältnisse ausgerichtet und schuf gemeinsam mit den Sozialpartnern weit reichende Sicherungsnetze für die Arbeitsplätze im Lufthansa Konzern. Scheinbar im Gegensatz dazu steht die hohe Flexibilität, die das Geschäft von Lufthansa Systems in vieler Hinsicht prägt. Vertrieb und Produktion werden international. Die sich schnell verändernden Märkte fordern eine laufende Adjustierung des Produkt- und Leistungsspektrums. Die branchentypischen ständigen technologischen Weiterentwicklungen erzeugen zusätzliche Dynamik. Insgesamt entsteht daraus ein hoher Anpassungsdruck auf die Mitarbeiter.

Welche Ausrichtung sollte das HR Management bei Lufthansa Systems anstreben, um gegenüber den veränderten Herausforderungen auch zukünftig bestehen zu können?

Zukünftige Perspektiven des HR Managements bei Lufthansa Systems

Die Perspektiven des HR Managements liegen in der konsequenten Orientierung an der Unternehmensstrategie, der permanenten Weiterentwicklung eines die Geschäftsziele optimal unterstützenden Produkt- und Leistungsportfolios, der Ausgestaltung der HR-Arbeit unter ökonomischen Gesichtspunkten und dem Nachweis der Wertbeiträge der HR-Arbeit sowie einer kunden- und serviceorientierten Organisation der Personalfunktionen.

Ausrichtung des HR Managements an der Unternehmensstrategie

Um den unternehmerischen Anspruch zu erfüllen, muss sich das HR Management in all seinen Rollen vom administrativen Experten bis zum Business Partner an den Zielen und Bedürfnissen des Unternehmens ausrichten. Dazu ist eine HR-Strategie zu entwickeln, die sich aus der Unternehmensstrategie ableitet.

In einer Konzernorganisation wie Lufthansa Systems bedarf dies eines mehrstufigen Prozesses, der aus der Holding zu steuern ist und sämtliche dezentralen Bereiche einbeziehen muss. Die Festlegung strategischer HR-Erfolgsgrößen dient dem Zweck, die Unterstützung der Zielerreichung der strategischen Unternehmensziele durch das HR Management nachvollziehbar zu machen.

Strategische Gestaltung des HR-Produktportfolios

Die konsequente Strategieorientierung des HR Managements erfordert eine Differenzierung der HR-Produkte und Leistungen nach ihrem Einfluss auf die HR-Ziele, um zu erkennen, ob und in welcher Weise sie zu verändern sind, um die strategischen Ziele optimal zu unterstützen.

Möglich wäre folgende beispielhafte prozess- und wirkungsbezogene Unterteilung:

Prozesstyp	Produkte	Veränderungsoptionen
Schlüsselprozesse	Change Management Strategieunterstützende HR-Projekte Performance Management Vergütungssysteme	Perfektionierung Benchmarking
Hebelwirkungs-Prozesse	Recruitment Training Ausbildung Potenzialanalyse und -erfassung	Analyse Zeit- und Qualitätshebel Nutzenoptimierung
Opportunistische Prozesse	Personalcontrolling Arbeitsrecht Betreuung	Wertbestimmung und Controlling Differenzierung nach Leistungsempfängern
Unterstützende Prozesse	Lohn- und Gehaltsabrechnung Personaladministration Kantine	Kostenminimierung Outsourcing

Abbildung 3: Prozess- und wirkungsbezogene Unterteilung von HR-Produkten

Die Beispiele verdeutlichen, dass eine Gruppierung der HR-Produkte nach Prozesstypen, welche die Auswirkung der Produkte auf die Strategie-Umsetzung grundsätzlich verdeutlichen, zu klaren Gestaltungsoptionen führen kann. Für ein Produkt, das Prozesse mit Schlüsselwirkung für die HR-Strategie abbildet, muss Benchmark-Fähigkeit und bedarfsorientierte Perfektionierung im Vordergrund stehen. Das Outsourcing einer solchen Kernleistung wäre aufgrund der strategischen Bedeutung der Produkte für die Geschäftsziele keine Option.

Bei den hier aufgezeigten Veränderungsoptionen ist insgesamt nicht zu vergessen, dass sie immer unter der Bedingung einer wirtschaftlich optimalen Bereitstellung des HR-Produktportfolios stehen.

Ökonomisierung des HR Managements

Der Kosten- und Produktivitätsdruck auf die produktiven Kräfte des Unternehmens wirkt sich zunehmend auch auf das HR Management aus. Der Mehrwert der Personalarbeit soll ebenso wie die Wertschöpfungsbeiträge durch HR verstärkt transparent und messbar werden. Diese Anforderungen führen zu einer Abkehr vom Primat der Kundenorientierung des Total Quality Managements hin zu einer differenzierteren ökonomisch begründeten Kunden- und Serviceorientierung.

Dabei werden Leistungen und Services nach den unterschiedlichen Anspruchsgruppen der Personalarbeit unterschieden, strikt bedarfsgerecht gestaltet und möglichst verursachungsgerecht verrechnet. Die Effektivität leitet sich aus den Wertbeiträgen der HR-Funktionen zur Entwicklung des Unternehmens ab. Die Effizienz wird gemessen, um sicherzustellen, dass die HR-Leistungen zu wirtschaftlich optimalen Bedingungen erbracht werden. Inhaltlich fokussiert sich das HR Management zudem auf die Bereitstellung strategischer und operativer Planungs- und Steuerungsinstrumente, die es dem Unternehmen erleichtern sollen, den optimalen Einsatz der Personalressourcen zu planen und zu steuern.

Einschränkend ist anzumerken, dass es schwierig sein wird, den Nutzen der Personalarbeit durchgängig zu messen, weil es an automatisch ermittelbaren Metriken fehlt oder deren Aussagekraft unzureichend ist.

Es ist allerdings schon viel gewonnen, wenn Klarheit über Produkte und Leistungen des HR Managements aus strategischer Sicht geschaffen wird und die ökonomischen Auswirkungen transparent werden. Das sorgt für Entscheidungsgrundlagen, welche HR-Leistungen für Rationalisierungsoptionen zur Disposition stehen können und welche Leistungen aufgrund ihrer strategischen Bedeutung nicht in Frage zu stellen sind. Das schafft den für dezentrale Organisationen notwendigen ordnungspolitischen Rahmen für das HR Management und sorgt für ein gemeinsames Verständnis über den Stellenwert von HR-Leistungen und Produkten im Gesamtunternehmen.

Organisationsmodell für ein konzernweites HR Management

Lufthansa Systems besteht heute aus einer Management-Holding und insgesamt 17 Tochtergesellschaften und Beteiligungen. Für die in Deutschland ansässigen Unternehmen soll eine abgestimmte und in wesentlichen Aspekten einheitliche Personalpolitik gelten. Dies begründet sich in den gemeinsamen Rahmenbedingungen für die Gestaltung der Arbeitsbeziehungen, im einheitlichen Marktauftritt als Lufthansa Systems und in Synergieeffekten durch die Bündelung von HR-Themen. Dazu muss das HR Management auf die Struktur und die Ziele des Unternehmens spezifisch ausgerichtete Personal- und Führungsinstrumente nutzen bzw. bereitstellen. Partner des HR Managements sind neben den Personalfunktionen selbst das Top-Management und die Führungskräfte der Gesellschaften, die Betriebsräte und die Mitarbeiter.

Ein dieser Struktur gerecht werdendes Organisationsmodell für das HR Management verfolgt gleichzeitig Dezentralisierungs- und Zentralisierungstendenzen. Die strategischen und steuernden Aufgaben des Personalmanagements werden zentral in einem HR Competence Center in der Management-Holding gebündelt:

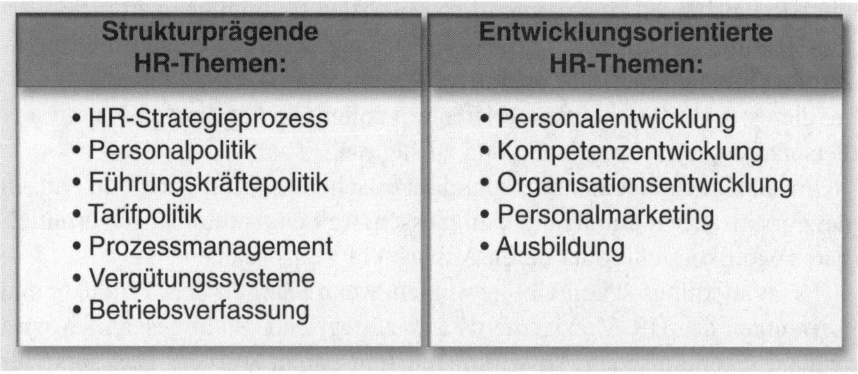
Strukturprägende HR-Themen:
• HR-Strategieprozess
• Personalpolitik
• Führungskräftepolitik
• Tarifpolitik
• Prozessmanagement
• Vergütungssysteme
• Betriebsverfassung
Entwicklungsorientierte HR-Themen:
• Personalentwicklung
• Kompetenzentwicklung
• Organisationsentwicklung
• Personalmarketing
• Ausbildung

Abbildung 4: Strukturprägende- und entwicklungsorientierte HR-Themen im HR Competence Center

Das HR Competence Center nimmt eine steuernde und beratende Expertenrolle wahr. Es entwickelt bezüglich der Steuerungsthemen verbindliche Richtlinien als Ordnungsrahmen für die Gesamtorganisation, sorgt für die Umsetzung und die Qualitätssicherung der zentralen Richtlinien. Das HR Competence Center bezweckt durch die Gestaltung und Steuerung eines übergreifenden Strategieprozess für die strategische Ausrichtung der zentralen und dezentralen HR Management-Aufgaben.

Die Bündelung von Personal und Kompetenzentwicklungsthemen, Personalmarketing und Berufsausbildung schafft Mehrwert und wirtschaftliche Vorteile durch Synergien, ein einheitliches Qualitätsniveau der Kompetenzentwicklung und ermöglicht auch den kleineren Gesellschaften die Nutzung eines breiten Produkt- und Leistungsspektrums.

Die zentrale Bereitstellung von Expertise zur Organisationsentwicklung hebt die Rolle des HR Managements als Change Agent in Veränderungsprozessen hervor. Die übergreifende Unterstützung und einheitliche Gestaltung von Veränderungsprozessen sorgt für reibungslosere Projektabläufe und schafft Voraussetzungen für die Veränderungsfähigkeit der Organisation.

Neben der Steuerung dieser übergreifenden Themen aus der Zentrale heraus benötigen die dezentralen Gesellschaften der Lufthansa Systems HR Manager in der Rolle von Business Partnern, die im Rahmen der zentralen Vorgaben die dezentrale Personalarbeit gestalten und durchführen. Die Business Partner sind vor allem Berater der Führungskräfte und unterstützen die Erreichung der Geschäftsziele durch die Umsetzung geeigneter HR-Maßnahmen.

Die operativen Personalaufgaben können in einem Professional Center gebündelt und als einheitlich gestaltete Services zur Verfügung gestellt werden. Die HR-Aufgaben, die dort wahrgenommen werden, umfassen nicht nur administrative Aufgaben, sondern auch die Beratung und Betreuung der Mitarbeiter, insoweit dies im Rahmen standardisierter Prozesse und klarer Vorgaben geschieht.

Die Qualitätsanforderungen an das Professional Center werden von den Business Partnern vorgegeben. Sie sind Auftraggeber des Professional Center. Die organisatorische Zusammenfassung der HR Operations verfolgt die Ziele, die Standardisierung der operativen Personalarbeit voranzutreiben, über Mengendegressionen Kostenreduzierung zu erzielen und eine flexiblere Kapazitätssteuerung zu ermöglichen, um allen Gesellschaften die erforderlichen Service Level zu gewährleisten.

Die folgende Abbildung 5 zeigt das Partnermodell als aktuellen Diskussionsvorschlag für die Organisation des HR Managements bei Lufthansa Systems:

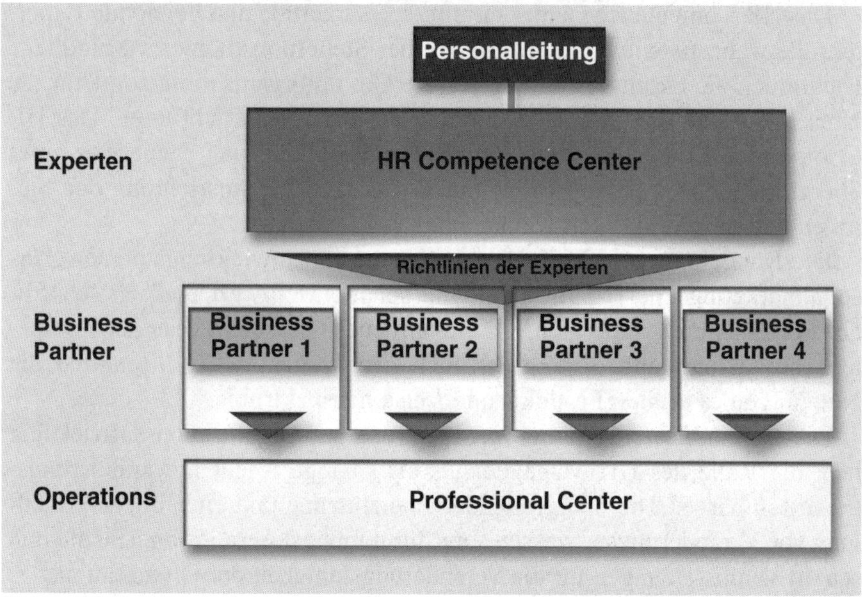

Abbildung 5: Partnermodell für die Organisation des HR Managements bei Lufthansa Systems

Hilfreich für die Funktionsfähigkeit der Strukturen und Prozesse in einer Organisation mit diesen unterschiedlichen Rollen ist eine klare Regelung der Funktionen von zentralen und dezentralen Einheiten:

- Wo liegen hoheitliche Richtlinienfunktionen und Qualitätssicherungsfunktionen für das HR Management?
- Wer hat zu welchen Themen Beratungs- und Expertenfunktionen?
- Wer übernimmt eine Impuls- oder Pilotfunktion für eine HR-Fragestellung?
- Wer hat operative Unterstützungsfunktionen?
- Welche Einheiten haben operative Ausführungsfunktionen?

Die Beantwortung dieser Fragen sorgt für effiziente Abläufe und funktionsfähige Schnittstellen zwischen den HR-Funktionen.

Fazit: Hat Dr. Sullivan doch Recht?

Die provokante Bilanz der Situation des HR Managements ist dann zutreffend, wenn die Personalfunktionen es versäumen, ihre Business-Orientierung zu verstärken und Effektivität und Effizienz der Personalarbeit an den Geschäftszielen auszurichten und messbar zu machen. Das Top Management muss klar erkennen können, worin der added Value der Personalarbeit liegt. Dies ist nicht zu verwechseln mit einer Daseinsberechtigung für die Personalfunktion, deren Notwendigkeit steht außer Frage.

Neu zu bewerten ist jedoch, an welchen Stellen und in welcher Form zukünftig HR Management geleistet werden sollte, um die Wertschöpfung des Unternehmens durch personelle Wert- und Weiterentwicklung zu steigern. Gerade in einem IT-Dienstleistungsunternehmen entstehen strategische Wettbewerbsvorteile durch die Qualität, die Kompetenz und die Motivation der Mitarbeiter. Das HR Management hat die Aufgabe, das Unternehmen darin zu unterstützen, diese Wettbewerbsvorteile zu realisieren.

Ulrich Schnizer

Vom Kollegen zum Dienstleister

In den frühen neunziger Jahren des vergangenen Jahrhunderts war die Informatik-Abteilung der Lufthansa vom Leitbild des Konzerns und damit von Qualität, Fachkompetenz und Perfektion geprägt. Kundenorientierung und -service waren seltener gefordert und hatten damit weniger Priorität. Dieses Leitbild sei hier anhand eines Beispiels dargestellt:

> „Das Erscheinungsbild hat die Aufgabe, ein Unternehmen sichtbar zu machen und deutliche Vorstellungen über das Unternehmen in der Öffentlichkeit zu erzeugen. Im Bauvorhaben Kelsterbach-Staudenweiher (heutiger Firmensitz von Lufthansa Systems) sollen die Prinzipien des Corporate Designs der Deutschen Lufthansa zum Ausdruck kommen, nämlich Qualität, Kompetenz und Führung.“ (Auszug aus den Vorgaben an den planenden Architekten zum Bau des heutigen Firmensitzes in Kelsterbach, 1989)

Zur damaligen Zeit wurden die jährlichen IT-Budgetpläne von den Fachbereichen der Lufthansa meistens nach den Vorgaben der zuständigen IT-Experten erstellt. Es gab keine Vertragsbeziehungen und ein Teil der Aufträge wurde auf Zuruf ausgeführt. Dieses „Klima“ hat Bewusstsein und Verhalten vieler Mitarbeiter in langen Jahren geprägt.

Mit Beginn der Sanierungsphase der Lufthansa musste sich der IT-Bereich ebenso „gesundschrumpfen“ wie die übrigen Teile des Konzerns. Diese Rosskur erleichterte dem jungen Unternehmen Lufthansa Systems den Start erheblich. Der gezielte Aufbau notwendiger Ressourcen für Vertrieb und Marketing, für interne administrative Dienstleistungsprozesse und für den operationellen Rechenbetrieb konnte nun gezielt und wohl dosiert erfolgen.

Ende 1994 war die Sanierung der Lufthansa abgeschlossen. Das Kerngeschäft der Airline blieb bestehen. Die „neue Lufthansa“ konzentriert sich auf die Passage, also den Flugbetrieb, und die dazu notwendige Verwaltung. Lufthansa Technik, Lufthansa Cargo und Lufthansa Systems wurden als Profit-Center ausgegliedert und am 1. Januar 1995 als neue Konzern-Töchter in die operative Selbstständigkeit entlassen. Die schlanke Konzernmutter musste lernen loszulassen und nur noch behutsam zu unterstützen.

Die zum Teil erheblichen Bedenken der Beschäftigten wurden bei der Ausgründung sehr ernst genommen. Die Mitarbeiter der Lufthansa Systems (wie auch die der anderen neuen Konzerntöchter) behielten ihre bisherigen Vergünstigungen. Ein nahtloser Übergang der Altersversorgung wurde geschaffen, die neuen Arbeitsplätze wurden mit Bestandsgarantien abgesichert, der Lufthansa-Ausweis und das verbilligte Fliegen blieben weiter erhalten.

Die vorgegebenen Hauptziele für die neue Lufthansa Systems waren, die IT-Stückkosten für den Lufthansa Konzern deutlich und dauerhaft zu senken sowie im Wettbewerb am Markt unternehmerisch erfolgreich zu sein und damit gleichzeitig einen Know-how-Transfer in den Konzern hinein sicherzustellen.

Der wesentliche Schlüssel zum Erfolg aber hieß „mental change". Das bedeutete für die Mitarbeiter, den Wandel im Verhalten – vom Kollegen zum Auftragnehmer – sowie den Aufbau eines Kunden-Lieferantenverhältnisses im Konzern zu vollziehen. Und natürlich als weitere Konsequenz: Wie werden neue Kunden und Lieferanten gewonnen?

Zukünftig sollte Neugeschäft außerhalb des Lufthansa Konzerns das konzerninterne Bestandsgeschäft sichern. Gemeinsam mit dem damaligen neuen Partner, der Firma EDS (Electronic Data Systems), führte Lufthansa Systems zur Gründung ein modernes Vertriebskonzept ein, verifizierte die vorhandenen IT-Produkte und modernisierte die internen Business-Prozesse. Diese Partnerschaft endete seitens EDS nach drei Jahren.

Durch die langjährigen Erfahrungen im Mutterkonzern konnte Lufthansa Systems ihre hochwertigen Lösungen und Technologien nicht nur anderen Fluggesellschaften anbieten, sondern auch branchenfremden Unternehmen, die an ihre IT vergleichbar hohe Ansprüche stellen wie Airlines. Das durchgängige IT-Leistungsspektrum von Lufthansa Systems reicht von der Planungsphase über die Softwareentwicklung und -implementierung bis hin zu System-Management und Betreuung der Systeme in einem der modernsten Rechenzentren Europas in Kelsterbach. Die Dienstleistungen und Produkte konzentrieren sich auf die Optimierung aller Geschäftsprozesse in der Airline- und Aviationbranche und reichen von Netzplanung und -steuerung, Revenue Management und Preisgestaltung über Reservierung, Check-in, Gepäckabwicklung, Routenplanung bis hin zu Logistik-Flight-Support und Flugzeugwartung.

Airline-Business ist international. Also passte Lufthansa Systems seine strategische Positionierung hinsichtlich Produktportfolio, IT-Technologie, Qualität und Produktionskosten flexibel an die Ländererfordernisse an. Die grundsätzliche Ausrichtung wurde dabei jedoch nie aus den Augen verloren. Durch die regelmäßige Orientierung an den jeweiligen Marktführern hat Lufthansa Systems sein Produktportfolio konsequent verbessert und erweitert. Basis für die weltweite Präsenz von Lufthansa Systems ist ein Area Management, dessen Zuständigkeit in die drei geografischen Bereiche EMEA (Europa/Mittlerer Osten/Afrika), Nord- und Südamerika sowie Asien/Pazifik aufgeteilt ist.

Es blieb nicht aus, dass im Lauf der Zeit eine Konsolidierungsphase erfolgen musste. Im Jahr 2000, also nach fünf Jahren Wachstum, wurde die zu „groß gewordene“ Lufthansa Systems in mehrere sinnvolle Geschäftseinheiten aufgespaltet, die als selbstständige Tochterfirmen weitergeführt wurden. Um das Wachstum zu beschleunigen, wurden neue Unternehmenstöchter gegründet beziehungsweise hinzugekauft. Die eigentliche Lufthansa Systems verblieb als Holding mit schlanken Zentralfunktionen.

Nach relativ kurzer Zeit war das Produktportfolio bereinigt. Von ehemals knapp 250 Produkten bei der Ausgründung verblieb nur noch ein Bruchteil im Programm. Darauf aufbauend erzielte Lufthansa Systems nicht zuletzt auch durch die gezielte Weiter- und Neuentwicklung des Portfolios schnell ein Vielfaches an Umsatz und Ertrag. Heute zählen über 110 international operierende Fluggesellschaften und weitere 80 Unternehmen aus anderen Branchen zu dem immer weiter wachsenden Kundenstamm.

Die Kompetenzen und das Leistungsportfolio von Lufthansa Systems wurden in sieben Geschäftssegmenten gebündelt, die sich an den Kundenprozessen orientieren:

Der Bereich „Airline Solutions“ umfasst ein Produkt- und Dienstleistungsangebot, das vorrangig an den Bedürfnissen von Passage Airlines ausgerichtet ist, und bietet IT-Lösungen, mit denen Fluggesellschaften ihre Kernprozesse bestmöglich steuern und kontrollieren können. Neben den Kernprozessen wie Reservierungen, Ticketing, Passagierabfertigung und Revenue Accounting ist die reibungslose Flugdurchführung für Airlines von essenzieller Bedeutung. Lufthansa Systems bietet hierfür verschiedene Produkte und Serviceleistungen an, die in dem Geschäftssegment „Airline Flight Support“ zusammengefasst sind. Die Fluggesellschaften können damit sowohl den täglichen Flugbetrieb optimieren als auch Analysen nach dem Flug durchführen und so langfristig planen.

Mit den Lösungen aus dem Segment „Administration & Finance“ unterstützt Lufthansa Systems Geschäftsbereiche wie Controlling und Personalwesen. Dazu gehören Beratungsleistungen sowie Airline-spezifische Lösungen mit dem Schwerpunkt Kostenrechnung.

Lösungen für komplexe Logistikprozesse bietet Lufthansa Systems im

Geschäftssegment „Cargo & Logistics". Damit können Fracht- und Transportdienstleister durchgängige sowie ganzheitlich kontrollier- und steuerbare Logistikketten etablieren.

Im Bereich „Maintenance, Repair & Overhaul" (MRO) bündelt das Unternehmen IT-Lösungen für die Flugzeugwartung und -instandhaltung. Dieses Geschäft stellt höchste Anforderungen an Qualität, Sicherheit und Nachweispflicht, denen der IT-Dienstleister mit einem der modernsten und sichersten Rechenzentren Europas gerecht wird.

Lufthansa Systems entwickelt darüber hinaus branchenunabhängige maßgeschneiderte IT-Infrastrukturlösungen, die in dem Geschäftssegment „Infrastructure Services" zusammengefasst sind. Das Angebot reicht hier vom modular aufgebauten Arbeitsplatzmodell über Application Service Providing (ASP) bis hin zum IT-Outsourcing.

In den vergangenen Jahren hat sich das Kelsterbacher Unternehmen im Segment „Business Process Outsourcing (BPO) & Services" zunehmend als Partner für Firmen etabliert, die Geschäftsprozesse auslagern wollen. Bei diesem Geschäftsmodell übertragen die Kunden alle administrativen Aufgaben wie beispielsweise das Rechnungs- und Personalwesen oder Call-Center-Funktionen an Lufthansa Systems.

Mit dem zunehmenden Erfolg des IT-Dienstleisters änderte sich auch die Zusammenarbeit mit dem Lufthansa Konzern. Es wurden jährliche Leistungs- und Preisverhandlungen etabliert sowie neue IT-Projekte von Anfang an im Konzern ausgeschrieben und damit dem Wettbewerb geöffnet.

Trotz des kollegialen Verhältnisses zum Mutterkonzern verschärfte sich das Bewusstsein für unternehmerisches Verhalten mehr und mehr. Während noch zu Beginn des jungen Unternehmens zahlreiche IT-Leistungen für den Konzern ohne Auftrag/Vertrag und damit ohne Berechnung durchgeführt wurden, änderte der plakative Slogan „keine Leistung ohne Auftrag/Vertrag" das Bewusstsein vieler Mitarbeiter nachhaltig.

Was macht also den Erfolg von Lufthansa Systems aus? Er ist zurückzuführen auf die engagierten und kompetenten Mitarbeiter, den permanenten Leistungs- und Preisvergleich im Lufthansa Konzern und mit den zahlreichen IT-Wettbewerbern, auf die Internationalität des Airline-Marktes als treibende Kraft für Technologie und globales Denken und nicht zuletzt auch auf die Nähe zum Lufthansa Konzern.

Heinz-Dieter Hansmann

Bericht von einem, der nicht hinter der Zeit leben wollte

Das Gerücht

Ich gehöre zu den Menschen, die zwar die Abwechslung lieben, aber was den Beruf angeht, den sicheren Hafen vorziehen. Seit den sechziger Jahren war ich im Nachrichtendienst der Deutschen Lufthansa tätig. Verwechslungen sind rein zufällig, mit den echten Nachrichtendiensten hatte das nichts zu tun. Am Anfang waren Fernschreiber und Telefondienste unter diesem Namen bei der neuen Lufthansa angetreten.

Nun kam es, das Gerücht. Vorangegangen waren einige unerfreuliche Dinge um die große, schöne Lufthansa. Der neue Vorstandsvorsitzende, Jürgen Weber, hatte es in der Presse so schön treffend und ungefähr so ausgedrückt: „Morgens beim Rasieren sind schon wieder einige Millionen zu wenig in der Kasse.“ Nöte machen erfinderisch und so kam es zum Gerücht, die Direktion Daten und alles, was dazugehört, wird ausgegründet. Ebenso hörte man, es gäbe massenhaft Bewerber zum Einstieg und Ankauf des Rechenzentrums und so weiter und so weiter. Wo blieb jetzt mein sicherer Hafen?

Das Gerücht wird Tatsache

In meiner Funktion als Leiter der Telekommunikation im Bereich der Direktion betraf es ja nicht nur meine eigenen Probleme. Die Mitarbeiterinnen und Mitarbeiter reagierten allergisch und außerhalb einer normalen Betrachtungsweise. So reagieren eben Menschen, wenn es um ihre Existenz geht.

Hinzu kommt die Besonderheit des Lufthanseaten, etwas arrogant gegenüber Neuerungen und abweisend gegen alles zu sein, was von oben so einfach ohne ihn zu fragen beschlossen wird. Also fuhr man mit Bussen an einem Samstag von allen Standorten nach Bonn. Das hatte zwar nichts mit Ausgründungen und Ähnlichem zu tun, aber es ging um Sicherung der Arbeitsplätze. Daher wurde in Bonn vor dem Rathaus demonstriert. Nicht in zeitlichem Zusammenhang, also wesentlich später, fand in Frankfurt in der Kantine auf der Basis eine Informationsrunde über das Vorhaben: „Wir werden ausgegründet" statt.

Die Tatsache

Einige Firmen hatten tatsächlich einsteigen wollen, eine war dann übrig geblieben. Es kam zu einer Vereinbarung mit der Firma EDS. Mir sagte der Namen nicht viel, ich verband ihn mit einem kleinen Mann aus USA, der eine der größten Outsourcing-Firmen der Welt in Sachen IT und Airports gegründet hatte. Als er sich entschloss, sich als Präsident der USA zu bewerben, verkaufte er den IT-Riesen.

Die Mitarbeiter meiner Abteilung waren keine Menschen, die lange redeten. Sie handelten und schrieben einen Brief an Jürgen Weber. Mich hatten sie vorsichtshalber nicht informiert. So kam über mich das Donnerwetter von Peter Franke sehr überraschend. Ich denke, er glaubt bis heute nicht, dass ich wirklich ein ahnungsloser Böser war. Bei meinen abendlichen Beruhigungsrunden versicherten mir meine Getreuen, das hätte man gemacht, um mich zu schützen. Na wunderbar, ist der Ruf erst ruiniert, lebt es sich ganz ungeniert.

Die Vorbereitung

Die Kollegen und auch ich wurden zu einer Veranstaltung nach Seeheim eingeladen. Alles war erledigt, alle Einsprüche mehr oder weniger vom Tisch gefegt und nun sollte es ja zur Sache gehen. Der damalige Chef der EDS hielt uns einen sehr lebhaften Vortrag, und zwar: Wie ergeht es einem Ausgegründeten? Wie verhalten sich die Auserwählten, die bleiben dürfen?

Der Vortrag, gehalten von einem Herrn Berg, gespickt mit schauspielerischen Einlagen, war toll. Einfach gesagt, er versprach uns das Schlimmste und sprach von einem Zeitraum von zehn Jahren. Nimmt man den zehnjährigen Geburtstag der Systems als Nachfragepunkt, hat er nicht ganz Recht gehabt. Es ging etwas schneller, zumindest für die eine oder andere Organisation. Der Gründung vorangegangen war „neudeutsch" noch eine

Due Diligence, vorangetrieben von einigen Beratern. Die versprachen großes Wissen zu diesem Thema. Nachdem alles vorbei ist, sei dem Schreiber eine kritische Betrachtung gestattet: Viel Ahnung hatten die nicht.

Der neue Mut

Hat der Mensch sich in sein Schicksal ergeben, den Rubikon für sich überschritten, denkt er weiter, und zwar über die Zukunft. Was kommt jetzt, wie schnell kommt es und wie ergeht es mir? Militärisch erzogen, ergab ich mich schnell in mein Schicksal und führte das Schiff Kommunikation in die neue Welt der vereinigten Kräfte von Lufthansa und EDS. Wahrscheinlich wieder mal zu schnell, denn gemeinsam mit meinem Kollegen von der EDS wollten wir die Telefonnetze der beiden zusammenlegen.

Ulrich Scharmacher hieß der Kollege und wir hatten „Großes" vor. Wie gesagt, wir waren zu schnell. Wir wurden energisch zurückgepfiffen, verstanden die Welt nicht mehr, aber beugten uns der Gewalt. Wie schlau da jemand war, denn ein paar Versuchsjahre später hätten wir es ja wieder auseinander nehmen müssen. Wusste da schon jemand, wie das Schicksal verlaufen würde?

Kolumbus oder wie AN/T den Kunden entdeckte

Es steht schon in der Genesis, am Anfang stand das Feuer. Wir machten uns selber Feuer und erfanden täglich neue Ideen. Wir gründeten Anbietergesellschaften, wir druckten eigene Kataloge, jede Abteilung versuchte Kunden zu gewinnen.

Der so genannte interne Kunde hatte es sich inzwischen in der Regel überlegt, es diesen IT-Menschen erst einmal zu zeigen. Die Welt bestand ja nicht nur aus der Systems. Der Markt selbst hatte auch keine Posaunenchöre zum Empfang für uns bereitgestellt. Die ehemaligen Kollegen waren nicht immer nett. Es gab Tiefschläge in ungeahnter Zahl.

Hatte der EDS-Mensch doch Recht gehabt? Menschen sind halt Menschen und so reagierten die Verbliebenen eben dieses Mal selber arrogant. Sozusagen eine späte Rache. Wenn einen nicht schon der Bruder und die Schwester lieben wollen, vielleicht will es ja ein ganz Fremder. Also marschierten wir auch in Richtung externer Markt. Ein mühsames Geschäft, aber nun, nach 10 Jahren, scheint es ja so gekommen zu sein. Mehr als 49 Prozent Geschäft mit den so genannten Dritten. Das ist doch ein Erfolg.

Jürgen Weber selbst hatte uns ja in der Kantine im Staudenweiher verabschiedet. Seine lieben Worte waren: Sie sehen mich so schnell nicht wieder, ich komme aber immer wieder, um mir einen Scheck abzuholen. Für Schecks braucht man Geld, Geld bekommt man von Kunden. Es wurde etwas heller auch bei AN/T. Es ging vorwärts. Als Kolumbus endlich Land im Westen sah, war er glücklich und zufrieden, als unser erster externer Kunde seine Rechnung bezahlte, fühlten wir uns wie damals wohl er.

Menschen

Einige von denen, die damals von großer Furcht befallen wurden, gibt es leider heute nicht mehr. Wir alle zusammen bildeten sozusagen eine Speerspitze. Menschen, die gemeinsam etwas wollen, schaffen das auch in der Regel. Wir schafften es. Wir holten uns die etwas verlorene Reputation zurück. Wir verschafften uns auch nach außen einen hervorragenden Ruf. Wir stellten uns dem Wettbewerb und kamen ganz gut damit zurecht.

Hin und wieder behinderte das Lufthansa-Syndrom. Dann kamen Fragen wie: Dürft ihr das überhaupt? Habt ihr den Betriebsrat informiert? Woher habt ihr die Mittel? Die Unabhängigkeit wuchs, auch die der Mitarbeiter. Unabhängigkeit hat ja etwas mit Vertrauen und Selbstbewusstsein zu tun. Das war nicht unbedingt immer der Fall, aber heute reicht das für viele Jahre.

Kunden entdecken uns

Heute hat das jetzige AN/T mit der Hinwendung zu Voice over IP den Quantensprung wohl geschafft. Ein wesentlicher Vorsprung, erzielt durch gemeinsame Beharrlichkeit und positive Gestaltung des eigenen Arbeitsplatzes. Ein großer Verdienst der jungen und alten Mitarbeiter. Somit entdecken die Kunden diese Wissensbank. Wesentlich für Telefonie und Kommunikation war und ist es, immer die Bedürfnisse im eigenen Hause zu kennen. Davon gibt es ja nun reichlich und so waren die zehn Jahre Lehr- und Wanderjahre. Jetzt wurde die Gesellenprüfung abgelegt, zum Meister ist es noch ein langer Weg.

Für diesen Weg wünsche ich meiner alten Wirkungsstätte und der großen Systems viel Glück.

Vivat, crescat, floreat! Sie möge leben, wachsen und blühen!

Ulrich Sporleder

War Unruhe die treibende Kraft?

Nach zehn Jahren Lufthansa Systems muss es gestattet sein, auch einen kurzen Blick auf die Zeit davor zu werfen, um manche Reaktionen besser verstehen zu können.

Der Umzug in das neue Rechenzentrum in Kelsterbach stand bevor. Für manche war dies schon der „Auszug aus Ägypten", denn die Basis ist der Standort für wichtige Ressourcen, teilweise auch heute noch. Man war ja schon zu circa 50 Prozent in Kelsterbach. Man war aber nicht mehr im Zentrum. Gerüchte mit allen Varianten des Outsourcings gab es schon 1990. Wie sollte man sich verhalten? Ist man sehr gut, lockt man Interessenten an. Ist man schlecht, steigt zwar die Tendenz zum Verkauf, man findet aber vielleicht keinen Käufer. Und diese Situation war natürlich durch Managementfehler entstanden.

Der Umzug nach Kelsterbach, der über ein Jahr dauerte, forderte den vollen Einsatz aller und ließ wenig Zeit, sich um Gerüchte zu kümmern. Dieser Umzug nach Kelsterbach war rückblickend betrachtet eine logistische Meisterleistung aller Mitarbeiter, waren doch Planung und Realität oft deutlich voneinander entfernt.

Aber dann der erste Schock: Das neue Rechenzentrum war zu klein. Die installierte 400-Hz-Leistung war zu gering, die Kaltwasserversorgung zur Rechnerkühlung für die prognostizierte Entwicklung bald an ihren Grenzen angelangt. Sicher keine Planungsfehler. Es war und ist auch völlig unmöglich, die Rechnerentwicklung, Bauplanung und Realisierung sowie das Wachstum – und dies sind nicht alle Parameter – auf der Zeitachse exakt zu synchronisieren.

Eines unserer ehrgeizigsten Ziele war, eine „Wiedervereinigung" der beiden Großrechnersysteme auf der Bedienerebene, dem Operating, zu erreichen. Synergieeffekte und hohe Produktivitätssteigerung waren die Mindesterwartung. Die räumliche Vereinigung wurde erreicht. Dennoch blieb eine unsichtbare Wand, die nur von wenigen Mitarbeitern durchbrochen wurde. Vielleicht lag es nur daran, dass beide Mitarbeitergruppen sich den Rücken zudrehten. Jeder hielt „sein System" für das wichtigere und damit für langfristig tragfähig.

Dank der Flexibilität, Einsatzbereitschaft und Kreativität der Mitarbeiter wurden alle Probleme überwunden und gelöst und es blieb wieder Zeit, sich um Gerüchte zu kümmern, denn sie verstummten nicht. Der Wechsel vom „Planstellendenken" zu „Beschäftigungsjahren" wurde in einem Bereich, der hohes Automationspotenzial hat, zum zusätzlichen Unruheherd. Als Beispiel sei hier nur die Einführung von Robotern im Unisys-Bereich genannt. 40 Beschäftigungsjahre mussten eingespart werden, denn die Arbeit an circa 70 Bandgeräten wurde nun durch Roboter erledigt. Es rumorte also fleißig weiter. Meine Standardberuhigungsphrase war: „Solange wir nicht gelernt haben, Rechnungen zu schreiben, können wir auch nicht selbstständig werden."

Dieser Satz erwies sich letztlich als falsch, brachte aber manch schmerzliche Erfahrung. Die Entwicklung war nicht aufzuhalten und es galt, möglichst wenig offene Wunden zu behalten. Viele, teilweise nur emotionale Probleme, aber auch sehr konkrete – gelber Ausweis, Flugberechtigung, Produktflug, vermögensbildende Leistungen, Unkündbarkeit etc. –, mussten bearbeitet und richtig vermittelt werden. Dass man nicht mehr zum Kerngeschäft gehörte, war und ist ein ernst zu nehmendes und nachvollziehbares, wenn auch emotionales Problem, insbesondere für langjährige Mitarbeiter. Umso erstaunlicher, aber auch anerkennenswerter für alle: Es widersprachen nur drei Mitarbeiter dem Übergang in die neue Gesellschaft. Wir waren einfach in der neuen Gesellschaft angekommen. Die Kunden waren die gleichen geblieben, das Gehalt kam immer noch von HAM PV, sogar die Vergütungsabrechnung hatte sich nur kaum sichtbar verändert. Selbst die Vergütungsgruppen und die Einordnung in diese waren geblieben oder deren Änderung war so schwer wie vorher. Für unser Kerngeschäft hatten sich die Arbeitsinhalte nicht verändert, es waren sogar neue Aufgaben entstanden. Manches Neue musste erst gelernt bzw. erfahren werden. Besprechungen bekamen eine „Kunden-Lieferanten-Beziehung" und dieses „der Kunde ist König" musste begriffen werden. Mir fiel es etwas leichter, da ich diese Tochter-Mutter-Beziehung – ich war 15 Jahre bei der Lufthansa-Tochter LSG – schon erlebt hatte.

Für beide Seiten begann ein Lernprozess. Marktpreise galten natürlich für beide Seiten. Wir mussten erst lernen, hierfür die richtige Kalkulationsmethode und -basis zu finden. Auch Rechnungsschreibung ist nur dann unangenehm, wenn sie nicht richtig ist, also Leistungen in Qualität und Menge nicht vereinbart oder erbracht werden.

Nachdem die 30-Prozent-Beteiligung der EDS wieder aufgelöst war, beruhigten sich die Gemüter.

Insgesamt klingt das alles sehr schmerzfrei. Aber vor 1995 war es das nicht, ebenso nicht danach.

Das beste Beispiel dafür war die Auflösung des Rechenzentrums in Hamburg im Jahr 1993. Nur die Drucker blieben in Hamburg. Das Personal wurde von 26 auf 6 reduziert. Schließlich wurde auch das Drucken durch eine Outsourcing-Maßnahme an einen externen Provider vergeben (2002). Es war für keine Seite ein leichtes Stück Arbeit und der Prozess verlief nicht ohne Blessuren.

Auch in Kelsterbach wurde das Drucken vollständig an den externen Provider abgegeben. Dieses Beispiel unterstreicht einen Aspekt bei der Entstehung von Lufthansa Systems. Für den Kunden muss sich Lufthansa Systems mit Leistungen, Qualität und Preis am Markt orientieren, um eine Win-Win-Situation für beide Seiten zu erreichen. Mit anderen Worten: Leistungen, die andere besser und preiswerter produzieren können, kauft man besser ein. Sicher war diese Vorgehensweise auch für ein Unternehmen im Lufthansa Konzernverbund notwendig und sinnvoll, ich bin aber überzeugt, dass es nicht mit dem gleichen Druck oder Eigendruck erfolgt wäre.

Die Entwicklung des Rechenzentrums war immer sehr unterschiedlichen inneren und äußeren Einflüssen unterworfen. Unix brachte eine völlig neue Rechnerumgebung und Technologie. Nicht „Wiedervereinigung“, sondern Spezialisierung war gefordert. Den Mitarbeitern konnte so eine neue Herausforderung und die Möglichkeit zur Weiterentwicklung gegeben werden. War das Rechenzentrum 1990 noch zu klein, hatten wir im Jahr 1995 circa 3.000 qm freie Flächen und ab 2000 wurde bereits wieder Rechnerfläche gesucht. Sogar in der Energieversorgung wurde ein zusätzliches sechstes Dieselaggregat notwendig. Die Klimaversorgung war schon erweitert worden.

Die Frage, wie gering oder groß die Distanz zwischen Lufthansa Systems und dem Mutterkonzern ist, ist inzwischen, so meine ich, überwunden. Wichtig werden oder sind wieder die kleinen Dinge: Kennt der Chef meinen Namen? Gratuliert er mir zum Geburtstag? Steht seine Tür offen? Denkt er an mein Dienstjubiläum? Selbst das Grüßen wird ernster genommen, als man glaubt.

Für die Arbeit im Rechenzentrum brauchen die Mitarbeiter schon eine hohe Frustrationstoleranz. Wenn die Performance für den Nutzer auf dem vereinbarten Niveau liegt, ruft niemand an, um mal seinen Dank auszusprechen. Wenn man bei einem Systemausfall schnell und effizient gearbeitet hat, muss man quasi eine Entschuldigung formulieren. Obwohl sich die eigentliche Aufgabe nicht ändert, ist ständige Weiterbildung notwendig, um die steigende Komplexität zu beherrschen. Einen Einfluss auf die Einordnung in die Tarifgruppen hat das nicht. Wir haben aber die Operator-Hierarchien vereinfacht.

Mein Fazit: Wir sind noch nicht am Ziel, dem Ziel aber wesentlich näher, wenn auf die Frage: „Warum arbeiten Sie bei Lufthansa Systems?“ die spontane Antwort kommen würde: „Weil ich für die Firma Geld verdienen und damit meine eigene ‚Wertschöpfung‘ rechtfertigen will.“

Zehn Jahre sind ein ganzes Stück Weg. Manchmal auch ein Stück Umweg. Wer keine Fehler macht, macht auch nichts richtig!

Heribert Wingenfeld

Zehn Jahre Betriebsrat bei Lufthansa Systems

Seit den siebziger Jahren war bei Lufthansa immer wieder mal die Rede davon, die elektronische Datenverarbeitung (so wurde IT damals bezeichnet) in eine eigenständige Firma auszugründen. Nachdem sich abzeichnete, dass die Firma Mannesmann mit der Ausgründung ihrer EDV und dem Aufbau des D2-Mobilfunknetzes sehr erfolgreich war, wurden die Stimmen, es Mannesmann gleichzutun, lauter.

1994 wurde es dann wirklich ernst: Im Zuge der Privatisierung der Lufthansa wurde vom Vorstand auch eine Neustrukturierung des Lufthansa Konzerns beschlossen. Aus der Lufthansa AG sollte der „Aviation-Konzern Lufthansa" werden, der mit eigenständigen Firmen unter dem Konzerndach alle dafür notwendigen Aktivitäten abdecken sollte. Zum Kern wurde die Passage mit der Konzernverwaltung. Lufthansa Technik AG, Lufthansa Cargo AG, Lufthansa Systems GmbH, aber auch Bodenverkehrsdienste (Globe Ground) und Gebäudemanagement und andere Bereiche wurden eigenständige Tochterunternehmen.

Im Herbst 1994 lud der damalige Lufthansa-Betriebsrat Frankfurt der Lufthansa AG die Mitarbeiter der Datenverarbeitung zu einer Abteilungsversammlung ein, die gut besucht wurde.

Die Belegschaft sah mit Sorgen in die Zukunft – wusste doch niemand so recht, was die Ausgründung und ein Betriebsübergang für die Mitarbeiter bedeuteten. Erschwerend kam hinzu, dass die wirtschaftliche Lage der Lufthansa nicht gerade rosig war und dass als eine Folge davon für Lufthansa Systems eine Partnerschaft mit EDS vorgesehen war. EDS beteiligte sich mit 25 Prozent an der neuen IT-Tochter. Und es war nicht klar, ob nicht in den kommenden Jahren EDS weitere Anteile hinzukaufen würde.

Während dieser Versammlung wurde auch ein Betriebsratswahlvorstand für die entstehende Lufthansa Systems GmbH gewählt.

Nach erfolgreich durchgeführter Wahl lud der Vorsitzende des Wahlvorstandes die elf gewählten Betriebsratsmitglieder am 15. Februar 1995 zur konstituierenden Sitzung ein.

Nun hatten wir damit zwar einen Betriebsrat, aber das Wissen über die

Betriebsverfassung und somit über die Rechte und Pflichten eines Betriebsrates war nahezu null. Nur ein Mitglied des neuen Gremiums hatte als Ersatzmitglied des Lufthansa-Betriebsrates ein wenig Erfahrung sammeln können. In seiner ersten ordentlichen Sitzung beschloss der Betriebsrat daher, umgehend eine elementare Schulung für seine Mitglieder zu organisieren und die Geschäftsleitung zur Bereitstellung der notwendigsten Sachmittel (Büroraum, Sekretariat, Büroausstattung, Fachliteratur etc.) zu veranlassen.

Wegen der erwähnten Verunsicherung war der Beratungsbedarf in der Belegschaft groß und somit mussten wir Betriebsräte uns sehr schnell in viele Fragen der Betriebsverfassung, des Arbeitsrechts, aber auch in die bestehenden Tarifverträge und Betriebsvereinbarungen einarbeiten. Insbesondere Fragen zum Kündigungsschutz, zur Altersversorgung, und damit zur Rolle des Pensionssicherungsvereins, zum ermäßigten Fliegen und dazu, welche Auswirkung eine mögliche Mehrheitsbeteiligung der EDS an Lufthansa Systems bezüglich dieser Themen habe, wurden immer wieder gestellt.

Doch nach und nach gewannen auch die Mitarbeiter ihr Selbstvertrauen zurück: Beim Sichten und Sortieren der eigenen Software stellte sich doch heraus, dass mit einigen Anpassungen durchaus vermarktbare Produkte und Produktlinien vorhanden waren, mit denen erste externe Kunden gewonnen werden konnten.

Auch in die Betriebratsarbeit kehrte mehr Routine ein. Da sich die Geschäfte erfreulicherweise so entwickelten, dass Mitarbeiterinnen und Mitarbeiter eingestellt wurden, hat der Betriebsrat für „personelle Angelegenheiten" (Stellenausschreibungen, Bewerbungen, Bewerberauswahl) einen eigenen Ausschuss gebildet.

Nachdem auch an den Standorten in Hamburg, Köln und München Betriebsratswahlen stattgefunden hatten, wurden ein Gesamtbetriebsrat und ein Wirtschaftsausschuss gebildet. Die Auszubildenden erhielten Unterstützung bei der Bildung einer Jugend- und Auszubildenden-Vertretung. Durch eine Rahmenvereinbarung wurden alle bisherigen Lufthansa-Betriebsvereinbarungen, soweit sie für Lufthansa Systems relevant waren, kollektivrechtlich in Kraft gesetzt. Damit war eine Basis geschaffen, auf der auch Neues ausprobiert werden konnte.

Erklärtes Ziel der Geschäftsführung war unter anderem, einen Gehaltsanteil erfolgs- bzw. leistungsabhängig zu gestalten. So wurde nach zähen Verhandlungen zwischen Geschäftsführung und Betriebsrat, zunächst nur für die Vertriebsmitarbeiter, eine LOV[1]-Betriebsvereinbarung geschaffen. Mehrfach modifiziert, wurde diese leistungsorientierte variable Vergütung

[1] Leistungsorientierte Vergütung

auf alle außertariflichen Mitarbeiter ausgedehnt. Das Konzept wurde später vom Konzern übernommen und in Form einer Konzernrahmenbetriebsvereinbarung festgeschrieben.

Ein anderes Thema, das in Form einer Betriebsvereinbarung geregelt wurde, war das Thema Telearbeit bzw. Arbeit von zu Hause. Nachdem sich diese Regelung bei Lufthansa Systems bewährt hatte, wurde auch sie mit kleinen Anpassungen vom Lufthansa Konzern übernommen.

Aber auch Themen wie die Fahrplangestaltung und die Fahrtroute des Pendelbusses beschäftigten den Betriebsrat. Ein fast schon kurioses Thema war die Gestaltung der Haltestelle vor dem LIC (Bushäuschen).

Der Rückkauf der EDS-Anteile durch den Lufthansa Konzern wurde 1997 bei allen Mitarbeitern mit Genugtuung aufgenommen und stärkte das Zugehörigkeitsgefühl zur Lufthansa.

Im Juni 2000 überraschte die Geschäftsleitung die Betriebsräte mit der Absicht, die Struktur der Lufthansa Systems grundlegend zu ändern. Das Unternehmen sei nicht mehr steuerbar, wurde gesagt. Mit kleineren Einheiten, die auch „partnerschaftsfähig" sein müssten, sei den Interessen des Eigentümers mehr gedient. Die Kunden verlangten auch, ihre Probleme mit einem Geschäftsführer diskutieren zu können, und zwei Geschäftsführer seien einfach zu wenig. Lufthansa Systems sollte in fünf Gesellschaften aufgespaltet werden: Vier operative Gesellschaften und eine Holding-Gesellschaft mit nur wenigen Mitarbeiterinnen und Mitarbeitern. Dazu kamen noch, als neue Tochtergesellschaften der Holding, mehrere Unternehmen aus dem Lufthansa Konzern hinzu, die einen IT- oder IT-nahen Unternehmenszweck erfüllten.

Der Betriebsrat entwickelte ein eigenes Konzept, das den Anforderungen besser entsprach. Er schlug vor, die neue Gesellschaft in Divisionen zu organisieren, aufgeteilt nach den Vorschlägen der Geschäftsleitung. Wenn diese Gesellschaft als Aktiengesellschaft gebildet würde, könnte man sogar einen Vorstand zu den Kunden schicken. Um Partnerschaften einzugehen, könnten Joint Ventures mit möglichen Partnern gegründet werden. Der Betriebsrat wies besonders darauf hin, dass eine reine Finanz-Holding zu Interessenkonflikten bei den einzelnen Gesellschaften führen würde, da die Zusammenarbeit immer den Interessen des jeweiligen Unternehmens untergeordnet wäre. Im Übrigen würden die administrativen Tätigkeiten insgesamt überproportional wachsen.

Im Laufe der Verhandlungen wurde deutlich, dass die Geschäftsleitung lediglich eine Vorgabe des Konzerns umsetzen musste und so entstand die Lufthansa Systems Group GmbH mit 16 Tochtergesellschaften. Die neue Struktur der Lufthansa Systems Group trat am 1. Januar 2001 in Kraft.

In den Einzelfirmen wurden auch Betriebsratswahlen durchgeführt und somit hat sich die Anzahl der Betriebsratsmitglieder mehr als verdoppelt.

Im Sommer 2001 überraschte die Lufthansa Systems Group wieder die Betriebsräte und auch alle Mitarbeiterinnen und Mitarbeiter mit der Ankündigung, einen Merger mit der IT-Tochter der Swissair, Atraxis, durchführen zu wollen. Durch die bekannten Ereignisse des 11. September 2001 und den darauf folgenden Konkurs der Swissair wurden die fast abgeschlossenen Verhandlungen jedoch abgebrochen und die Atraxis durch den Insolvenzverwalter der Swissair an ein anderes Unternehmen verkauft.

Die Gesellschaften innerhalb Lufthansa Systems entwickelten sich unterschiedlich. Lufthansa Systems Infratec wuchs beispielsweise innerhalb von 3 Jahren von 850 auf 1.400 Mitarbeiterinnen und Mitarbeiter. Andere Gesellschaften expandierten unterschiedlich oder schrumpften.

Für die einzelnen Geschäftsfelder im Lufthansa Konzern wurden im Jahr 2002 eigene Konzernbetriebsräte gebildet, da gemeinsame Regelungen geschäftsfeldspezifisch leichter zu realisieren sind. Dies geschah auch bei Lufthansa Systems. Notwendig wurde ein „Konzernbetriebsrat Lufthansa Systems" auch unter dem Aspekt, mit der Geschäftsführung der Holding relevante Fragen der Mitbestimmung diskutieren und Vereinbarungen treffen zu können. Der Lufthansa-Konzernbetriebsrat ist das politisch verbindende Element.

Die Betriebsräte von Lufthansa Systems sehen ihre Aufgabe neben der Mitbestimmung auch in der Qualitätssicherung aller Maßnahmen, die von der Geschäftsleitung durchgeführt werden.

Alles in allem kann der Betriebsrat auf zehn Jahre erfolgreiche Arbeit zurückblicken. Auch bei zum Teil kontrovers geführten Auseinandersetzungen konnte der Betriebsrat einiges im Sinne der Mitarbeiterinnen und Mitarbeiter von Lufthansa Systems erreichen – an dieser Stelle einen herzlichen Glückwunsch an Beschäftigte und Unternehmen zum zehnjährigen Firmenjubiläum.

Anna Schäfer

Laufbahnentwicklungen bei Lufthansa Systems aus der Sicht eines Ausbildungsbetriebes

Die Ausbildungsstruktur bei Lufthansa Systems ist sehr vielfältig. Die Schwerpunkte der akademischen Laufbahn begründen sich sowohl auf dem direkten Einstieg als auch auf dem Quereinstieg. Die Ausbildung bei Lufthansa Systems ist Bestandteil einer breiten Palette des Nachwuchsprogramms innerhalb des Lufthansa Konzerns. Sie ist eingebettet in die Bildungspolitik, die hohe Produktqualität sichert und dabei helfen soll, die Unternehmensziele auch in Zukunft zu erreichen.

Lufthansa Systems bietet die Ausbildungsgänge „Fachinformatiker Systemintegration", „Diplom-Wirtschaftsinformatiker (BA)", „Trainee into IT" und „JOPP" an, die im Folgenden näher vorgestellt werden sollen:

Fachinformatiker

Die Ausbildung zum Fachinformatiker ist eine klassische Ausbildung, die mit einer Abschlussprüfung vor der Industrie- und Handelskammer (IHK) beendet wird. Internet oder Datenbank, C++ oder Java – das sind die groben Inhalte dieser Ausbildung. Lufthansa Systems bildet ausschließlich für den eigenen Bedarf aus und gibt jungen Leuten somit die Möglichkeit, eine anspruchsvolle zweieinhalbjährige Ausbildung zu durchlaufen und später auch im Ausbildungsbetrieb die ersten beruflichen Erfahrungen zu sammeln.

Als Fachinformatiker mit der Fachrichtung „Systemintegration" planen und konfigurieren die Auszubildenden Systeme der Informationstechnik. Als Dienstleister im eigenen Haus oder beim Kunden installieren und konfigurieren sie diese Systeme entsprechend den Kundenanforderungen, betreiben und verwalten sie. Dazu gehört auch, dass bei auftretenden Störungen die Fehler systematisch und unter Einsatz moderner Experten- und Diagnosesysteme eingegrenzt und behoben werden.

Die spätere Laufbahn zeigt unterschiedliche Verlaufslinien: Die Fachinformatiker beraten beispielsweise interne und externe Anwender bei Auswahl und Einsatz der Geräte und lösen Anwendungs- und Systemprobleme. Sie wählen aus, installieren und konfigurieren verschiedene Netzwerkkomponenten und Netzwerkbetriebssysteme oder übernehmen die Verantwortung zur Durchführung eines strategischen Projekts.

Diplom-Wirtschaftsinformatiker (BA)

Die Ausbildung des Diplom-Wirtschaftsinformatikers (BA) ist eine duale Ausbildung an einer Berufsakademie mit dem kooperierenden Unternehmen. Studium und Ausbildungsdauer belaufen sich auf drei Jahre, die theoretischen und praktischen Blöcke variieren in einem dreimonatigen Turnus. Die Verzahnung von theoretischer und praktischer Ausbildung ist eine Besonderheit des Studiums an Berufsakademien.

Das Grundstudium umfasst vier Studienhalbjahre und wird mit der Assistenzprüfung abgeschlossen; das Hauptstudium beinhaltet zwei Studienhalbjahre und wird mit der Diplomprüfung abgeschlossen.

Die Ausbildung ist sehr vielschichtig und bietet den Absolventen einen qualifizierten Einstieg in die Berufswelt, und zwar in dem Unternehmen, in dem ihnen die Netzwerke und Prozesse bereits sehr gut bekannt sind. Als Wirtschaftsinformatiker entwickeln sie maßgeschneiderte Dienstleistungen auf dem Gebiet der globalen Transportlogistik und Industrie. Während der gesamten Ausbildung werden die Auszubildenden von einem Mentor betreut. Die Betreuung bezieht sich auf den fachlich-praktischen Bereich.

Nach der Ausbildung zum Diplom-Wirtschaftsinformatiker, durch die Schnittstelle im Studienfach und den Generalistenschwerpunkt, stehen den Studenten verschiedene Einsatztätigkeiten zur Verfügung. Die beruflichen Einstiegsmöglichkeiten sind hier noch viel weiter gefasst; es sind anspruchsvolle Aufgaben in Bereichen wie Analyse und Reengineering von Geschäftsprozessen, Konzeption und Realisierung neuer IT-Systeme oder in der IT-Beratung.

Trainee intoIT

„Into IT“ ist das klassische Trainee-Programm der Lufthansa Systems, das einen umfassenden Einblick in die Produkte, Prozesse und Strukturen der IT-Welt und, damit verbunden, interessante Entwicklungs- und Karriereperspektiven bietet.

Das Programm dauert 12 bis 15 Monate. Nach einem Kurzumlauf durch die Stabs- und Zentralfunktionen sowie die Business Units des Unternehmens lernen die Trainees in selbst gewählten Praxiseinsätzen die Grundlagen der Führungs- und Projektarbeit sowie des Customer Relationship Managements kennen. In Trainings und Schulungen haben die Trainees die Möglichkeit, ihr Know-how entsprechend zu erweitern. Das Programm ist so angelegt, dass die Nachwuchsführungskräfte ihr individuelles Trainee-Programm gestalten und bereichsübergreifende Kontakte knüpfen können.

Während des gesamten Programms werden die Nachwuchskräfte von einem Koordinator betreut und von einem persönlichen Mentor beraten. In den jeweiligen Projektphasen steht den Nachwuchsführungskräften zusätzlich ein Tutor zur Seite, der sie fachlich unterstützt. Mit einem individuell zugeschnittenen Qualifizierungsprogramm wird dadurch die persönliche Entwicklung gefördert.

Nach dem Durchlauf des Programms haben die Absolventen die Möglichkeit, Tätigkeiten sowohl mit Projektverantwortung wie auch mit Personalverantwortung zu übernehmen.

JOPP („Join Our Practice Program“)

Das JOPPler-Programm ist ein speziell für Absolventen geistes-, sozial- und naturwissenschaftlicher Studiengänge konzipiertes Trainee-Programm, das sich über den gesamten Lufthansa Konzern erstreckt. Es ermöglicht somit Quereinsteigern einen beruflichen Einstieg in die Wirtschaft.

In einem auf maximal zwei Jahre befristeten Einsatz in einer Abteilung bzw. einem Projekt sammeln die JOPPler betriebswirtschaftliche Erfahrungen anhand konkreter Aufgaben aus der unternehmerischen Praxis.

So haben z. B. Soziologen, Pädagogen, Kunstwissenschaftler und Germanisten die Möglichkeit, einen internationalen Konzern und seine Funktionsweise „von innen“ her kennen zu lernen und sich intensiv „on the job“ mit der unterschiedlichen Materie zu beschäftigen. Es gibt Einstiegsmöglichkeiten im Bereich Einkauf, Marketing, Personalentwicklung, Controlling und Assistenz.

Damit will Lufthansa auf den unvoreingenommenen Blick und die neuen Erfahrungen der jungen Leute aufbauen, um somit frischen Wind in die Strukturen des Unternehmens zu bringen. Das Programm ist auf maximal 24 Monate befristet.

Ich selbst habe dieses Programm durchlaufen und habe Unmengen an Erfahrungen gesammelt, über die ich hier gerne berichten möchte.

Mein Name ist Anna Schäfer, ich bin 28 Jahre alt und diplomierte Pädagogin. Mein Studium mit Schwerpunkt Erwachsenenbildung, Nebenfach Psychologie, habe ich im Jahr 2002 an der Philipps-Universität in Marburg beendet.

Meine erste Begegnung mit dem Lufthansa Konzern hatte ich im Oktober 2002. Ich habe mit einem Praktikum bei der Deutschen Lufthansa AG begonnen. Nach sechsmonatiger Tätigkeit im Personalentwicklungsbereich, Bereich Führungskräfteentwicklung, war mir relativ schnell klar, dass ich diese berufliche Laufbahn verfolgen und auch unbedingt im Netz des gelben Kranichs bleiben möchte. Während des Praktikums habe ich von einer Möglichkeit des Quereinstieges gehört und wollte die Chance sofort nutzen, auch ohne theoretisch erlernte BWL-Kenntnisse in einem Wirtschaftsunternehmen Fuß zu fassen.

Und es hat geklappt. Meine erste berufliche Einstellung begann im Geschäftssegment „Infrastructure Services" der Lufthansa Systems, im Bereich Personalentwicklung mit Schwerpunkt Ausbildung.

Meine Tätigkeit umfasst alle Bereiche der Personalarbeit, wobei der Schwerpunkt auf der Begleitung der Auszubildenden sowie dem Monitoring und der Organisation der gesamten Ausbildung liegt.

Die Tätigkeitsfelder sind sehr unterschiedlich und vielfältig. Sie umfassen das Personalrecruiting sowie die Personalbetreuung und -entwicklung. An dieser Stelle möchte ich kurz die einzelnen Tätigkeiten verdeutlichen:

- Der Bereich *Personalrecruiting* beinhaltet klassische marketingbezogene Themen: Auftritt auf Messen bzw. Studieninformationstagen, Organisation von Bewerbertagen, Führen von Vorstellungsgesprächen sowie die Einstellung neuer Auszubildender.
- Im Themengebiet *Personalbetreuung* fallen unterschiedlichste Aufgaben an, wie die Organisation von Einführungswochen (Vorstellung der Geschäftsfelder und Projekte des Unternehmens, Kennenlernen der Gesamtstruktur des Lufthansa Konzerns sowie die Einzelheiten über die Ausbildung selbst), aber auch die Klärung problematischer Personalfälle.
- Das Feld *Personalentwicklung* beschäftigt sich eher mit organisatorischen Themen. Hierbei handelt es sich um die Weiterentwicklung der Ausbildung, die Ausrichtung am Markt sowie die personelle Begleitung und Beratung der Auszubildenden.

Durch die Tätigkeit als JOPPlerin habe ich vielfältige und tiefgreifende Erfahrungen gemacht. Das Quereinsteigerprogramm bietet die einmalige Gelegenheit, sich in anderen Schwerpunkten und Bereichen auszuprobieren. Durch die starke Vernetzung des Programms innerhalb des gesamten Konzerns entstanden sehr schnell Kontakte, die das Verstehen und Umsetzen mancher Themen erleichterten. Ich habe die Erfahrung gemacht, dass man als Quereinsteiger häufig auch als Querdenker gesehen wird. Dies bringt auch sehr viele Vorteile mit sich, wobei hier eine Win-Win-Situation entsteht.

Die Zeit bei Lufthansa Systems ist für mich eine Zeit voller Ereignisse und Erfahrungen wie auch voller Begegnungen mit sehr vielen interessanten und einprägenden Menschen. Ich freue mich, bei einem Unternehmen mit Persönlichkeit arbeiten zu können.

Autorenverzeichnis

Andreas Dietrich

Andreas Dietrich, geb. 1963 in St. Gallen (Schweiz), studierte Informatik in St. Gallen und Zürich. Über verschiedene Stufen und Firmen wechselte er 1991 zu Kuoni Schweiz als Leiter der Software-Entwicklung. Nach verschiedenen Tätigkeiten und einem Zweitstudium zum Betriebsökonom wurde er Ende 1997 schließlich zum CIO des Gesamtkonzerns ernannt und arbeitete während dieser Zeit auch über ein Jahr bei Kuoni England.

In den Jahren 1999 bis 2001 war Dietrich bei Atraxis/SAirgroup bzw. als CIO und Mitglied der Geschäftsleitung bei LTU in Düsseldorf tätig. Im Jahr 2002 wurde er CIO bei Thomas Cook und verantwortete in dieser Funktion die gesamte IT des Touristikkonzerns. Zum 1. Oktober 2005 übernahm Andreas Dietrich die Funktion des Chief Information Officers (CIO) bei den Schweizerischen Bundesbahnen (SSB). Darüber hinaus ist er Mitglied des Beirates von Euroforum zur Unterstützung der jährlichen Handelsblatt-Jahrestagung sowie ein gefragter Referent für verschiedenste IT-Themen.

Dr. Anselm Eggert

Dr. Anselm Eggert, geb. 1964 in Frankfurt am Main, studierte Mathematik an der TU Darmstadt und trat 1992 in den Lufthansa Konzern ein. Zunächst arbeitete er in einer Reihe von Projekt- und Linienfunktionen am Aufbau des Lufthansa-Netzmanagements zur Optimierung der Flugplanung und -steuerung und war dann als Projektleiter verantwortlich für die Produktentwicklung und Markteinführung von etix®, dem elektronischen Ticket. 1998 wechselte Anselm Eggert zu Lufthansa Systems, wo er seit Anfang 2001 als Vice President den Bereich Strategie, Portfoliomanagement und M & A verantwortet.

Dr. Thomas Endres

Dr. Thomas Endres, geb. in Stockheim, Unterfranken, verantwortet seit Oktober 2002 als Leiter und Chief Information Officer (CIO) den Bereich Konzern-Informationsmanagement der Deutschen Lufthansa AG. In dieser Funktion ist er zuständig für die strategische IT-Ausrichtung des Aviation-Konzerns.

Nach dem Abitur und dem Wehrdienst studierte Endres von 1983 bis 1986 an der Universität Erlangen-Nürnberg Werkstoffentwicklung und erlangte den Abschluss Diplom-Ingenieur. 1986/87 studierte er Ceramic Engineering an der Alfred University in New York. Seine berufliche Laufbahn begann Endres 1987 als Mitarbeiter in der zentralen Werkstoffentwicklung bei BMW in München. Von 1989 bis 1993 war er wissenschaftlicher Mitarbeiter der Universität Erlangen-Nürnberg und am Bayerischen Laserinstitut. 1993 folgte die Promotion. Nach einem Traineeprogramm 1994 bei der Audi AG in Ingolstadt/Neckarsulm war er bis 1997 als Projektleiter für das Unternehmen in Ungarn und Deutschland tätig. 1997 wechselte Endres als Manager Human Resources and Programme Process Development zu Eurofighter nach München.

Seine Lufthansa-Laufbahn begann Thomas Endres im April 2001 als Leiter Konzern-IT-Management Personal.

Dr. Peter Franke

Dr. Peter Franke, geb. 1944 in Witzenhausen, studierte Wirtschaftsingenieurwesen an der Technischen Hochschule Darmstadt. 1970 begann er seine Laufbahn im Lufthansa Konzern. Nach verschiedenen Tätigkeiten im Bereich Operations Research und später in der Revision des Konzerns wechselte er 1978 ins Management der Lufthansa Technik. Ab 1987 verantwortete Dr. Franke ein Großprojekt zur Entwicklung von Management-Support-Systemen. 1991 übernahm er die Direktion „Kundensysteme Passage“

und wurde später der erste Netzmanager der Lufthansa.

Im Jahre1994 startete Dr. Franke einen Prozess der strukturellen und strategischen Neuausrichtung der IT-Aktivitäten des Lufthansa Konzerns. Er schuf damit die Voraussetzungen für die Ausgründung der Lufthansa Systems aus dem Konzern in eine eigenständige GmbH, die er von 1995 bis Anfang 2005 als Vorsitzender der Geschäftsführung leitete.

Christoph Ganswindt

Christoph Ganswindt, geb. 1962, gehört dem Lufthansa Konzern seit 2001 an: Von 2001 bis 2002 leitete er das CRM-/CRT-Programm (Customer Relationship Management/Customer Relationship Technology) der Lufthansa Passage Airline. Seit 2002 verantwortet Christoph Ganswindt als Senior Vice President und Chief Information Officer (CIO) das zentrale Information Management sowie das Customer-Relationship-Management-Programm der Lufthansa Passage.

Nach seinem Studium der Elektrotechnik/ Informationsverarbeitung begann Christoph Ganswindt seine berufliche Laufbahn 1989 zunächst als Softwareentwickler eines renommierten Beratungsunternehmens. Bereits 1990 setzte er seine berufliche Laufbahn als IT-Manager bei der Deutschen Telekom Consulting GmbH in Bonn fort. Im Anschluss wechselte er 1993 als Senior Program Manager IT Systems zur Deutschen Telekom T-Mobil-Net GmbH (heute T-Mobile International), ebenfalls in Bonn. Von 1995 bis 1998 leitete Christoph Ganswindt als Geschäftsführer den Bereich Informationstechnologie der PT Satelit Palapa Indonesia – einem Joint Venture der Deutschen Telekom – mit den Geschäftsfeldern Satellitenkommunikation, Festnetz und Mobilfunk in Jakarta, Indonesien.

Nach seinem Wechsel 1998 zu Viag Interkom GmbH (heute O2), München, war Christoph Ganswindt zunächst als Direktor Information Management Systems tätig. Im April 2000 wurde er zum Chief Information Officer ernannt.

Gero von Götz

Gero von Götz, geb. 1958, ist Geschäftsführer der Lufthansa Systems Airline Services GmbH, der Lufthansa Systems Berlin GmbH und der Lufthansa Systems Passenger Services GmbH, dreier Verbundunternehmen der Lufthansa Systems Group. Der gelernte Luftverkehrskaufmann und studierte Betriebswirt ist seit über 28 Jahren im Lufthansa Konzern tätig. Er vertrat die Deutsche Lufthansa unter anderem als Gebietsleiter in Amman (wo er während der Golfkrise für das Krisenmanagement verantwortlich war) und als Marketingleiter in Delhi. Als Regional Director in Sydney vertrat er die Interessen des Aviation-Konzerns in Australien und der Pazifik-Region. Zuletzt verantwortete Herr von Götz als CIO das Konzern-Informationsmanagement und wirkte dabei maßgeblich an der Entwicklung des IT-Engagements des Lufthansa Konzerns mit.

Wolfgang F. W. Gohde

Wolfgang F. W. Gohde, geb. 1953 in Demmin, begann nach der Ausbildung zum technischen Zeichner 1974 sein Maschinenbaustudium. Nach dem Abschluss als Diplom-Ingenieur sammelte er drei Jahre Berufserfahrung in der Informatik, bevor er 1980 das Studium der Betriebswirtschaftslehre an der Universität Kiel aufnahm. Vier Jahre später schloss er dieses als Diplom-Kaufmann ab.

Im Februar 1985 begann Wolfgang F. W. Gohde seine Karriere bei Lufthansa, zunächst in der Konzernorganisation der Kölner Zentrale, wo er als Projektleiter die Reorganisation der technischen Betriebe Hamburg und Frankfurt wesentlich mitgestaltete. Im April 1987 übernahm er die Leitung der Informationssysteme im damals fast 12.000 Mitarbeiter zählenden Technik-Ressort der Lufthansa AG.

Von August 1995 bis Ende 1999 war er Vorsitzender der Geschäftsführung von Shannon Aerospace Ltd., einer Tochtergesellschaft der Lufthansa

Technik AG in Irland. Nach vier Jahren in Shannon wurde Wolfgang F. W. Gohde im Oktober 1999 Bereichsleiter der Product Division „Flugzeugüberholung und VIP Jet Services" und war für die weltweiten Aktivitäten der Lufthansa Technik AG auf diesem Gebiet verantwortlich.

Seit 1. April 2005 leitet Wolfgang F. W. Gohde die Lufthansa Systems als Vorsitzender der Geschäftsführung.

Stefan Hansen

Stefan Hansen, geb. 1964 in Husum, studierte von 1986 bis 1990 Elektrotechnik an der Fachhochschule in Flensburg. Nach einer Tätigkeit als Projektingenieur für Prozessautomatisierung bei der Siemens AG in Hamburg wechselte er 1992 zur Unilever-Tochter Lever GmbH und trug dort maßgeblich zum Aufbau eines Rechenzentrums bei. Von 1994 bis 1999 war Stefan Hansen bei der Körber AG tätig. Dort war er von 1994 bis 1997 Leiter der Abteilung Zentrale Anwendungen der Hauni Maschinenbau AG (Konzernsparte Tabaktechnik). Von 1998 bis 1999 war er als Bereichsleiter „Organisation und Informationstechnologie der Konzerntochter E.C.H. Will GmbH und IT-Koordinator aller Unternehmen der Konzernsparte Papier- und Tissuetechnik" verantwortlich. 1999 wechselte Stefan Hansen zum Lufthansa Konzern. Seit Januar 2001 ist er Geschäftsführer der Lufthansa Systems Infratec GmbH und der Lufthansa Systems Network, zweier Verbundunternehmen der Lufthansa Systems Group.

Heinz-Dieter Hansmann

Heinz-Dieter Hansmann, wurde 1937 in Kassel geboren. Nach der Schulzeit und Lehre wurde er am 1. September 1956 zur Kadereinheit der neu gegründeten Bundesmarine eingezogen. Nach Durchlaufen der allgemeinen militärischen und seemännischen Ausbildung absolvierte er die Lehrgänge des Nachrichtenwesens der Bundesmarine. Nach Einsätzen im gesamten Marinebereich als Nachrichtenunteroffizier verließ er die Bundesmarine 1962 und begann als Fernschreiboperator bei der Deutschen Lufthansa in Hamburg. Den Aufbau einer modernen Kommunikation für die Lufthansa absolvierte er als Leiter der Fernschreibzentrale, als Planungsingenieur für Norddeutschland sowie als Gruppenleiter der Fachgruppe Telefonie und Funk für den weltweiten Einsatz.

Nach seiner Ernennung zum Abteilungsleiter Nord wurden die Bereiche Nord und Süd zu einer Einheit Telekommunikation bei der Lufthansa Systems zusammengeführt. Er blieb der zuständige Leiter bis zu seiner Pensionierung. In den Jahren des Aufbaus der Lufthansa Systems hatte er mehrfach die Hauptabteilung Daten und Kommunikation geführt. Hervorzuheben ist auch die Tätigkeit als Projektleiter MUC 2 und die Zuständigkeit ab 1990 für die „Belange Ost“ des Hauses Lufthansa Systems.

Dr. Reinhold Huber

Dr. Reinhold Huber, geboren am 6. Juli 1962, ist seit 1. Februar 2000 Leiter Produkt und Servicemanagement der Lufthansa Passage Airline in Frankfurt. Damit ist er verantwortlich für das gesamte Produktangebot und die Umsetzung der Kundenwünsche an Bord.

Reinhold Huber studierte Betriebswirtschaft an der Universität Erlangen-Nürnberg. Nach seinem Abschluss als Diplom-Kaufmann begann er seine berufliche Laufbahn als Pharmareferent in England.

Anschließend war er von 1988 bis 1992 wissenschaftlicher Assistent am Lehrstuhl für Marketing der Universität Erlangen-Nürnberg und promovierte dort zum Dr. rer. pol. Während dieser Zeit hatte Reinhold Huber einen Lehrauftrag für Marketing an der Universität Dresden. Er war unter anderem in der Erwachsenenbildung bei der Deutschen Angestellten Akademie sowie als Berater bei der GfK und bei G&I tätig.

Von 1992 bis 1994 leitete er die Marketingabteilung bei der Deutschen Reisebüro GmbH in Frankfurt am Main. 1995 wechselte Reinhold Huber zu DERTOUR als Bereichsleiter für Marketing und Vertrieb.

Dirk John

Dirk John, geb. 1969, studierte Mathematik und Betriebwirtschaftslehre an der Universität Bielefeld und der Université de Bordeaux. Im Jahre 1995 begann Dirk John seine Laufbahn im Lufthansa Konzern als Leiter verschiedener Beratungs- und Softwareprojekte für Passage und Cargo Airlines. 1997 übernahm er die Leitung des Bereichs Produkte/Strategie für Planungs- und Steuerungssysteme bei Lufthansa Systems. Als Leiter e-Business Strategie restrukturierte und fokussierte John die e-Business-Aktivitäten der Lufthansa Systems. Im Jahr 2000 übernahm er die Geschäftsführung der Lufthansa Systems Berlin GmbH, einer Tochtergesellschaft der Lufthansa Systems. Zu seinen Aufgaben gehörten die Bereiche Marketing und Vertrieb sowie die Fokussierung und Weiterentwicklung des Leistungsportfolios. Seit 2005 ist Dirk John für die Unternehmensberatung McKinsey&Company tätig.

Dr. Barbara Kirchberg-Lennartz

Dr. Barbara Kirchberg-Lennartz, geb. 1961 in Mechernich, studierte Betriebswirtschaftslehre mit den Schwerpunkten Wirtschaftsprüfung und Steuerlehre an der Universität zu Köln. Nach dreijähriger Assistenz mit abschließender Promotion zu dem Thema „Prüfbarkeit von EDV-Systemen" begann sie 1989 ihre Laufbahn im Lufthansa-Konzern in der Internen Revision. Über verschiedene Stationen und Projektleitungen kam Frau Dr. Kirchberg-Lennartz zur 1994 in Gründung stehenden Lufthansa Systems als Leiterin Key Account Management. Sie übernahm später die Leitung des Bereichs Customer Systems and Services und wechselte 2000 in die Geschäftsführung der Lufthansa Systems AS. Seit 1. Mai 2003 verantwortet sie das Corporate Human Resources Management der Lufthansa Systems.

Christoph Kneusels-Hinz

Christoph Kneusels-Hinz, 49, betreut als Leiter Key Account Management Lufthansa die Schlüsselkunden im Lufthansa Konzern. Gemeinsam mit einem unternehmensübergreifenden Team von Key Account Managern zeichnet er für die Akquisition von mehr als 60 Prozent des Umsatzes der Lufthansa Systems-Unternehmensgruppe verantwortlich. Von 2000 bis 2003 war er als Geschäftsführer der Lufthansa Systems Airline Services GmbH tätig. Zuvor hatte er eine Reihe von Führungspositionen in Produktion und Vertrieb der Unternehmensgruppe inne und war unter anderem mit dem Aufbau der Lufthansa Systems-Niederlassung in Brasilien befasst.

Stefan Lauer

Stefan Lauer ist seit dem 1. August 2000 Mitglied des Vorstands der Deutschen Lufthansa AG. Er steht dem Konzern-Ressort Aviation-Services und Human Resources vor und ist zugleich Arbeitsdirektor der Lufthansa AG. Stefan Lauer ist für die strategische Führung der Geschäftsfelder Logistik, Technik, Catering und IT-Services sowie für die Regionen China und Indien verantwortlich. Er ist zudem Vorsitzender des Aufsichtsrates der Lufthansa Systems Group GmbH.

Stefan Lauer, geb. 1955, trat nach dem zweiten juristischen Staatsexamen 1983 in den Dienst des Magistrats der Stadt Frankfurt. Dort war er als persönlicher Referent des Dezernenten für Personal, Organisation und Recht tätig. 1986 wurde Lauer persönlicher Referent und Leiter des Büros des Oberbürgermeisters der Stadt Frankfurt. Drei Jahre später wechselte er als Sonderbeauftragter zur Wirtschaftsförderung Frankfurt GmbH.

Am 1. Januar 1990 übernahm Stefan Lauer bei der Deutschen Lufthansa AG die Leitung der Abteilung Führungskräftebetreuung. Nachdem er 1991 zum Amtsantritt des Vorstandsvorsitzenden Jürgen Weber zum Leiter von dessen Zentralbüro ernannt worden war, wurde ihm 1994 die Leitung der Strategischen Konzern- und Organisationsentwicklung übertragen. Von dort wechselte er 1997 zur Lufthansa Cargo AG, wo er ab 1. Januar 1997 als Vorstand Marketing und Vertrieb fungierte und von Januar bis April 2000 den Vorsitz innehatte. Am 1. Mai 2000 wurde Lauer stellvertretendes Vorstandsmitglied der Lufthansa AG.

Markus Linke

Markus Linke, geb. 1976, studierte Sprachwissenschaft, Politikwissenschaft und Neuere/Neueste Geschichte an der Universität Duisburg-Essen. Während des Studiums absolvierte er mehrere Praktika im politischen Bereich, darunter im Büro der früheren Bundesgesundheitsministerin Prof. Dr. Ursula Lehr und im Pressereferat der Deutschen Botschaft in Wien. Nach Abschluss des Studiums war er kurze Zeit als Projektmitarbeiter im Institut für Soziologie der FernUniversität in Hagen tätig. Seine Laufbahn bei Lufthansa begann Markus Linke im Jahr 2003 im Rahmen des Seiteneinsteigerprogramms JOPP, im Bereich „Assistenz der Geschäftsführung" der Lufthansa Systems Infratec GmbH. Seit 2004 ist er als Referent bei der Geschäftsführung der Lufthansa Systems Infratec GmbH beschäftigt.

Karlheinz Natt

Karlheinz Natt, geb. 1946 in Osthofen, studierte Informatik und Betriebswirtschaftslehre an der Universität Saarbrücken. Nach einer mehrjährigen wissenschaftlichen Assistententätigkeit mit dem Schwerpunkt der Entwicklung von Compilern wechselte er 1974 zur Deutschen Lufthansa. Nach mehreren Stationen übernahm er 1990 die Leitung der Rechenzentren der Lufthansa; diesen Bereich leitete er auch in der ersten Jahren von Lufthansa Systems, bis er die Geschäftsführung der Lufthansa Systems Network Services in Hamburg übernahm. Seit 2004 ist er Chief Quality Officer der Lufthansa Systems Infratec und außerdem Dozent an der Berufsakademie Mannheim.

Dr. Jürgen Ringbeck

Dr. Jürgen Ringbeck, geb. 1955 in Münster, ist diplomierter Mathematiker der Universität Münster und hat an der Universität Osnabrück in Wirtschaftswissenschaften promoviert. Bevor er seine Laufbahn als Managementberater begann, war er als Universitätsassistent und Gastprofessor an der Universität von Toronto tätig. Seit 2001 ist Dr. Ringbeck Lead Partner und Vice President von Booz Allen Hamilton in Düsseldorf; er leitet die Global Transportation Practice und ist Mitglied des Board of Directors. Zuvor war er Partner der Firma McKinsey & Company und dort mitverantwortlich für die Leitung der Transportgruppe.

Anna Schäfer

Anna Schäfer, geb. 1976 in Zelinograd (Kasachstan), studierte Diplom-Pädagogik an den Universitäten Frankfurt und Marburg. Nach dem Studium Einstieg bei der Deutschen Lufthansa AG als Praktikantin im Bereich Führungskräfteentwicklung, u. a. Betreuung eines Weiterbildungsprogramms. Im Jahr 2003 Beginn als JOPPlerin bei Lufthansa Systems Infratec GmbH im Bereich Personalentwicklung und Ausbildung. Im Jahr 2004 erfolgte die vorzeitige Übernahme in eine feste Anstellung, ebenfalls im Personalbereich.

Ulrich Schnizer

Ulrich Schnizer, geb. 1941, leitete nach einer technischen Ausbildung bis 1987 bei einem IT-Systemlieferanten diverse Projekte, u. a. für den Kunden Lufthansa. Der Wechsel zum Lufthansa Konzern erfolgte im Jahr 1988. Dort verantwortete er verschiedene Funktionen, u. a. als „Leiter Controlling und kaufmännische Verwaltung der Lufthansa-Informatik".

Schnizer arbeitete am Projekt „Neue Konzernstruktur der Lufthansa" für den Bereich Informatik mit. Die Ausarbeitung des Business-Plans für die zu gründende Lufthansa Systems, die Abstimmung in der Projektgruppe sowie die Vorbereitung und Durchführung der administrativen Gründung der Lufthansa Systems im Rahmen der Projektgruppe waren hier Schwerpunkte. In der neu gegründeten Tochter übernahm er bis Februar 1999 als Prokurist die kaufmännische Leitung. Von März 1999 bis zu seinem Ausscheiden in den Ruhestand im September 2003 leitete Ulrich Schnizer das Key Account Management Passage Airlines mit Schwerpunkt Lufthansa Konzern.

Andy Schweiger

Andy Schweiger, geb. 1971 in Füssen, ist seit 2005 Senior Director im Bereich „Project Management Onboard Information Systems" bei Airbus Deutschland GmbH. Von 2001 bis 2005 war er Management Consultant und Teamleiter im „Competence Center mobile Technologies" der Lufthansa Systems Infratec GmbH. Zuvor war er mehrere Jahre außerhalb des Lufthansa Konzerns tätig, unter anderem als Marketing-Assistent in Windhoek (Namibia), als Assistent der Kurdirektion Schwangau und als Consultant für IT-Netzwerke und Systemintegration bei GE CompuNet. Andy Schweiger ist Diplom-Betriebswirt (BA) und hat einen Master-Abschluss für Business Engineering/Executive MBE HSG der Universität St. Gallen (Schweiz) und der Haas School of Business der UC Berkeley (USA) erworben.

Bernhardt Seiter

Bernhardt Seiter, geb. 1961 in Schwäbisch Gmünd, studierte Volkswirtschaftslehre an der Universität Tübingen. 1988 begann er seine Laufbahn bei der Deutschen Lufthansa AG in Köln im Stab des Finanzvorstands im Bereich Mergers & Acquisitions. 1995 übernahm er bei der Lufthansa-Tochter Condor Fluggesellschaft GmbH die Leitung des Beteiligungsmanagements, ab 1997 in Personalunion zusätzlich die Geschäftsführung des in der alpha Gesellschaft für Reisebüros mbH gebündelten Eigenvertriebs der Condor. Im Jahr 2000 wechselte Seiter zur Deutschen Lufthansa AG in Frankfurt und verantwortete die kaufmännische Teilprojektleitung für das neue Lufthansa-Internet an Bord-Produkt „FlyNet“. Seit Dezember 2004 leitet er das Competence Center des Lufthansa-Produktmanagements.

Ulrich Sporleder

Ulrich Sporleder, geboren 1940 in Marienburg (Westpreußen), kam nach dem Studium der Physik und einer fünfjährigen Tätigkeit in einer Unternehmensberatung 1976 zur LSG. Nach Leitung der Abteilung Organisation/EDV, Betriebsleitung des Werkes in Köln und Abteilungsleitung Technische Planung und Entwicklung übernahm er 1990 die Leitung der Lufthansa-Rechenzentren in Frankfurt und Hamburg. Bis 2001 behielt Sporleder diese Aufgabe mit wechselnden Inhalten.

Uta Thomsen

Uta Thomsen, geb. 1960 in Heilbronn, studierte Mathematik mit den Anwendungsbereichen Optimierungstheorie und Wirtschaftswissenschaften an der Technischen Universität Karlsruhe. 1989 begann sie ihre Tätigkeit im Lufthansa Konzern in der Entwicklung Automatisierte Informationssysteme und wechselte mit ihrer Gründung 1995 zur Lufthansa Systems. Als Projektmanagerin war sie für verschiedene Projekte, hauptsächlich im Bereich der Softwareentwicklung, verantwortlich. Seit Oktober 2003 ist sie im Offshore Management des Geschäftssegment Airline Solutions der Lufthansa Systems tätig, das die Entwicklung und Umsetzung einer Global Sourcing Strategie zur Aufgabe hat.

Prof. Dr. Bernd Voigt

Prof. Dr. Bernd Voigt, geb. 1952 in Berlin, studierte Mathematik und Informatik an der TU Hannover. Nach einer Tätigkeit als Hochschuldozent und außerplanmäßiger Professor an der Universität Bielefeld trat er 1992 als Berater für Operations Research innerhalb der Lufthansa Informationstechnik und Software GmbH Berlin in den Lufthansa Konzern ein. Zwei Jahre später übernahm er die Leitung der Geschäftsstelle in Frankfurt, die 1995 in die neu gegründete Lufthansa Systems überging. Dort leitete Prof. Dr. Voigt zunächst das Competence Center Decision Support Technology. Er war als Gründungsgeschäftsführer für den Aufbau der Lufthansa Systems Hungária Kft. verantwortlich und wurde dann 1996 Geschäftsführer der Lufthansa Systems Berlin GmbH. 1999 wurde er Senior Vice President und CIO und verantwortete in dieser Funktion den Bereich Informationsmanagement und Neue Medien des Aviation-Konzerns Lufthansa. Zum 1. Oktober 2002 übernahm er die Position des Geschäftsfühers der Lufthansa Systems Infratec GmbH, eines Verbundunternehmens der Lufthansa Systems Group. Außerdem ist er Vorsitzender des Kuratoriums der Fraunhofer Gesellschaft für Sichere Telekooperation in Darmstadt.

Dipl.-Ing. Dr.-Ing. E. h. Jürgen Weber

Jürgen Weber, geb. 1941 in Lahr (Schwarzwald), studierte Luftfahrttechnik an der Technischen Hochschule Stuttgart. Anfang 1967 begann Weber seine Laufbahn in der Ingenieur-Direktion der Lufthansa in Hamburg. 1974 wechselte er nach Frankfurt, wo er als Hauptabteilungsleiter für die Wartungsstationen im In- und Ausland verantwortlich war. Anfang 1978 kehrte er nach Hamburg zurück und übernahm dort als Chefingenieur die Hauptabteilung Fluggerät der Lufthansa. Im Jahr 1980 absolvierte er am Massachusetts Institute of Technology (MIT) das „Senior Management Training" mit der Ausrichtung „Business Administration". Zum 1. Januar 1987 wurde Jürgen Weber vom Lufthansa-Vorstand zum Generalbevollmächtigten Technik ernannt. In dieser Position leitete Weber die Technische Direktion. Als Technischer Betriebsleiter war er gegenüber dem Luftfahrt-Bundesamt verantwortlich für die Instandhaltung der Flugzeuge; ebenfalls trug er die Verantwortung für das wirtschaftliche Ergebnis des gesamten Bereiches. Am 1. April 1989 kam Jürgen Weber zunächst als stellvertretendes Mitglied in den Lufthansa-Vorstand; die Verantwortung für das Vorstandsressort Technik hat er am 1. Januar 1990 übernommen. Ab Oktober 1990 war Weber stellvertretender Vorstandsvorsitzender des Unternehmens. Der Aufsichtsrat wählte ihn am 14. Mai 1991 einstimmig zum Vorstandsvorsitzenden. Diese Aufgabe hat Jürgen Weber am 1. September 1991 übernommen. Als Vorstandsvorsitzender leitete Jürgen Weber einen Prozess der strukturellen und strategischen Neuausrichtung des Lufthansa Konzerns ein und schuf damit die Voraussetzungen für dessen vollständige Privatisierung. Unter seiner Führung initiierte Lufthansa eine Reihe internationaler Partnerschaften, deren bekannteste die Star Alliance ist. Bei der Hauptversammlung am 18. Juni 2003 wurde Jürgen Weber in den Aufsichtsrat des Aviation-Konzerns gewählt. Dort nimmt er jetzt den Vorsitz wahr.

Heribert Wingenfeld

Heribert Wingenfeld, geb. 1941 in Fulda, studierte Elektrotechnik mit dem Schwerpunkt Regelungstechnik/ technische Kybernetik an der TU Darmstadt. Seine Berufstätigkeit begann er als Entwicklungsingenieur für Digitalelektronik im AEG-Telefunken-Forschungszentrum Frankfurt.

1970 wechselte er in die Datenverarbeitung der Lufthansa. Hier arbeitete er zunächst an der Planung und Realisierung des neu entstehenden IBM-Rechenzentrums mit. Später leitete er verschiedene Projekte, unter anderem zur Einführung von Datenbanksystemen/Rechnerkopplung, war Leiter der Datenbanksoftware.

Er beschäftigte sich mit der Optimierung/Automation/Ausfallsicherheit von EDV-Systemen und war auf diesem Arbeitsgebiet als Lufthansa-Vertreter Chairman internationaler Organisationen. Mit der Ausgründung der IT in den Teilkonzern Lufthansa Systems kandidierte Wingenfeld erstmals 1995 für den Betriebsrat und ist seitdem als Vorsitzender verschiedener Betriebsratsgremien tätig – derzeit als Vorsitzender des Konzernbetriebsrats der Lufthansa Systems Group GmbH. Gleichzeitig ist er dort seit 2002 auch Mitglied des Aufsichtsrats.

Druck: Krips bv, Meppel
Verarbeitung: Stürtz, Würzburg